Manfred Vogt-Hillmann & Wolfgang Burr (Hrsg.)

Kinderleichte Lösungen

Lösungsorientierte Kreative Kindertherapie

Manfred Vogt-Hillmann & Wolfgang Burr (Hrsg.)

Kinderleichte Lösungen

Lösungsorientierte Kreative Kindertherapie

borgmann

D - 44139 Dortmund
Edition: borgmann publishing

4. Aufl. 2002
Titelentwurf: Ines Hillmann
Gesamtherstellung: Löer Druck GmbH, Dortmund

Bestell-Nr. 8396 ISBN 3-86145-209-X

Inhalt

Manfred Vogt-Hillmann & Wolfgang Burr

Es kann ja so leicht sein

Lösungen in der Kreativen Kindertherapie

Das vorliegende Buch mit dem verheißungsvollen Titel „Kinderleichte Lösungen" kennzeichnet unseren Weg und eine Zwischenstation dieses Weges als lösungsorientierte Kurzzeittherapeuten, die 1980 begonnen haben, sich mit der Entwicklung von Lösungen in therapeutischen Prozessen zu beschäftigen. Dabei haben wir gelernt, daß es nicht immer einfach ist, leicht zu sein, oder wie Steve de Shazer sagt, es ist nicht immer leicht, einfach zu sein.

Wir haben es dennoch immer wieder probiert, so leicht und einfach zu bleiben, wie es irgend geht. Unsere Erfahrungen in der therapeutischen Arbeit mit Kindern und Jugendlichen beruhen auf familientherapeutischer, systemischer und hypnotherapeutischer Praxis und auf der Einzelarbeit mit Kindern und Jugendlichen in einer kinder- und jugendpsychiatrischen Praxis, einer psychotherapeutischen Praxis und der jahrelangen Arbeit in einem Kinderheim. Dort haben wir über die Jahre erfahren, daß viele Fragen manchmal leichter zu lösen waren, wenn wir unser damals stark familientherapeutisches Denken überwanden und in Einzelsettings mit Kindern und Jugendlichen arbeiteten. In der Gemeinde der systemischen Familientherapeuten war das hin und wieder verpönt, wie konnten wir therapeutische Fragen individualisieren, nachdem die Familientherapie dies doch gerade überwunden hatte.

Unsere frühe Bekanntschaft mit Steve de Shazer und Insoo Kim Berg half uns, das starre Setting und familiendynamische Denken zu überwinden, und mit den Menschen zu arbeiten, die gerade anwesend waren. Hierzu haben uns auch Harry Goolishian und Tom Andersen ermutigt, die uns in die Konversationskunst therapeutischer Dialoge eingeführt hatten, die sich an Sprachspielen und sprachlichen Systemen orientierten.

Dabei haben wir von Anbeginn mit dem lösungsorientierten Paradigma die besten therapeutischen Erfahrungen gemacht. Der Umgang mit sprachlichen Systemen im lösungsorientierten Paradigma löst sich von der Idee, „hinter und unter die Sprache zu blicken, die Klienten und Therapeuten gebrauchen, (......) Bedeutung wird erst durch Verhandlungen innerhalb eines spezifischen Kontexts erlangt. Das heißt,

Botschaften werden nicht gesendet, sondern nur empfangen. (....) Im Widerspruch zum Alltagsverständnis findet Veränderung nach dieser Sichtweise *innerhalb* der Sprache statt: Worüber wir sprechen und wie wir darüber sprechen, macht einen Unterschied, und es sind solche Unterschiede, die genutzt werden können, um einen Unterschied (für den Klienten) zu machen. Das Umdeuten (Reframing) eines „Eheproblems" in ein „individuelles Problem" oder eines „individuellen Problems" in ein „Eheproblem" macht sowohl einen Unterschied in der Art, wie wir über Dinge sprechen, als auch darin, wo wir nach Lösungen suchen." (Steve de Shazer, 1996, 26).

Alle, die mit Kindern und Jugendlichen arbeiten, die selbst Kinder haben, und die, die einmal selbst Kind waren oder vielleicht auch immer noch ein Teil sind, wissen, daß Sprache und Sprechen eine kognitive Ebene beansprucht, die besonders in der kindlichen Entwicklung nicht die einzige darstellt, auf der therapeutische Interventionen Entwicklungs- und Veränderungsprozesse anregen und stabilisieren können. Aus der Psychomotorik wissen wir heute um die Bedeutung körperlicher Bewegungsabläufe und Entwicklungspotentiale, die sich auf die psychische Entwicklung auswirken und in so manchen unserer Fälle zu Entwicklungssprüngen geführt haben, die dann so kinderleicht erschienen.

Neugier, Kreativität, Lernbereitschaft, magisches Denken und Imaginationsfähigkeit als natürliche Aspekte kindlicher und jugendlicher Entwicklung können kreativ genutzt werden, um wiederum „schöpferische Suchprozesse" (Erickson, 1981) anzuregen und zu fördern. Hier war uns Dick N. Oudshoorn, ein niederländischer Psychiater aus Dordrecht mit seinem strategischen Vorgehen ein wahrer Lehrmeister, ziel- und ressourcenorientiert mit hypnotischen und hypnotherapeutischen Methoden und Techniken, die Potentiale von Kindern und Jugendlichen zu entdecken, aktivieren und zu nutzen.

Nachdem wir einiges ausprobiert, neue Ideen integriert und andere wieder über Bord geworfen hatten, hat sich unser therapeutischer Ansatz des NIK, den wir besonders mit den Kollegen Wolfgang Eberling und Heinrich Dreesen in den vergangenen Jahren zusammen am Norddeutschen Institut für Kurzzeittherapie praktizieren, zu einem eigenen Konzept für die Arbeit mit Kindern und Jugendlichen entwickelt.
1985 kamen erste Kollegen auf uns zu, und wollten wissen, was wir in der Arbeit mit Kindern machten, und beobachteten unsere Arbeit durch

die Einwegscheibe. Dann fragten sie, ob sie diese Praxis von uns lernen könnten und wir überlegten, wie wir dies tun könnten und wie wir unsere Arbeit dann eigentlich nennen sollten? War es lösungsorientierte Kindertherapie? Ja, aber angereichert mit vielen anderen Aspekten. War es ressourcenorientierte Kindertherapie? Ja, das war uns mittlerweile zu selbstverständlich, als das wir sie so nennen wollten. War es systemische Therapie mit Kindern? Ja, aber nicht nur im klassischen Sinne. War es hypnotherapeutische Kindertherapie? Ja, aber nicht eigentlich ausschließlich. Dann war es also lösungsorientiert hypno-systemische Kindertherapie und natürlich auch Kurzzeittherapie. Kein aber.

Als wir 1990 zusammen mit Wolfgang Eberling diese Wortmonstren diskutierten, fragte er uns, was wir mit den Kindern eigentlich machten und wir antworteten, daß wir versuchten die systemeigenen Potentiale, besser, die kindeigene Kreativität beim Er-finden von Lösungen zu identifizieren, zu utilisieren und zu modellieren. Und dabei versuchen wir, die uns zur Verfügung stehenden Möglichkeiten und Mittel im Sinne der Ziele und Ressourcen unserer kleinen und großen Klienten kreativ anzuwenden.

„Also macht ihr kreative Kindertherapie?"

Das fanden wir dann schließlich auch. Wie leicht es doch manchmal sein kann.

Seitdem praktizieren wir also kreative Kindertherapie als ressourcenorientierte Intervention. Wieder ein neuer Name für eine Therapieform. Ja und Nein oder Sowohl als auch oder was? Wir sind lösungsorientiert – ressourcenfokussiert – konstruktivistisch – systemisch – hypnotherapeutisch – psychomotorisch – orientiert – ein wenig psychodramatisch – gestalttherapeutisch interessierte Praktiker.

Nachdem uns schließlich einige Menschen auf die Finger geschaut hatten, hatten wir zusammen mit Dick N. Oudshoorn die Idee, eine Konferenz zu organisieren, auf der Theoretiker und Praktiker aus diesen unterschiedlichen Richtungen zusammen kommen, um ihre Erfahrungen auszutauschen. Dick konnte die Konferenz dann nicht mehr miterleben, er verstarb plötzlich und unerwartet.

Viele andere Kolleginnen und Kollegen kamen nach Bremen und die in diesem Buch vertretenen Autoren haben dankenswerter Weise ihre Ideen, Gedanken und Konzepte aus Vorträgen und Workshops aufgeschrieben, so daß sie Ihnen, liebe Leserin und Leser, jetzt vorliegen.

Zum Dank an die Autoren kommt selbstverständlich der Dank an alle Kollegen aus dem NIK-Team, die diese Konferenz ermöglicht und realisiert haben.
Besonderer Dank gilt Ines, Paula und Klara und Hildegard, Nina und Lena, die uns die ganzen vergangenen Jahre bei der Entwicklung und Praxis mit der Kreativen Kindertherapie und bei der Arbeit an der Konferenz und an diesem Buch tatkräftig unterstützt und gestärkt haben. Ines, Paula, Klara und Frank haben durch ihre Kreativität das wertvolle Innere des Buches um ein schönes Äußeres ergänzt.

Juni 1998
Manfred Vogt-Hillmann
Wolfgang Burr

Manfred Vogt-Hillmann

Vom Ressourcosaurus und anderen fabelhaften Wesen

Malen und Zeichnen in der kreativen Kindertherapie

In der psychotherapeutischen Praxis mit Kindern und Jugendlichen sind wir gewohnt, uns beständig zwischen der Welt des Realen und der Welt des Magischen und der Phantasie zu bewegen (S. Signer-Fischer in diesem Band). Dem Gebrauch der Sprache sind dabei oftmals Grenzen gesetzt. Viele Kinder in therapeutischen Kontexten können oder wollen nicht über alles sprechen, von dem wir meinen, es sei therapeutisch relevant (Barker 1990). So werden bevorzugt Medien eingesetzt, um Kindern zu ermöglichen, eigene Schwierigkeiten, Erlebnisse und Ziel- und Wunschvorstellungen auszudrücken. Neben Handpuppen, Tonmaterial, dem Erzählen therapeutischer Geschichten und Interviewspielen (Burr & Burr-Fulda, 1997, Vogt-Hillmann, 1995) spielen Kinderzeichnungen dabei eine zentrale Rolle. Ihnen wird sowohl eine diagnostische als auch eine interventionistische Bedeutung zugesprochen (DiLeo, 1973, Maaß, 1997). Zur Externalisierung von Problemen und zur Internalisierung von Ressourcen und Lösungsvisionen sind Kinderzeichnungen besonders geeignet, wenn sie ressourcenorientiert interpretiert genutzt werden (Dreesen & Eberling, 1996, 1998, Selekman, 1997, White, 1990). Dazu helfen sie den Kindern zu dissoziieren und aus einer reflexiven Perspektive ihre Situation konkretistisch oder symbolisch zu verstehen, zu beschreiben und zu bewerten. Bilder und Zeichnungen können dabei eine Depotwirkung entfalten, wenn sie von den Kindern mit nach Hause genommen werden. In Verbindung mit therapeutischen Ritualen, bei Trauer- und Abschiedsriten können sie gezielt eingebunden werden, um im häuslichen Bezugssystem als Übergangselemente präsent zu sein (Onno van der Hart, 1983).
Im folgenden gebe ich einen kurzen Überblick, wie die malerischen und zeichnerischen Fähigkeiten der Kinder methodisch in kurzzeittherapeutische Interventionen eingebunden werden können. Im Anschluß daran zeige ich drei Interventionsformen an Beispielen aus der Praxis

der kreativen Kindertherapie, wie wir sie in den vergangenen Jahren entwickelt haben (Vogt-Hillmann, 1992b, 1993, Vogt-Hillmann & Burr, 1996, Vogt-Hillmann, Dreesen & Eberling, 1998).

Malen und Zeichnen mit Kindern

Therapiebeginn

Wenn Kinder und Jugendliche zu uns in die Praxis kommen, finden sie unterschiedliche Materialien vor. Dort liegen Bunt- und Bleistifte, Wachsmalkreiden und Filzstifte sowie unterschiedliche Papierformate. Während des Erstgesprächs mit Eltern und Kind, das nach den Prämissen lösungsorientierter Kurzzeittherapie geführt wird (Vogt-Hillmann, 1992a), werden die therapeutischen Ziele sowie das Setting vereinbart. Dabei überlasse ich es den Kindern, sich am Gespräch zu beteiligen und/oder sich im eigenen Tempo mit dem angebotenen Spiel- und Malmaterial vertraut zu machen. Zeigt sich ein Kind interessiert an Stiften und Papier, schlage ich je nach Situation vor, etwas von sich zu zeichnen. Das kann ein Haustier, ein Fahrrad, die Zimmereinrichtung oder ähnliches sein. Läßt sich das Kind darauf ein, bitte ich es als nächstes eine Farbe auszuwählen und über Form und Größe nachzudenken, wie es mir durch ein Bild zeigen kann, weshalb es hier in Therapie ist. Dabei vermeide ich, das Kind zu fragen, ob es seine Probleme malen kann, sondern nenne dieses Bild bevorzugt das „Therapie-Anlaß-Bild“ oder „Grund-hier zu sein-Bild“. Somit haben die Kinder die Wahl, sowohl etwas von ihren Schwierigkeiten und Problemen zu zeichnen oder auch Zielvorstellungen und Wünsche zu zeigen. Gleichzeitig bleibt ein erweiterter Interpretationsrahmen, um Bilder ressourcenorientiert zu utilisieren. Plane ich im weiteren Verlauf, Handpuppen einzusetzen, bitte ich das Kind, vielleicht anstatt Farbe und Form ein Tier zu zeichnen, das die Schwierigkeiten oder mögliche Lösungen am besten repräsentiert.

Kindern, die sich jetzt verschüchtert und zurückhaltend zeigen, schlage ich stattdessen vor, i.S. einer Ressourceninduktion zunächst ein Bild zu malen, auf dem zu sehen ist, wie ihnen etwas sehr gut gelingt. Das kann ein Bild von zu Hause, vom Spielplatz, der Schule, mit Freunden oder einer ganz anderen Situation sein.

Was immer die Kinder jetzt kreieren, sie liefern spielerisch Interpretationsmaterial zu ihrem gegenwärtigen Erleben und Ideen, nach erlebten oder verborgenen Ressourcen zu suchen.

Direkt Lösungsvorschläge zu zeichnen und ausführlich darüber zu sprechen, ist selbstverständlich abhängig vom jeweiligen Reifegrad, der Verbalisierungsfähigkeit und dem Setting mit möglichen Bezugspersonen. Mit vielen Kindern beginne ich erst über ihre Zeichnungen zu sprechen, wenn eine stabile, vertrauensvolle Beziehung entwickelt ist. Bevorzugt interpretieren wir die Bilder gemeinsam im Einzelsetting. Manchmal kann es aber auch wichtig sein, sie in Gegenwart der Eltern zu besprechen und durch eine ressourcenorientierte Interpretation Umdeutungen und Neubewertungen anzubieten.

Ressourcen-Zoo – Familie in Tieren

Wenn die interaktive Dimension problemaufrechterhaltender Muster und die emotionale Beziehungsebene innerhalb der Familie eng mit den kindlichen Schwierigkeiten im Zusammenhang vorgestellt werden, greife ich gern auf das in der Kindertherapie klassische diagnostische Verfahren der „Familie in Tieren" zurück. Das Kind malt sich selbst und die wichtigen oder im Haushalt lebenden Mitglieder als einzelne Tiere auf ein Blatt Papier.

In diesen Familienportraits werden zwei Perspektiven hervorgehoben:

- Familienmitglieder, zu denen sich das Kind konflikthaft erlebt, werden markiert und publik,
- das Kind zeigt sich selbst; malt es sich in den Mittelpunkt oder an den Rand? Den Ort, den es für sich selbst auf dem Papier wählt, Größe, Form und Farbe dokumentieren die erlebte Position innerhalb der Familie (Dileo, 1973).

Beschreibungen und Erklärungen für die Wahl der einzelnen Tiere werden im lösungsorientierten Paradigma kreativer Kindertherapie nicht in einem psychodynamisch-symbolischen Interpretationsrahmen gedeutet, sondern das Kind wird aufgefordert, die Ressourcen und Fähigkeiten der jeweiligen Tiere zu benennen.

Dem Kind wird diese Aufgabe erleichtert, wenn die TherapeutIn darauf achtet, daß das Kind zunächst von der Familie abstrahiert und Fähigkeiten der gezeichneten Tiere nennt, die sie in der Natur Vorteile haben lassen. Das nimmt den Kindern möglichen Druck, illoyale Aussagen über einzelne Familienmitglieder mitzuteilen und erleichtert ihnen, eine ressourcenorientierte Perspektive einzunehmen.

Voraussetzung dafür, Ressourcen in Familien- bzw. Tierbildern zu sammeln ist, daß zwischen Kindern und Eltern eine grundlegend kooperative und wohlwollende Beziehung herrscht. In Fällen von mißtrauischen

Beziehungen bei Gewaltanwendung und Mißbrauchshandlungen bringt dieses Vorgehen die Kinder eher in Schwierigkeiten, als daß es nützt. Hier ist ein anderer Einstieg vorzuziehen, bei dem das metaphorische Malen von Selbstbild, Selbstwertgefühl und Gefühlen wie Wut und Trauer im Vordergrund steht.

Selbstbildnis, eigene Gefühle ausdrücken und mit dem Gefühlsröntgenapparat untersuchen

Für jüngere Kinder ist es schwer, die Vielfalt von Gefühlen und Empfindungen auszudrücken. Oft fehlen die Worte. Auf Bilder und Zeichnungen reagieren Kinder direkt und authentisch. Damit Kinder ihre Gefühle zeigen können, schlägt Oaklander (1992) u.a. vor, einen Rosenbusch zu zeichnen. Die Wahl der Farben, die gezeichnete Größe und Form, die Ausstattung mit Ästen und Blüten, der Stamm und die Wurzeln bilden dann die Grundlage zu therapeutischen Interpretationen des emotionalen Erlebens des Kindes. Zu diesen symbolischen Bildern des Selbsterlebens können auch konkrete Ganzkörperbilder auf großen Tapetenrollen gemeinsam angefertigt werden. Sie fördern das bewußte Erleben von Körperschema und Selbstkonzept. Ganzkörperbilder sind besonders gut geeignet, Kinder für Gefühle zu sensibilisieren und diese zu externalisieren. Dazu kann im weiteren Therapieverlauf der Gefühlsröntgenapparat benutzt werden. Bei ihm handelt es sich um einen Vorhang, der von einer Lampe beschienen und vor den das Bild gehängt wird, um so einzelne Gefühle sichtbar werden zu lassen. So können Gefühle konkretisiert und besprochen werden. Durch den Röntgenapparat können einzelne Gefühle als Wutbilder, Schmerzbilder und Traurigkeitsbilder erleb- und handhabbar werden. Ergänzend zum Malen einzelner Papierbilder können wir mit Hilfe von Fingerfarben oder dem Malen mit den Füßen die visuellen Ausdrucksmöglichkeiten durch ein verstärktes körperliches Erleben intensivieren.

Gemeinsames Malen und Zeichnen

Gemeinsames Malen, wie es bei den Körperschemabildern erforderlich ist, intensiviert den therapeutischen Rapport. Als klassisches Vorgehen für gemeinsames Malen und Zeichnen gelten Schnörkelzeichnungen, die von Winnicott (1971) beschrieben werden. Er hat das Malen von Schnörkelzeichnungen zu einem gemeinsamen Spiel entwickelt. Kind und TherapeutIn sitzen zusammen um ein Blatt Papier.

Jeder hat einen Stift. Mit geschlossenen Augen beginnt die TherapeutIn als Modell für das Kind, eine kleine Schnörkelzeichnung zu zeichnen. Anschließend wird das Kind aufgefordert, diesen Schnörkel zum Ausgangspunkt für ein weiterzuführendes Bild zu machen, etwas damit zu zeichnen und irgendwie zu vervollkommnen. Im Anschluß daran malt das Kind mit geschlossenen Augen einen Schnörkel auf ein anderes Papier und die TherapeutIn übernimmt die Aufgabe, etwas daraus zu machen und das Bild fertig zu malen. Während des Spiels unterhalten sich beide über die entstehenden Bilder, und alles, was im gesamten Spiel zur Sprache kommt. Dieses Vorgehen hilft einerseits den verbalen Austausch zu fördern und die therapeutische Beziehung zu festigen und andererseits erfährt die TherapeutIn die imaginativen und kreativen Fähigkeiten des Kindes, auf die sie sich in der weiteren Therapie beziehen kann.

Lösungsbilder – „Einen-Tag-nach-dem-Wunder-Bilder"

In der lösungsorientierten Praxis nimmt die Wunderfrage (Miller & Berg, 1997) eine zentrale Rolle ein. Mit ihr wird versucht, Lösungen zu imaginieren und zu konstruieren. (Eberling & Vogt-Hillmann, 1998). Antworten auf die Wunderfrage („Woran erkennst Du, wenn über Nacht eine Wunder geschieht, durch eine Fee oder einen Zauberer, und sich all die gegenwärtig beklagten Beschwerden aufgelöst haben?“ und „Was ist das Erste, das Du am nächsten Morgen bemerkst, was dann anders ist als sonst?“ und „Was ist das erste, was andere (Eltern, Lehrer) dann bemerken, das anders ist als sonst?“) geben indirekt Hinweise auf therapeutische Ziele und auf Referenzmarkierungen, an denen Fortschritt festgestellt werden kann. Das systematische Nachfragen, wann und wie oft es denn schon vielleicht bisher „ein bißchen wie ein Wunder“ war, verknüpft dann imaginierte Zukunft und erlebte Vergangenheit in der therapeutischen Gegenwart (vgl. Vogt-Hillmann, Eberling & Burr, 1992). Zur Beantwortung dieser Fragen eignen sich Zeichnungen und Bilder hervorragend. In Lösungsbildern zeigen Kinder ihre Visionen und Wunschvorstellungen. Dazu kann es manchmal hilfreich sein, die Kinder aufzufordern sich vorzustellen, daß sie jemand ganz anderes wären, wie z.B. ein Filmstar, eine AbenteuerheldIn, oder so wie jemand, den sie kennen und idealisieren (vgl. Ostrander et al. 1994).

Kreative Kindertherapie – drei Interventionen mit Kinderzeichnungen

Die therapeutische Arbeit mit Kinderbildern ist besonders zur Prozeß- und Erfolgsdokumentation geeignet, wenn wir die Kinder bitten, einzelne Bilder gegenüberzustellen und Ähnlichkeiten und Unterschiede zu differenzieren. Mills (1996) malt mit den Kindern zunächst Problembilder, wie z.B. Schmerzempfinden, denen sie andere Bilder, auf denen „alles gut ist“, gegenüberstellt. Dazu läßt sie Bilder malen, auf denen Ressourcen sichtbar werden, die zum „alles gut“-Bild führen können. Vorher-Nachher-Bilder weisen auf eine Entwicklungsdynamik im Therapieverlauf. Dieses Prinzip hilft, Kindern Zuversicht und Hoffnung auf Lösungen zu vermitteln. Mehrere Bilder innerhalb der Therapie aufeinander zu beziehen, ist auch Grundlage für die folgenden drei Interventionsmöglichkeiten.

Von Karneval und Maskenball

In der Arbeit mit älteren Kindern und Jugendlichen, die gern zeichnen, schlage ich häufig die Maskentechnik vor. Sie setzt voraus, daß Kinder direkte oder indirekte Erfahrungen mit Masken aus Spielen oder vom Karneval aus ihrem Familien- oder Schulalltag kennen. In der

Vorbereitung fokussiere ich auf die Idee der Maskerade, um sich zu verstellen; der Idee des anderen Gesichts hinter der Maske etc.
Dann bitte ich das Kind, ein Selbstbildnis in Form eines Portraits zu malen, auf dem das Gesicht des Kindes zu sehen ist, wie es gegenwärtig im Zusammenhang mit dem Anlaß für die Therapie ausschaut. Dieses erste Gesicht kennzeichnet möglicherweise das „Problem-Gesicht", lösungsorientiert bevorzuge ich es, das *„Therapie-Anlaß-Gesicht"* zu nennen. Manche Kinder laden schon an dieser Stelle zu einer kurzen Exploration ein, um dieses Gesicht in Verbindung mit möglichen Schwierigkeiten zu interpretieren, andere Kinder malen eher schweigend und sie hören auch keine Kommentare.

Im Anschluß daran, bitte ich das Kind sich vorzustellen, es sei im Karneval, und dieses Gesicht stellt lediglich eine Maske zum aktuellen Tag dar, unter dem sich das „eigentliche- Gesicht", „so, wie Du eigentlich bist" verbirgt. Dieses *„eigentliche-Gesicht",* bitte ich auf ein 2. Blatt zu malen. Häufig verändern sich Farbe, Größe, Form und besonders die Stellung der Augen und der Mundwinkel.

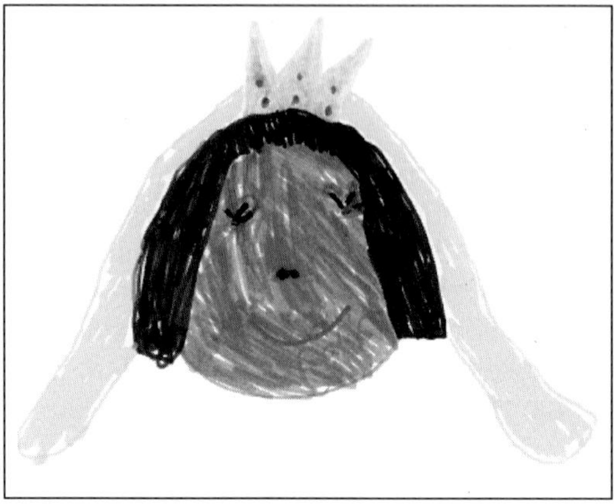

An diesem Punkt kann die Masken-Mal-Technik zwei Richtungen einnehmen:

1. werden aufdeckende Interventionen beabsichtigt, wie z.B. in Fällen, in denen es darum geht, traumatisierende Erfahrungen zu rekonstruieren und zu modellieren, kann im weiteren Verlauf auch das zweite Selbstportrait als eine weitere Maske interpretiert werden, hinter der sich das *„eigentlich-wahre-Gesicht"* befindet. Bei dieser Form der „De-Maskierung" wird dem Kind vorgeschlagen, nachdem es die beiden ersten Masken gemalt hat und sie entsprechend interpretiert wurden, noch ein drittes Gesicht, nämlich das des „eigentlich wahren Gesichts" zu malen. Dieses Vorgehen setzt eine vertrauensvolle Beziehung voraus, verlangt ein äußerst behutsames Vorgehen und konkrete Ideen, wie und mit welchem Ziel weiter vorgegangen wird.

2. in einer lösungs- und ressourcenorientierten Perspektive stehen demgegenüber Ziel- und Ressourcen-Bilder im Vordergrund.
In dieser von mir praktizierten Vorgehensweise, führe ich die Idee ein, daß das Leben ja nicht nur aus Problemen besteht. Ich bitte das Kind, sich eine Situation vorzustellen, die im Sinne einer Ausnahme vom Problem, eine ressourcenvolle Situation kennzeichnet. Dann schlage ich vor, zusätzlich zum ersten Bild, auf dem ein *„Therapie-Anlaß-Gesicht"* zu sehen ist, und dem zweites Bild, das ein *„So-bin-ich-eigentlich-Gesicht"* enthält, ein drittes Bild zu malen, auf dem zu sehen ist, wie es in Situationen aussieht, in denen ihm die Dinge gut gelingen

und es einige seiner Fähigkeiten gut einsetzen kann, um etwas für sich zu erreichen. Dieses ist das „*Ressource-Gesicht*".

Nachdem alle drei Bilder gemalt sind – das kann sich über zwei Sitzungen hinziehen, geht aber meistens innerhalb weniger Minuten – legt das Kind die drei Bilder im Raum an verschiedene Punkte, um so die einzelnen Zustände leichter differenzieren zu können.
Das Auslegen der einzelnen Bilder ermöglicht dem Kind, Problemzuschreibungen zu de-generalisieren. Es sieht, daß die gegenwärtige Situation ein Teil von ihm ist, es selbst auf der Identitätsebene aber auch andere Teile enthält. Die Lokalisierung einzelner Teile im Raum markiert seine Eigenheiten und ermöglicht dem Kind, sich mit sich selbst aus-ein-ander-zu-setzen, um sich später wieder zu-sammen-zu-setzen.
Die therapeutische Arbeit mit den Maskenbildern ist der Maskenball. Das Kind wird gebeten, zu den einzelnen Situationen der gemalten Maskenbilder zu assoziieren. Dazu stellt es sich jeweils nacheinander vor das einzelne Portrait, in der Reihenfolge, wie auch die Bilder gemalt wurden. Dann fordere ich es auf, eine für die Situation typische Haltung einzunehmen. Im Sinne vom Konzept des „state-depended-learning", bitte ich das Kind, situationstypische Bilder zu visualisieren und akustische Wahrnehmungen zu imaginieren und entsprechende Gefühle und Empfindungen zu assoziieren. Der Maskenball kann sowohl explorativ „getanzt" werden, wobei das Kind über die Situationen

sinnesspezifisch-konkret berichtet, oder sie wird hypnotherapeutisch induktiv begleitet, indem die innere Reflexion zu der entsprechenden Masken-Situation vorgeschlagen wird. Die Gefühle und Gedanken der einzelnen Situationen können zusätzlich mit einem typischen Satz oder symbolischen Wort markiert werden.
Beim Durchschreiten des Raumes auf den verschiedenen Bild-Stationen erlebt das Kind, wie es fortschreitet. Dadurch steigt der Wirklichkeits- und Wirksamkeitscharakter der erlebten Intervention als ganzheitliche Erfahrung. Im Abschluß werden die Bilder übereinander an einen neuen neutralen Platz gelegt. Das Kind stellt sich dazu oder darauf und wird mit ressourcenorientierten wohlwollenden Kommentaren, oder im Rahmen einer Tranceinduktion aufgefordert, diese Teile zu integrieren, indem die Teile selbst angesprochen werden, ihre guten Absichten und Ideen, die sie für das Kind verfolgen, auf eine angemessene und ökologische Art und Weise zusammenzuführen. Gute Erfahrungen habe ich dabei mit der „Traum-in-Traum-Technik" in Anlehnung an Sacerdote & Sacerdote (1969) gemacht. Weitergeführt wird dieser Prozeß, wenn das Kind die Bilder mit nach Hause nimmt, dort unter das Bett legt und nachts im Traum die gemachten Lernerfahrungen fortführt. Beim nächsten Treffen wird die Entwicklung evaluiert und das Kind berichtet, woran es erste Fortschritte bemerkt hat. Und woran die anderen etc.?

Cartoon-Therapie

Die therapeutische Arbeit mit mehreren sich inhaltlich aufeinander beziehenden Bildern, wie beim Maskenball, findet ihre weiterführende Form in der Cartoon-Therapie (Crowley, 1989). Bildgeschichten und Zeichentrickfilme beinhalten indirekte unausgesprochene Darstellungen von Problemlösungsprozessen. Durch Identifikation mit den Figuren lernen die Kinder am Modell, wie in der magischen Welt des Cartoons scheinbar Dinge möglich sind, die in der Realität unmöglich erscheinen. So haben viele Kinder ihre Lieblingsfiguren, die sie idealisieren und denen sie nacheifern. In der Phantasie können sie sich mit diesen Figuren anfreunden und verbünden, bis hin, daß sie sie bei notwendigen Arztbesuchen als ressourcenvolle und mutspendende Freunde begleiten (Gardner & Olness, 1981).

Im folgenden Beispiel wird gezeigt, wie kindliche Ängste und traumatisierende Erfahrungen zeichnerisch in einem Cartoon behandelt werden können.

Oliver, problematische Gründe und der Schneetiger

Oliver (7 Jahre) wurde vorgestellt, weil er erneut nächtliche Ängste hatte, die sich in Alpträumen äußerten. Die Träume thematisierten ein drei Jahre zurückliegendes Ereignis, bei dem er im Spiel mit einem Hund, der geworfene Stöcke apportierte, durch einen unglücklichen Stockwurf seinen Bruder verletzt hatte, so daß dieser damals ein Auge verloren hatte. Die anfänglichen starken Alpträume, in dem ihm Stökke und Monster erschienen waren, waren lange abgeklungen. Oliver und ich hatten uns geeinigt, daß er damals seine schlechten Gefühle mit Hilfe dieser Träume schließlich so „weggeräumt“ hatte, daß es ihm wieder gut ging. Da jetzt wieder einige Träume aufgetaucht waren, war offensichtlich noch ein Rest geblieben. Die erneuten Träume zeigten aber auch, daß er ein guter Träumer sei. Als mögliche Erklärungen für die Ängste und Träume berichtete die Mutter, die nach dem Unfall zunächst zu Hause geblieben war, daß sie jüngst ihre Berufstätigkeit wieder aufgenommen hatte, wodurch Oliver häufiger allein war. Dazu habe sich die Familie – laut Mutter völlig unüberlegt – selbst einen Hund angeschafft.
Beide Erklärungen wurden von allen Familienmitgliedern geteilt, so daß es direkt daran gehen konnte, Oliver zu helfen, einen angemessenen Umgang mit den Ängsten und Träumen zu finden. Er selbst wollte gar nicht darüber sprechen und eigentlich auch keine weitere Therapie, da er befürchtete, alte Erinnerungen wiederzubeleben. Auf meine Frage, weshalb er denn doch noch gekommen sei, antwortete er, er habe noch einige „problematische Gründe“, die er aber nicht benennen könne und wolle.
Da ich wußte, daß er gern malte, schlug ich vor, uns diesen „problematischen Gründen“ auf eine besondere Art und Weise zu widmen. Da er gut träumen könne, könnten wir ja auch nach Lösungsträumen suchen. Er willigte schnell ein, denn er war froh, nicht weiter über Erinnerungen sprechen zu müssen.
Ich bat ihn zunächst, ein großes Blatt Papier in sechs kleine Bilder zu unterteilen.

1	2	3
4	5	6

Jetzt sollte er sich Farbe und Form ausdenken, die mir seine „problematischen Gründe“ am besten zeigten und sie dann in das *erste Bild* der 6 Felder malen.

Nachdem er fertig damit war, bat ich ihn, sich seine Lieblingsfilm-, Lieblingscomic-, Spielfigur oder ein Kuscheltier vorzustellen, die oder das er gern hat, und von dem er meint, es könnte ihm im Umgang mit den problematischen Gründen irgendwie helfen. Wenn er dies gefunden hätte, sollte er dies in das *zweite Bild* malen. Ihm fiel sofort ein Kuscheltier ein: er malte seinen Schneetiger in das zweite Bild und seine Neugierde stieg, wie es wohl weitergeht.

Für das *dritte Bild* bat ich ihn, zuvor einen kleinen kurzen Traum zu träumen, in dem er sich, zusammen mit dem Schneetiger, an einem geheimen Ort trifft. Er schloß sofort die Augen. Nachdem er sich das Bild vorgestellt hatte, bat ich ihn, zusammen mit Schneetiger zu überlegen, was man den „problematischen Gründen" des ersten Bildes für ein Geschenk machen könnte, so daß die sich einerseits gewürdigt fühlten, daß sie da waren, um ihm zu helfen, schlechte Gefühle wegzuträumen und zukünftig mit der Situation noch besser klar zu kommen. Andererseits könnte ein Geschenk die „problematischen Gründe" ruhig und freundlich stimmen, so daß sie ihn nicht mehr so heftig beim Schlafen stören bräuchten. Wenn er und Schneetiger etwas gefunden hätten, sollte er das Geschenk in das dritte Bild malen. Ihm fiel schnell ein Geschenk ein, das er malte.

Im *vierten Bild* erfolgt die Integration. Dort hinein werden die einzelnen Elemente der ersten Bilder in ein Bild gezeichnet. Hier sollte Oliver nun malen, wie Schneetiger das Geschenk den „problematischen Gründen" überreicht.

Im fünften Bild malte er dann, wie sich die „problematischen Gründe" verändert hatten, nachdem sie das Geschenk angenommen hatten. Oliver wählte dieselben Farben und ähnliche Formen, allerdings waren die „problematischen Gründe" viel kleiner geworden. Wie auch bei Oliver unterscheidet sich dieses Bild häufig vom ersten Bild durch eine kleinere Form oder andere Farbe; was einen Unterschied macht, der einen Unterschied macht.

Bevor nun das sechste Bild gemalt wurde, bat ich Oliver noch einmal, einen kurzen Traum zu träumen, in dem er sich eine mögliche zukünftige Situation vorstellte, in der es durchaus noch einmal nötig werden könnte, zusammen mit Schneetiger nach Geschenken oder anderen Lösungsideen zu schauen. Dabei sollte er sich besonders vorstellen, wie es ihm dann gelingen würde, Schneetiger um Hilfe zu bitten, indem er ihn ruft und mit ihm spricht.

Nachdem er dies geträumt und dann in dem sechsten Bild – dem Bild der Generalisierung seiner Lösungskonstruktion – gemalt hatte, schlug er von sich aus vor, am Ende der Stunde noch einmal einen abschließenden Traum direkt im Therapieraum zu träumen. Dazu imaginierte er, wie die restlichen „kleinen problematischen Gründe“ durch eine besondere Maschine in seinen Körper gingen und dann irgendwie im Körper anders wurden und aufhörten.
Dieser letzte Traum war dann auch das Ende der Therapie nach der dritten Sitzung. Die nächtlichen Angstträume waren nach dieser Sitzung nicht mehr vorgekommen. Die Mutter berichtete dann, daß er später ein Photo des neuen Hundes auf seinen Nachttisch gestellt hatte und seitdem wieder gut schlafen konnte.

Zusammenfassend noch einmal die einzelnen Schritte.

Freundschaft mit den Angst-Monstern schließen

1.	„Male auf, wie Deine Angst aussieht. Welche Form, Farbe und Größe hat sie?“
2.	„Male eine Cartoon- oder Märchen Figur, die Dich beschützen kann und sich traut, der Angst gegenüberzutreten.“
3.	„Suche gemeinsam mit dem Cartoon-Helfer ein Geschenk aus, das Ihr der Angst geben könnt. Frage den Cartoon-Freund, was das beste Geschenk wäre, um sich mit der Angst zu befreunden. Male dieses Geschenk auf ein Blatt Papier.“
4.	„Übergebe das Geschenk dem Angst-Monster. – Male die Ressourcefigur, wie sie der Angst das Geschenk überreicht“
5.	„Male die Angst, wie sie sich durch das Geschenk verändert hat.“
6.	„Stelle Dir eine zukünftige Situation vor, in der Du die Hilfe der Ressourcefigur gut gebrauchen könntest. – Male Dich und wie Du die Ressourcefigur rufst und um Hilfe bittest.“

Vom Ressourcosaurus und anderen fabelhaften Wesen

Eine dritte Intervention der kreativen Kindertherapie, in der die malerischen Fähigkeiten der Kinder genutzt werden, knüpft an das bereits erwähnte Familienportrait an. Insgesamt benötigt man dazu 2 Blatt Papier. Das Kind wird zu Beginn der Therapie aufgefordert, sich selbst und seine Familienmitglieder als Tiere in ein Bild zu malen. Dazu erhält es folgenden Vorschlag: „Stell' Dir vor, alle Mitglieder Deiner Familie wären Tiere (Tiere von einem Bauernhof, aus einem Zoo oder sonstwo her). Male Deine Familie, als ob jedes Familienmitglied ein Tier wäre. Du selbst auch.“

Hat es alle Tiere gemalt, finden wir gemeinsam mit dem Kind für jedes Tier 3 Fähigkeiten. Dazu sage ich: „Stell' Dir mal vor, was diese einzelnen Tiere in der Natur alles können. Suche für jedes Tier 3 „Sachen, die es gut kann“ (Fähigkeiten/Ressourcen) und schreibe sie dazu (TherapeutIn schreibt für kleine Kinder).“

Dieser erste Schritt kann für sich selbst stehen und Bestandteil der Therapie werden.
Eine Möglichkeit, die Familie in Tieren auf der Ebene des Malens und Zeichnens weiter zu nutzen, ist die Idee des Ressourcosaurus.
Dazu nimmt das Kind das 2. Blatt Papier und unterteilt es in drei Felder. Der weitere Vorschlag der TherapeutIn lautet: „Stell' Dir vor, wie der Grund aussieht, weshalb Du hier bist. Wähle Farbe und Form und male diesen Grund (Problem/Therapieanlaß) in das erste Bild, wie Du meinst, daß er aussieht. Das kann auch ein Bild sein, auf dem Du selbst oder andere oder Du zusammen mit anderen zu sehen bist."
Danach wird das Kind aufgefordert, ein Lösungsbild zu malen. „Stell' Dir jetzt vor, wie eine Lösung für Dich aussehen kann. Male diese Lösung mit der Farbe und Form in das dritte Bild. Das mittlere Bild bleibt zunächst leer."
Im weiteren Vorgehen wird nun mit dem Kind nach möglichen Ressourcen in Form von eigenen Fähigkeiten, oder die anderer Personen gesucht, um Ideen zu entwickeln, was getan werden kann, um nun vom ersten Bild zum letzten zu kommen. Diese Suche ist unser weiteres Thema der Therapie. Ich schlage vor, sich noch einmal das Bild mit den vielen Familientieren anzuschauen und dann einen kleinen kurzen Traum oder eine Phantasie zu machen: „Mache einen kleinen Traum und stell' Dir vor, es gebe ein Phantasietier, einen Dino und der heißt Ressourcosaurus. Der ist schon sehr alt und hat von all den Tieren (die Du auf dem 1. Blatt gemalt hast) all' deren Fähigkeiten in sich vereint, denn die sind ja alle nach ihm gekommen. Stell' Dir solch einen Dino mal vor und male ihn dann in das mittlere Bild (Vielleicht

ist es ein Phantasietier, vielleicht besteht es auch aus einzelnen Körperteilen der bisherigen Tiere, wie im vorliegenden Beispiel).
Wenn das Kind das Bild gemalt hat, fordere ich es erneut auf, noch

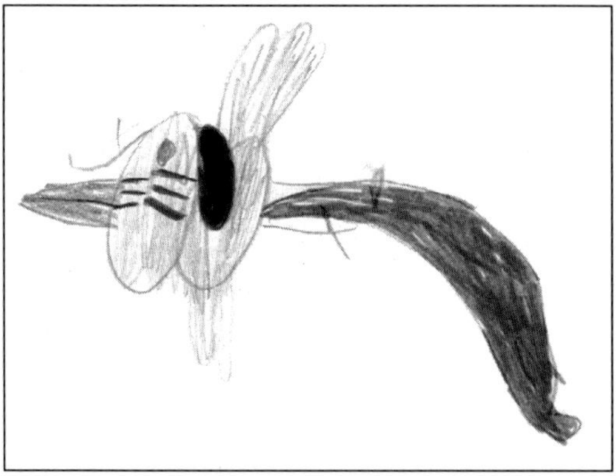

einmal die Augen zu schließen und einen weiteren Traum zu träumen: „Mache noch einen kleinen Traum, in dem Du Dir vorstellst, wie der Dino Ressourcosaurus Dir irgendwie hilft, am Tage und in der Nacht, wenn Du schläfst, in Deinen Träumen, so daß Du bald diese Lösungen erreichen kannst. Lege dazu die Bilder unter Dein Bett. Und beobachte mal jeden Tag, woran Du merkst, daß es besser wird. Und beobachte auch genau Deine Eltern, woran die das merken, daß die Dinge mit Dir irgendwie besser werden."

Mit dem Ressourcosaurus gelingt es somit auf einfache Art, Probleme zu externalisieren, Lösungsvisionen zu konkretisieren, Kinder und Eltern in einen loyalen kooperativen Rahmen zu stellen und das Kind aktiv am Therapiefortschritt zu beteiligen. Damit diese Technik erfolgreich eingesetzt werden kann, erfordert sie auch hier eine kooperative Beziehung zwischen TherapeutIn, Eltern und Kind.

Therapieanlaß Grund Problem	Ressourco- saurus	Lösungsbild

Schluß

Nachdem verschiedene Ideen zu Kinderzeichnungen und praktische Interventionen mit Kinderbildern skizziert sind, möchte ich betonen, daß Malen und Zeichnen mit Kindern eine therapeutische Eigendynamik entfalten kann, die für sich spricht. In manchen Fällen ist es nicht notwendig, Bilder zu interpretieren und zu kommentieren. Sie stehen für sich selbst und der malerische Prozeß der Externalisierung entfaltet eine kreative Wirklichkeit, die den therapeutischen Prozeß voranbringt.
Abschließend möchte ich noch einige Fragen zur Selbstreflexion formulieren, die hilfreich erscheinen, die eigene Praxis darauf zu überprüfen, wie es gelingt, im Umgang mit Kinderzeichnungen, Ressourcensuche und Elternkooperation kreative und leichte Lösungen zu konstruieren. Fragen, die Sie mit sich selbst besprechen können:

- wenn ich diese Sitzung mit dem Kind noch einmal gestalten würde, würde ich dies noch einmal genauso tun?
- was würde ich vielleicht anders betonen und kommentieren?
- worüber würde ich mit dem Kind sprechen? und wie genau?
- welche Ressourcen habe ich mit den Zeichnungen gut herausgearbeitet und welche Ressourcen sind möglicherweise verborgen geblieben?
- habe ich das Bild, den Cartoon für den weiteren Verlauf gut utilisiert?
- hat das Malen dazu beigetragen, den therapeutischen Zielen näherzukommen?
- welche neuen Fragen sind aufgetreten, auf deren Antworten ich beim nächsten Mal neugierig bin?

Literatur

Barker, P. (1990). *Clinical Interviews with Children and Adolescents* New York: Norton.

Burr, W. & Burr-Fulda, H. (1997). Das Reporter-Spiel. Rendsburg: Selbstverlag

Crowley, R. J., & Mills, J. C. (1989). *Cartoon Magic.* New York: Brunner/Mazel.

Dreesen, H., & Eberling, W. (1996). Sucess Recording. Komplimente und Dokumente in der systemisch-lösungsorientierten Kurztherapie. In W. Eberling, & J. Hargens (Ed.), *Einfach kurz und gut* (pp. 19-56). Dortmund: Borgmann.

Dreesen, H., & Eberling, W. (1998). Das Spiel mit Ressourcen. In W. Eberling, & M. Vogt-Hillmann (Ed.), *Kurzgefaßt – Zum Stand der lösungsorientierten Praxis in Europa.* Dortmund: Borgmann.

DiLeo, J. H. (1973). *Children's Drawing as Diagnostic Aids.* New York: Brunner/Mazel.

Eberling, W. & Vogt-Hillmann, M. (1998). Systemisch-lösungsorientierte Kurzzeittherapie. *Psychotherapieforum*, i.Dr.

Gardner, G., & Olness, K. (1981). *Hypnosis and Hypnotherapy with Children* Orlando: Grune&Stratton.

Hart, O. v. d. (1983). *Rituals in Psychotherapy* New York: Irvington.

Maaß, S. (1997). *Mit Kindern Bilder zaubern* Dortmund: Verlag Modernes Lernen.

Miller, S. D., & Berg, I. K. (1997). *Die Wunder-Methode – Ein völlig neuer Ansatz bei Alkoholproblemen* Dortmund: Verlag-Modernes-Lernen.

Mills, J. C., & Crowley, R. J. (1996). *Therapeutische Metaphern für Kinder und das Kind in uns.* Heidelberg: Carl-Auer-Systeme.

Oaklander, V. (1992). *Gestalttherapie mit Kindern und Jugendlichen.* Stuttgart: Klett.Cotta.

Ostrander, S., Schroeder, L., & Ostrander, N. (1994). *Superlearning 2000.* New York: Dell.

Sacerdote, P. & Sacerdote, P. (1969). Some Projective Techniques in Hypnotherapy: Induction of Dreams and Real Versus Hallucinated Sensory Hypnoplasty. *American Journal of Clinical Hypnosis (11),* 253 – 264.

Selekman, M. D. (1997). *Solution-Focused Therapy with Children* New York: Guilford Press.

Vogt, M. (1993). Entwurf einer konstruktivistischen Hypnosetherapie für die Behandlung von Kindern und Jugendlichen. In S. Mrochen, K. L. Holtz, & B. Trenkle (Ed.), *Die Pupille des Bettnässers* (pp. 30-47). Heidelberg: Carl-Auer-Systeme.

Vogt-Hillmann, M. (1992a). Ein systemisch-lösungsorientierter Ansatz der Elternberatung in der Heimerziehung. *Jugendwohl*, *7*, 338-350.

Vogt-Hillmann, M. (1992b). Imaginative Verfahren und Visualisierungsstrategien in der Hypnotherapie mit Kindern und Jugendlichen. In H. Hennig, E. Fikentscher, & W. Rosendahl (Ed.), *Tiefenpsychologisch fundierte Psychotherapie mit dem katathymen Bilderleben* Halle/Saale: Martin-Luther-Universität Halle-Wittenberg.

Vogt-Hillmann, M. (1995). *Das Reden-Fühlen-Handeln-Spiel – Ein Spiel für kreative Psychotherapie mit Kindern und Jugendlichen.* Bremen: M. Vogt-Hillmann Eigenverlag,

Vogt-Hillmann, M., & Burr, W. (1996). Kreative Kindertherapie. In W. Eberling, & J. Hargens (Ed.), *Einfach kurz und gut* (pp. 57-92). Dortmund: Borgmann.

Vogt-Hillmann, M., Dreesen, H., & Eberling, W. (1998). Zwischen Tiefpunkt und Höhepunkt: Skalieren von Unterschieden, die Unterschiede machen. *Zeitschrift für systemische Therapie, 16*(1), 20-30.

Vogt-Hillmann, M., Eberling, W., & Burr, W. (1992). Ein klinisches Metakonzept für die Entwicklung lösungsorientierter Kurzzeittherapie. *Zeitschrift für systemische Therapie, 10*(4), 268-278.

Watzlawick, P. (1969). *Menschliche Kommunikation.* Bern Stuttgart Wien: Verlag Hans Huber.

Watzlawick, P. (1984). *Lösungen* (3 ed.). Bern: Hans-Huber.

Winnicott, D. W. (1971). *Playing and Reality* New York: Basic Books.

White, M., & Epston, D. (1989). *Die Zähmung der Monster – Literarische Mittel zu therapeutischen Zwecken* Heidelberg: Carl-Auer-Systeme.

Wolfgang Burr

Schau mal, was schon da ist!

Ressourcenfocussierende Diagnostik

Hier geht's los

Liebe Leserin, lieber Leser, indem Sie dies lesen, haben Sie die erste Hürde auf einem etwas schwierigen Weg der Erkenntnisgewinnung übersprungen. Sie haben sich als an lösungsorientierter Therapie Interessierte von dem Wort „Diagnostik" nicht daran hindern lassen weiterzulesen, obwohl unter engagierten Therapeutinnen und Therapeuten das Wort „Diagnostik" zumindest in seiner traditionellen Bedeutung als Unwort gelten kann. Wie kann ich Sie also für die Idee interessieren, das Handeln im Prozeß lösungsorientierter Therapie als Diagnostik zu beschreiben, so daß Sie einen Erkenntnisgewinn für diffizile Gelegenheiten am Beginn einer Therapie erwarten können?

Die Aufgabe, einen Workshop, der von Rede und Gegenrede, Handeln und konkreter Erfahrung lebt, in Schriftsprache lebendig werden zu lassen, ist nicht ganz leicht. Als lösungsorientierte Therapeuten wissen/glauben wir schließlich, daß das konkrete Fragen und Antworten und Antworten und Fragen in einem Interview viel lebendigeres Verständnis hervorbringen kann, als das Lesen eines zusammenhängenden Textes.

Diejenigen von Ihnen, die diese Erfahrung teilen, möchte ich deshalb zunächst einladen, sich ein Kind in Erinnerung zu rufen, das Sie mit seiner Unruhe in der Vergangenheit häufiger genervt hat. Dann beantworten Sie den folgenden Fragebogen in bezug auf das Kind (siehe nächste Seite):

	Ausmaß der Aktivität			
	***überhaupt nicht* 0**	***ein wenig* 1**	***ziemlich stark* 2**	***sehr stark* 3**
1. ist unruhig oder übermäßig aktiv				
2. ist erregbar, impulsiv				
3. stört andere Kinder				
4. bringt angefangene Dinge nicht zu einem Ende, kurze Aufmerksamkeitsspanne				
5. ist ständig zappelig				
6. ist unaufmerksam, leicht abgelenkt				
7. Erwartungen müssen umgehend erfüllt werden, ist leicht frustriert				
8. weint leicht und häufig				
9. zeigt schnellen und ausgeprägten Stimmungswechsel				
10. hat Wutausbrüche, explosives und unvorhersagbares Verhalten				

Im Anschluß beantworten Sie sich die Frage, was wohl als erstes geschehen müßte, um eine Änderung zu erreichen. Danach vollziehen Sie die selben Schritte mit dem folgenden Fragebogen:

	Ausmaß der Aktivität			
	***kaum* 0**	***wenig* 1**	***viel* 2**	***sehr viel* 3**
1. ist angemessen aktiv				
2. kontrolliert Erregung				
3. kooperiert mit anderen Kindern				
4. beendet angefangene Dinge				
5. ist ruhig				
6. ist aufmerksam				
7. kann abwarten				
8. ist fröhlich				
9. zeigt angemessene Stimmung				
10. zeigt Wut angemessen				

Diejenigen unter Ihnen, denen Lesen genug ist, möchte ich vorschlagen, die beiden Fragebögen auf ihre Unterschiede hin zu untersuchen und sich zu fragen, welche unterschiedlichen Wirkungen die Bögen wohl auf die Eltern haben mögen, die solch einen Bogen beantworten, und auf die Therapeuten, die ihn für sich auswerten.

Teilnehmerinnen und Teilnehmer des Workshops beschrieben die Unterschiede u.a. so: „Ich hatte den Eindruck, zwei völlig verschiedene Kinder zu beschreiben." „Nach Beantwortung des 2. Bogens hatte ich viel mehr Ideen, wie eine Änderung geschehen könnte." „Das Kind war mir viel sympathischer, als ich den 2. Bogen ausgefüllt hatte." Wie erging es Ihnen?

Der erste Fragebogen ist einem renommierten Lehrbuch der Kinder- und Jugendpsychiatrie entnommen und dort als diagnostische Hilfe zur Differenzierung der Problematik „hyperaktiver" Kinder gedacht (Steinhausen, 1993), während der zweite Bogen eine Übersetzung in eine Form von Einschätzbogen darstellt, wie er ausführlicher vom Milwaukee-Team um Steve de Shazer und Insoo Kim Berg entwickelt wurde und in mehreren Variationen vom Bremer NIK-Team (Vogt-Hillmann und Burr, 1995) verwendet wird. Die Beobachtungen während des Vergleiches beider Bögen legen nahe zu glauben, daß neben dem möglichen Erkenntnisgewinn eines Beobachters vor allem eine Intervention stattfindet, die dazu führt, daß ein Kind oder ein Problem einmal so und einmal so erlebt wird. Die Wahrnehmung und das Denken eines Beobachters wird im ersten Fall auf das Problem gerichtet, im zweiten Fall auf Bereiche, die nicht mit dem Problem verbunden sind. Insofern dient der Fragebogen aber auch der Konkretisierung der Wahrnehmung in Bezug auf ein Ziel. Kein Zweifel, daß der erste Fragebogen dazu dienlich sein soll, die Tiefe des Problems auszuloten, während der zweite Bogen etwas ganz anderes leistet, was zunächst einmal nur mit „guter Stimmung", „Sympathie", aber auch mit „Ideen zur Veränderung" in Zusammenhang zu bringen ist. Es liegt nahe anzunehmen, daß der zweite Fragebogen mehr Informationen darüber hergibt, was schon vorhanden ist auf dem Wege zu einem wie auch immer gearteten Ziel. Es scheint so, als ob beide Fragebögen etwas ganz Unterschiedliches leisten, oder aber, daß der erste Fragebogen eine Wahrnehmungs-Handlungsschleife des Systems „Therapie" in Richtung auf das Problem einleitet, während der zweite Bogen dies vermeidet und gleich auf mögliche Therapie(Änderungs)ziele fokussiert. Der Kurztherapie wird häufig unterstellt, sie sei bezüglich der Problemexploration zu oberflächlich, während Kurztherapeuten argumentieren, die Untersuchungsschleife zum Problem hin sei häufig überflüssig oder sogar hinderlich. Ist diese Streitfrage entscheidbar?

Beides statt entwederoder

Lösungsorientierte Therapie stellt eine ganze Reihe von Techniken zur Verfügung, die dazu dienen, den kurzen Weg zum Ziel zu gehen. Die dabei verwendeten Prinzipien sind kurzgefaßt so dargestellt:

- Formulierung einer Beschwerde
- Formulierung von Zielen, die klein, konkret, realistisch und beobachtbar sind (Vogt-Hillmann, Eberling und Burr, 1992)
- Interview über Ausnahmen von der Beschwerde
- Hervorhebung von Verhaltensweisen, die als günstig erkannt wurden
- Vorschläge der Therapeutin oder des Therapeuten zur Weiterentwicklung günstiger Verhaltensweisen

Wichtig dabei ist, daß in der therapeutischen Interaktion mit Hilfe lösungsorientierter Fragetechniken eine „Lösungsebene“ erreicht und gehalten wird, die dann konkrete Lösungen hervorbringen kann. Dieses Verfahren hat sich in verschiedenen Kontexten, die man als psychotherapeutisch oder beratend definieren kann, als hilfreich erwiesen.

Das Wirkprinzip der lösungsorientierten Vorgehensweise gegenüber der traditionellen Art, Probleme durch Ursachenanalyse zu bewältigen, können Sie vielleicht erleben, wenn Sie die Augen schließen und sich einen großen Misthaufen vorstellen, der genau vor Ihnen liegt. Und Sie beginnen nun, die Ursachen des Gestanks, den Sie verspüren zu ergründen, um ihm zu entfliehen. Sie kommen vielleicht auf die Idee, sich von ihm zu entfernen, indem Sie weggehen. Aber, wenn Sie gleichzeitig das Problem im Blick behalten wollen, müssen Sie rückwärts gehen. In wie viele Kuhfladen werden Sie treten, während Sie langsam und unsicher Abstand gewinnen? Und wo werden Sie ankommen? Mit ein wenig Glück nicht gerade in der Jauchegrube.

Wenn Sie aber sich zunächst einfach umdrehen und das Problem Problem sein lassen, statt dessen sich lebhaft vorstellen, wie es dort sein wird, wo Sie jetzt lieber sein möchten, können sie schließlich vorwärts auf Ihr Ziel los gehen, mit allen möglichen Hindernissen im Blickfeld.

Was jedoch, wenn Patienten mit der Erwartung kommen, nur ein Experte könne mit seinem Handeln eine Änderung bewirken. In beratend-psychotherapeutischen Arbeitsbereichen kann man noch darauf vertrauen, mit der Frage nach der Expertenschaft relativ selten konfrontiert zu werden, weil schon vorher eine Selektion stattgefunden hat. Im medizinischen und auch kinder- und jugendpsychiatrischen Arbeitsbereich ist jedoch eher das Gegenteil die Regel[1]. Die Hilfesuchenden gehen davon aus, daß sie sich einem Experten anvertrauen, dem sie zutrauen, vor allem mit *seinen* besonderen Erkenntnissen und Mitteln Beschwerden zu behandeln. Dieses Vertrauen ist oft so groß, daß die Aufforderung, selbst aktiv zu werden, geradezu als Affront verstanden wird. Darüber hinaus gibt es besonders im medizinischen Bereich die Notwendigkeit, zuverlässig zu erkennen, wann Expertenhandeln unabdingbar gefordert ist. Als Beispiel mag die Beschwerde „Kopfschmerz" dienen: Auch ein überzeugter lösungsorientierter Therapeut würde vermutlich verständnislos den Kopf schütteln, käme ein Arzt auf die Idee, als nächstes die Wunderfrage zu stellen, wenn ein Patient die Beschwerde äußerte, er leide seit 4 Wochen unter kontinuierlich zunehmenden Kopfschmerzen, verspüre in den letzten Tagen häufig Übelkeit und habe heute morgen sogar erbrechen müssen. Kein Zweifel, daß ein Arzt in dieser Situation sofort an die Möglichkeit denkt, daß ein Hirntumor die *Ursache* dieser Beschwerden sein könnte und weiß, daß er als Experte in Sachen Krankheitserkennung gefordert ist und sich auf die Suche nach den Ursachen der Schmerzen begibt. Ebenso würde eine lösungsorientierte Therapeutin vermutlich in Unruhe geraten, wenn sie erführe, daß ein Arzt einer Patientin, die meist, wenn der Ehemann am Wochenende zu Hause ist, regelmäßig über Kopfschmerzen klagt, ebenso regelmäßig kommentarlos Medikamente aufschriebe, statt ihr Gelegenheit zu geben, mit der Patientin ein Interview zu führen. Zwei Beispiele aus dem Bereich Kinder- und Jugendpsychiatrie mögen zeigen, daß die Entscheidung zu ursachenzentriertem oder lösungsorientiertem Vorgehen nicht nur in seltenen Extremsituationen erforderlich ist:

Eine Mutter stellt ihren 6-jährigen Sohn vor, weil der tagsüber zwar mit 3 Jahren trocken war, nachts aber noch regelmäßig einnässe. Eine körperliche Untersuchung hat keine Abweichungen ergeben. Eine

[1] Eine Analyse von 48 Neuvorstellungen in einer Kinder- und Jugendpsychiatrischen Praxis ergab, daß nur 17 Patienten oder Bezugspersonen einen Rat erhofften, während 27 Aufschluß über Ursachen wünschten und 4 andersartige Expertenhilfe erhofften (Burr, 1996).

Behandlung mit einem Klingelgerät (Enuresistherapiegerät) ist Mittel der ersten Wahl, weil in 80% der Fälle ohne weitere Behandlungstermine erfolgreich.

Eine Mutter stellt ihre 10-jährige Tochter vor, die nach völlig unauffälliger Entwicklung seit 1/4 Jahr wieder einnäßt, nachdem die Eltern sich getrennt hatten und die Mutter (bei der die Tochter lebt) seit einem Jahr mit einem neuen Partner zusammenlebt. In diesem Fall ist es sicherlich am erfolgreichsten, möglichst frühzeitig ein lösungsorientiertes Interview zu führen.

Therapeutische Entscheidungen in diesen Fällen erscheinen unmittelbar plausibel. Die Frage aber, wie es dazu kommt, daß sich ein Therapeut einmal entscheidet, als Experte in Sachfragen (z.B. Gesundheit) oder aber als Experte für Moderation therapeutischer Gespräche zu handeln, bleibt unbeantwortet. Wir könnten uns damit zufrieden geben, den Vorrang organmedizinischer Abklärungen und Behandlungen, die ursachenzentriert durchgeführt werden, den Vorrang einzuräumen, wie dies oftmals gefordert wird, und uns als Psychotherapeuten und Berater nur für das zuständig fühlen, was als unbehandelbar übrig bleibt. Das Dilemma bleibt jedoch – besonders für diejenigen, die versuchen, beides zu tun. Weder Psychotherapieschulen, noch die Organmedizin stellen hierfür Orientierungshilfen zur Verfügung. Müssen wir uns deshalb darauf zurückziehen, Heilkunde sei eben eine Kunst und deshalb therapeutische Entscheidungen nicht weiter erklärungsbedürftig?

Im folgenden soll ein Weg gezeigt werden, wie durch eine Sichtweise, die den lösungsorientierten Konzepten verbunden ist, ein kooperativer und respektvoller Weg gefunden werden kann, der *beides* ermöglicht: *sowohl* Ursachenanalyse, *als auch* Lösungsorientierung.

Ressourcenfokussierende Diagnostik

Der Ansatz lösungsorientierter Therapie und damit auch die ressourcenfokussierende Diagnostik geht davon aus, daß Hilfesuchende Kunden sind, die mit dem gebührenden Respekt behandelt werden möchten und die vor allem einen mehr oder weniger großen Erfahrungsschatz aus ihrem bisherigen Leben mitbringen. Dies bedeutet für uns Therapeuten, daß wir mit allem, was wir tun, von den Vorstellungen und Wünschen unserer Patienten ausgehen, und wir sind uns klar darüber, daß wir, je weiter wir uns mit unseren Vorschlägen von der

Vorstellungswelt unserer Kunden fortbewegen, einen um so größeren Erklärungs- und Verhandlungsbedarf erzeugen.

Es gibt viele ernstzunehmende Unterschiede zwischen dem Vorgang, ein Auto zur Inspektion in die Werkstatt zu bringen, und dem, zu einem Psychotherapeuten zu gehen. Eines aber ist ähnlich: Wenn Sie Ihr Auto zur Inspektion bringen, erwarten Sie, daß es nach einem Plan des Herstellers durchgesehen und gewartet wird. Sie wären jedoch sehr verwundert, wenn gleich auch die kleine Beule in der Tür, die Sie schon lieb gewonnen haben, repariert würde. Mit Recht würden Sie sich beschweren. Würde der KFZ-Meister Ihr Verhalten dann Widerstand nennen? Mag sein, sicher wäre jedoch, daß Ihr Verhältnis gestört, wenn nicht sogar zerstört wäre. Wenn Sie andererseits als Mutter oder Vater mit Ihrem Sohn oder Tochter einen Kindertherapeuten aufsuchen, weil ihr Kind nachts noch nicht trocken ist, und der Therapeut begänne zügig, Ihre Ehe zu durchleuchten, um Paar- und Generationenkonflikte zu finden, und würde als nächstes Ihnen eine Psychotherapie vorschlagen, würden Sie vermutlich ein Verhalten an den Tag legen, das der Therapeut unter Umständen als Widerstand bezeichnen würde. Und Ihr Verhältnis würde in eine Schieflage geraten.

Wenn wir also kraft- und zeitsparend arbeiten wollen, tun wir gut daran, nicht ohne Not ganz eigene Vorstellungen zu entwickeln, sondern engstmöglich an den Vorstellungen unserer Kunden entlangzuarbeiten, ohne dabei unser Expertenwissen aus dem Blick zu verlieren. Solch ein Verhandlungsprozeß läßt sich als Vier-Schritte-Modell darstellen:

Schritt 1: Beschwerde verstehen

In der Regel ist es der Therapeut oder die Therapeutin, die mit einer Frage das Gespräch eröffnet, wenn ein Patient oder eine Klientin das erste Mal die Praxis aufsucht. Auch in der Medizin haben Eröffnungsfragen, wie „Wo fehlt's denn?“ oder „Wo tut's denn weh?“ nur anekdotischen Wert. Es ist allgemein akzeptiert, offenere Fragen zu stellen. In Dienstleistungsbereichen, bei telefonischen Beratungsdiensten etc. wird man oft mit der Frage „Was kann ich für Sie tun?“ oder „Womit kann ich Ihnen helfen?” begrüßt. Systemische Therapeuten ziehen es oft vor, offen zu lassen, ob sie es sind, die „helfen” oder „tun“ und ziehen Formulierungen vor wie: „Was müssen Sie hier heute erleben, damit dieser Besuch für Sie nützlich ist?“ oder „Woran werden Sie nachher erkennen, daß dieser Besuch nützlich für Sie war?“ oder „Worüber müssen wir mindestens gesprochen haben, damit sie hinterher sagen können, der Besuch habe sich gelohnt?“ Solche Eingangsfragen in einer Arztpraxis gestellt, führen allerdings oft zu Verwirrung bei den Patienten und werden nur schwer verstanden, weil sie zu ungewohnt sind. Bewährt hat sich dagegen die sehr einfache Frage, die von Steve de Shazer oft verwendet wird („What brings you here?") *„Was führt Sie her?“* Diese Frage läßt zunächst offen, was weiter passieren wird und zentriert sehr klar darauf, die wie auch immer geartete Beschwerde des Hilfesuchenden zu erfahren. Hierüber gleich zu Beginn ein klares Bild entstehen zu lassen, ist enorm wichtig, um überhaupt zu wissen, wofür denn Lösungen benötigt werden. Wenn lösungsorientierte Therapeuten sich für die Natur des *Problems* kaum interessieren, heißt dies jedoch nicht, daß die *Beschwerde* ebenfalls ohne Belang wäre, denn zunächst ist zu klären, welche Art Lösungen gewünscht werden. Nicht für alle Beschwerden können ohne weiteres Lösungen gefunden werden. Steve de Shazer schildert z.B. eindrücklich, wie im Gespräch zu Beginn einer Therapie aus der Beschwerde „Nymphomanie“ die Beschwerde „Einschlafproblem“ wird, die viel leichter zu beheben ist (De Shazer, 1992).

Solch ein Klärungsprozeß, der Unterschiede hervorbringt, die Entscheidungen über den weiteren Weg des Therapieprozesses ermöglichen, werden im Allgemeinen als „Diagnostik“ bezeichnet. Lösungsfokussierende Diagnostik heißt in diesem Zusammenhang

- die Beschwerde auf Ihre Lösbarkeit zu untersuchen,
- herauszufinden, ob die Beschwerde aus mehreren Teilen besteht, die mehr oder weniger verbunden sind,
- herauszufinden, ob sich aus der Sicht der Patienten Hierarchien ergeben, in der Weise, daß sie vermuten, daß Beschwerde „C“ von selbst verschwindet, wenn Beschwerde „A“ gelöst ist, Beschwerde „B“ aber die drängendste ist,
- herauszufinden, *wer* die Notwendigkeit einer Therapie sieht. (Die diagnostischen Klassifizierungen „Besucher", „Klagender", „Kunde“ sind hier manchmal hilfreich)(de Shazer, 1989),
- herauszufinden, *wer was wie wann* tun kann, damit Schritte zum Ziel möglich werden.

Oft haben Patienten in der Streßsituation eines Ersttermins nicht alle Informationen gleich parat, die sie selbst als wichtig empfinden, oder es gibt Peinlichkeiten zu berichten, die sie nicht gleich aussprechen möchten, oder aber sie befürchten schlimme Nachrichten über ungünstige Zukunftsaussichten, an denen sie irgendwie hoffen, vorbeizukommen, wenn sie nicht darüber reden. Hilfreiche Hinweise verstecken sich dann manchmal in Nebensätzen (wohlgemerkt *im Text* und nicht zwischen den Zeilen), so daß es sich bewährt, das Interview über die Beschwerde mit der Frage abzuschließen: „Ist es das, was Sie herführt, oder gibt es noch andere Dinge, über die wir noch nicht gesprochen haben?" Dieser erste Schritt lösungsorientierter Diagnostik dauert manchmal nur 5 Minuten, manchmal aber auch eine halbe Stunde, und am Ende steht für den Therapeuten ein erstes Bild darüber, *wofür* der Patient Hilfe wünscht.

Schritt 2: Gemeinsame Erfahrungen sammeln

Eltern und Bezugspersonen haben dem Therapeuten in der Regel eine jahrelange Erfahrung miteinander voraus, die respektvoll gewürdigt werden sollte. Die neugierig fragende, nicht vorschnell urteilende Haltung eines systemischen Therapeuten kann als eine solche Respektbezeugung wahrgenommen werden. Wenn aber die Patienten und ihre Angehörigen darauf bestehen, Expertenrat hören zu wollen, kann dies allerdings auch gründlich schief gehen. In solch einem Fall steht der Experte vor dem schwierigen Problem, in sehr kurzer Zeit genügend Informationen zu sammeln, um passende Beschreibungen zu entwikkeln. Passend, das heißt, Beschreibungen, die genügend unterschiedlich sind, um von den Patienten als *neu und bedeutsam* (siehe auch: Burr-Fulda, S. 107 in diesem Band) eingeordnet zu werden, und dadurch zur Veränderung anregen, aber nicht so ungewohnt, daß sie außerhalb aller Denkschemata der Patienten zu liegen scheinen und deshalb abgelehnt werden. Darüber hinaus bedeutet passend, daß Sachverhalte, die unmittelbares Expertenhandeln erfordern, nicht übersehen werden. Viele übliche diagnostische Vorgehensweisen eignen sich hierfür: z.B. Tests, medizinische Untersuchungsverfahren, etc.. Ressourcenfokussierendes Vorgehen heißt hierbei

1. Spaß haben
2. Herausfinden, was die Patienten *können*
3. Herausfinden, wie weit eine Entwicklung schon in Richtung auf das gewünschte Ziel fortgeschritten ist

In der Medizin sind die Untersuchungsverfahren in der Regel darauf ausgerichtet, Defizite bzw. *Symptome* als Hinweiszeichen auf *Krankheiten* zu finden. Die Dokumentation für solche Befunde ist in der

Regel sehr genau und sprachlich elaboriert, während Hinweise auf *Gesundheit* in der Regel mit einem nichtssagenden „o.B." beschrieben werden. Die Kinderneurologie hat hier in den letzten Jahren allerdings eine etwas andere Entwicklung genommen. Grobe neurologische Auffälligkeiten bei Kindern sind nämlich selten und erfordern dann meist unmittelbares Expertenhandeln. Dagegen läßt sich bei aufmerksamer Beobachtung recht detailliert die Entwicklung des Nervensystems und seiner Funktionen prüfen und so für viele Bereiche ein *Entwicklungsstand* feststellen. Diskrepanzen hierbei sind dann in der Regel gut verwertbar, um Therapieentscheidungen zu unterstützen.

Auch die Testpsychologie hat eine Unmenge differenzierter Verfahren entwickelt, um in kurzer Zeit Aufschluß über spezielle Sachverhalte zu geben. Aus der Sicht ressourcenfokussierender Diagnostik sind hierbei insbesondere Funktions- und Leistungstests wertvoll, weil Ergebnisse dieser Tests in der Regel Fähigkeiten oder Fertigkeiten beschreiben. Besonders Tests, deren Aufgaben im täglichen Leben nachvollziehbar und beobachtbar sind und deren Ergebnisse als Profile darstellbar sind und so unterschiedliche Leistungsbereiche gegenüberstellen, sind wertvoller als Tests, die einen oder wenige Werte als Ergebnis haben und oft auf für die Patienten unzureichend nachvollziehbare theoretische Konstrukte gründen. Bei Kindern mit Schwierigkeiten in der Schule entsteht z. B. oft die Frage nach ihrer Lernfähigkeit. Traditionelle Intelligenztests, die einen „IQ" als Ergebnis haben, der auf Aufgaben fußt, die die Kinder im täglichen Leben kaum zu bewältigen haben, ermöglicht (aus der Sicht der Eltern und Kinder) nur die Unterscheidung zwischen „schlau" und „dumm". Dies ist jedoch kaum jemals hilfreich.

Selbstverständlich wissen wir als Experten für Testdiagnostik, daß diese Unterscheidung eine unzulässige grobe Vereinfachung darstellt. Doch was nützt uns dieses Wissen, wenn Eltern selbstverständlich aus unseren differenzierten Mitteilungen solche vereinfachenden Schlußfolgerungen ziehen, was immer wir auch tun, um es zu verhindern.

Neuere entwicklungsbezogene Tests, wie z.B. die Kaufman Assessment Battery for Children (K-ABC), ergeben zwar auch „IQ"-vergleichbare Werte, jedoch lassen sich die Ergebnisse in den einzelnen Skalen im Vergleich interpretieren und die Testaufgaben lassen sich Fähigkeiten und Fertigkeiten zuordnen, die die Eltern und Kinder auch im täglichen Leben beobachten. So sind die Ergebnisse in einem Befundgespräch viel reichhaltiger nutzbar, um eine gemeinsame Beschreibung dafür zu finden, an welcher Stelle des Weges zum Ziel sich der Therapieprozeß gerade befindet.

Auf ähnliche Weise lassen sich auch projektive Testverfahren verwenden, um mehr darüber zu erfahren, wie Kinder sich und ihre Umwelt wahrnehmen. Der in der Kindertherapie weit verbreitete Sceno-Test und auch zeichnerische Verfahren, wie z.B. „Familie in Tieren", sind gute Medien, um nützliche Informationen zu gewinnen. Im Unterschied zur traditionellen Anwendung versucht ressourcenfokussierende Diagnostik bei der Durchführung und Auswertung jedoch nicht, verborgene Konflikte aufzudecken oder weitere noch nicht benannte Aspekte der Beschwerde zu finden, sondern fragt, welche *Ressourcen* sich in dem Dargestellten ausdrücken und wenn möglich, welche davon hilfreich in Bezug auf die Beschwerde sein könnten. Besonders auf diesen Aspekt ausgerichtet sind z.B. das Reden-Fühlen-Handeln Spiel (Vogt-Hillmann, 1996) und das Reporter-Spiel (Burr-Fulda und Burr, 1997).

Das Reden-Fühlen-Handeln Spiel ist ein Gesellschaftsspiel, das viele Elemente bekannter Brettspiele mit Aufforderungen zur Beantwortung von Fragen zu kindlichen Lebensbereichen und Handlungsaufforderungen verbindet, die in lustiger Atmosphäre eine spielerische Exploration ermöglichen.

Das Reporterspiel fordert die Kinder auf, von Personen ihrer Umwelt Stellungnahmen zu ihren besonderen Ressourcen zu sammeln. Beide Spiele fokussieren schon von ihrer Konstruktion her direkt auf Ressourcen.

Schritt 3: Erfahrungen (mit)teilen

Wenn wir bis hierher gediehen sind und der Meinung sind, eine Reihe von möglicherweise für Lösungen nützlichen Erfahrungen gesammelt zu haben, entsteht die Frage, was wir denn nun damit anfangen. Im Ablauf traditioneller Diagnostik würden wir jetzt dazu übergehen zu überlegen, welche Diagnose wir stellen und welche therapeutischen Konsequenzen sich daraus ergeben, und dies dann den Patienten mitteilen. Mit dem Wissen jedoch, daß unsere Erfahrungen kontext- und situationsabhängig sind und daß unsere Befunde besonders im Verhaltensbereich kaum je eindeutig zu interpretieren sind, sind wir auf die Hilfe der Patienten bzw. der Eltern angewiesen. D.h., wir suchen die Gelegenheit herauszufinden, in welchen unserer gemeinsamen Erfahrungen erste Anzeichen von Lösungen enthalten sind. Dazu dient das Befundgespräch, in dem wir mit der gebührenden Wertschätzung unsere Beobachtungen mitteilen und im Gespräch herausfinden, welche dieser Beobachtungen geteilt werden und welche unterschiedlich zu den bisherigen Erfahrungen von Eltern und Kindern sind. Wertschätzung zu signalisieren ist wichtig, weil Eltern wie Kinder vor und am Beginn einer Therapie fast regelmäßig voller Selbstzweifel und Schuldgefühle sind, die eine konstruktive Arbeitshaltung eher behindern als fördern. Wertschätzung zu signalisieren fällt andererseits besonders leicht, wenn der Therapeut bis hierher seine Beobachtungen als Ressourcen dokumentiert hat und nicht als Defizite. Gleichwohl werden in solch einem Gespräch neben den Fähigkeiten des Kindes auch die Schwierigkeiten angesprochen, diese aber in besonderer Form. Z. B. würde ein Kinderneurologe über einen 5-jährigen Jungen vielleicht (verkürzt) sagen: „Ihr Sohn konnte nur 3 Sekunden auf einem Bein stehen, darin drückt sich ein Defizit seiner Entwicklung in der Steuerung des Gleichgewichts aus". Wir würden in dieser Situation bevorzugen zu sagen: „Ihr Sohn mußte sich ordentlich Mühe geben beim Einbeinstand, 3 Sekunden hat er es geschafft. Ich kann mir vorstellen, daß er manchmal ärgerlich über sich ist, wenn er sich mit anderen Kindern vergleicht". Und wir würden hinzufügen: „Ist diese Beobachtung neu für Sie, oder können Sie das nachvollziehen"?

Schritt 4: Expertenschaft verhandeln

In psychotherapeutischen Kontexten ist möglicherweise schnell klar, daß die „Kundigkeit" (Hargens, 1993) für die Beschwerde beim Kunden (Klienten, Patienten) liegt und so Schritt 2 und 3 sehr kurz sein können, in medizinischen Kontexten ist dies, wie oben geschildert, jedoch keineswegs so. Oftmals kommen die Patienten mit der Hoffnung, gegen die Kopf- oder Bauchschmerzen, Aufmerksamkeitsprobleme und unruhiges Verhalten möge ein Medikament helfen. Auch in der Medizin, die bislang entsprechende Patientenerwartungen eher unterstützt hat, setzt sich zunehmend die Erfahrung durch, daß Medikamente zwar oftmals das Schlimmste lindern, aber dafür negative Langzeitfolgen und hohe Behandlungskosten hervorbringen, so daß immer häufiger über alternative Behandlungsmethoden nachgedacht wird. Diese erfordern jedoch oftmals Aktivität und zielgerichtetes Handeln der Patienten selbst. Der Therapeut steht dann vor der Schwierigkeit „Compliance" herzustellen. Das heißt, der Therapeut muß die

Grenzen seiner Expertenmöglichkeiten mitteilen und es entsteht die Frage „Wer kann was tun?“.

An erster Stelle ist dabei zu fragen, welche Vorstellung die Patienten davon mitbringen. Ein Gespräch darüber kann man mit der Frage „Was kann ich für Sie tun?“ oder etwas pointierter mit „Was möchten Sie, daß ich für Sie tue?“ einleiten. Hierbei erfährt der Therapeut meist sehr genau, ob ein Rat gewünscht wird, ob eine Ursachenforschung erwartet wird, oder ob der Arzt ein Medikament oder eine Übungsbehandlung (Krankengymnastik, Ergotherapie) verordnen soll. Wenn der Therapeut den Mut aufbringt, dies so konkret zu fragen, können meist sehr viel schneller die gegenseitigen Erwartungen und Möglichkeiten abgeglichen werden als wenn diese Frage ungestellt bleibt. Patientenantworten auf diese Frage müssen nicht bedeuten, daß die Therapeutin in ihrem Handeln festgelegt wird, aber sie erfährt, wo sie erklären und erläutern muß, wenn sie Abweichendes in Erwägung zieht und welchen Bewegungsrahmen sie ohne erneute Verhandlung zugestanden bekommt.

Besonders in der Entwicklungstherapie von Kindern hat sich gezeigt, daß Behandlungserfolge sehr viel schneller zu erreichen sind, wenn Eltern aktiv die Lebensumwelt der Kinder entwicklungsfördernd gestalten. Dafür ist es aber notwendig, daß sie die Gedanken der Therapeuten verstehen und nachvollziehen können und die Therapeuten verstehen, welche Ressourcen die Eltern und deren Lebenskontext bieten.

Wenn wir den Prozeß lösungsorientierter Diagnostik so verstehen, daß wir auf eine Weise Unterschiede erzeugen, daß wir erfahren und verhandeln können, wer, welche Ressourcen zur Behebung einer Beschwerde beitragen kann, dann kommt es vor allem darauf an, eine Möglichkeit zu schaffen, sich gegenseitig den verfügbaren „Pool“ an Ressourcen zu zeigen und gemeinsam ein Passen zu entwickeln.

Der Kreis schließt sich

Lösungsfokussierende Diagnostik wurde hier als linearer Vorgang beschrieben, obwohl dies den Prozeß nur ungenügend abbildet. Dies ist als Konzession an die Linearität von Sprachsequenzen zu verstehen und insbesondere von Schriftsprache. So werden Sie, liebe Leserin, lieber Leser, sich vielleicht gefragt haben, ob nicht bei dem oben skizzierten Modell Schritt 3 und 4 auch austauschbar wären, oder ob Schritt

2 denn wirklich vor Schritt 3 beendet ist. Ich kann solchen Fragen nichts wirklich entgegensetzen, sondern muß betonen, daß hier nur *eine* mögliche Sichtweise auf einen diagnostisch-therapeutischen Prozeß dargestellt wurde, der seiner Natur nach rekursiv ist und erst mit dem Ende der *Therapie* auch beendet ist.

Der Zusammenhang zwischen Therapie und Diagnostik läßt sich vielleicht am besten mit einer Grafik darstellen, obwohl auch hier die Umsetzung von den zwei Dimensionen des Papiers auf die mindestens 4 Dimensionen (Raum + Zeit) des Modells Ihre Phantasie fordert:

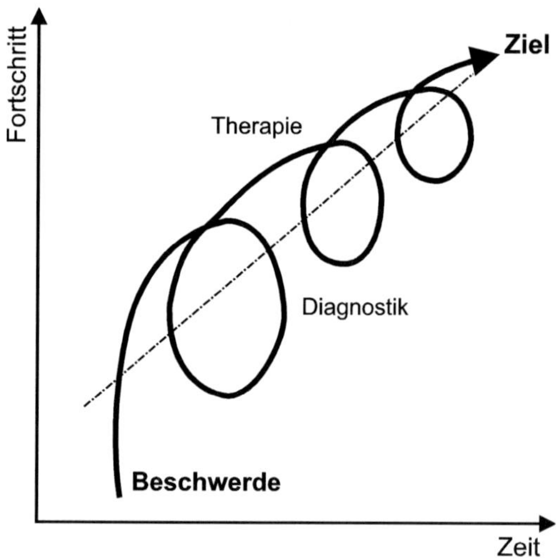

Literatur

Burr, W. (1996) Focussing Problems OR Solutions. Solution Focused Brief Therapy in a Medical Context. Vortrag auf der EBTA Team Conference Paris *http://nik.de/deutsch/serv/servfram.htm.*

Burr-Fulda, H. und Burr, W. (1997) Das Reporterspiel. Eigenverlag Rendsburg

De Shazer, S. (1989) Der Dreh. Überraschende Wendungen und Lösungen in der Kurzzeittherapie. Carl Auer Verlag Heidelberg

De Shazer, S. (1992) Das Spiel mit Unterschieden. Wie therapeutische Lösungen lösen. Carl Auer Verlag Heidelberg

Hargens, J. (1993), KundIn, KundigE, KundschafterIn. Gedanken zur Grundlegung eines helfenden Zugangs, Z.system.Ther. S. 14-20 Bd.11(1)

Steinhausen, H.-Ch. (1993) Psychische Störungen bei Kindern und Jugendlichen: Lehrbuch der Kinder- und Jugendpsychiatrie, 2. Auflage Urban und Schwarzenberg, München, Wien, Baltimore

Vogt-Hillmann, M. & Burr, W. (1995). Kreative Kindertherapie. In W. Eberling, & J. Hargens (Ed.), Einfach kurz und qut. Dortmund: Verlag Modernes Lernen.

Vogt-Hillmann, M. Eberling, W. & Burr, W. (1992). Ein klinisches Metakonzept für die Entwicklung lösungsorientierter Kurzzeittherapie. Zeitschrift für systemische Therapie,10(4), 268-278.

Vogt Hillmann, M. (1996) Das Reden-Fühlen-Handeln Spiel. Ein Spiel für die Kreative Therapie mit Kindern. Eigenverlag Bremen.

Charlotte Wirl

Es war einmal ... über das Erfinden von Märchen und (therapeutischen) Geschichten

Dieser Artikel beschäftigt sich mit dem Erfinden von Märchen und therapeutischen Geschichten, mit der „Rahmenhandlung". Dabei wird ein Vergleich mit klassischen Märchen gezogen und herausgearbeitet, welche wesentlichen Merkmale sowohl in den klassischen Märchen als auch in den selbsterfundenen Erzählungen zum Tragen kommen: Der Aufbau, Handlungsverlauf, der Weg und die „Ingredienzien" für Geschichten (wie Protagonisten und Antagonisten) unter Miteinbeziehung von persönlichen Elementen. Drei Fallbeispiele – ein Märchen, erfunden für ein Mädchen, das als Kind sexuell mißbraucht worden war, eine Trancegeschichte für einen 16-jährigen Stotterer unter Ausnutzung der mit Demosthenes verbundenen Assoziationen und eine Geschichte, die für einen Vater geschrieben wurde und zugleich ein Beispiel für eine verschachtelte Geschichte darstellt – zeigen die Umsetzungsmöglichkeiten des theoretisch und schematisch Dargestellten in die Praxis auf.

Einleitung

Geschichten, Metaphern und Märchen begleiten uns seit Alters her. Sie begegnen uns in Form von kulturgeschichtlichen Überlieferungen, Sagen und Märchen. Sie vermitteln Wissen, Informationen über kulturelle Hintergründe, soziale Strukturen, Glaubenssysteme, versuchen, Werte(systeme) zu vermitteln (Bibel, Koran, griechische Mythologie, verschiedene religiöse Schriften), die Entstehung der Welt und des Menschen zu erklären, definieren seinen Platz im Universum, transportieren (teilweise verschlüsselte) Botschaften und bieten Lösungen an.

Eltern oder Großeltern, LehrerInnen und KindergärtnerInnen erzählen Kindern Märchen, Metaphern und selbsterfundene Geschichten, um ihnen ihr Weltbild nahezubringen oder um ihnen zu helfen. Lösungsmodelle für bestimmte Lebensaufgaben finden sich ebenso wie ein Weg heraus aus scheinbar ausweglosen Situationen. Kinder- und Jugendtherapeuten bedienen sich dieses Werkzeuges ebenfalls in den verschiedensten therapeutischen Schulen, sie können sowohl in Kurztherapien als auch in Langzeittherapien integrierend genutzt werden. Insbesondere, wenn Geschichten und Märchen individuell und auf das Kind persönlich maßgeschneidert erfunden werden, sind sie hoch wirksame Instrumente. Die Ericksonsche Hypnotherapie ist eine Kurztherapie. Zeitgemäße Metaphern/ Geschichten zu gestalten, ist eine ihrer bevorzugten Techniken, wobei in den Metaphern neue Möglichkeiten und/oder Sichtweisen – manchmal konkret, zumeist verschlüsselt und vage – als Vorschläge angeboten werden, niemals als Befehl. Die Geschichten und Märchen können dabei sowohl im Wachzustand als auch in Hypnose erzählt werden.

Therapeutische Geschichten entstehen im ununterbrochenen Austausch mit dem Gegenüber. Sie benötigen die non-verbale Kommunikation, das Einfließen jeder Gestik, Mimik, Gesichtsausdruckes, Haltung und Bewegung ebenso wie die Integration von Worten, die das Kind benutzt, seinen Bezeichnungen, Wünschen, Änderungsvorschlägen während des Erzählens. Persönliche Geschichten und Metaphern können nicht am Reißbrett konstruiert werden, sie brauchen das Wahrnehmen des Gegenübers und seiner/ihrer Reaktion. In diesem Sinne können virtuelle Medien keine (für den Zuhörenden) individuell persönlich relevante Geschichten vermitteln, wohl aber als „Ideenbörse“ für den Erzählenden dienen, genauso wie verschiedene Märchen- und Erzählbücher (Oaklander, 1984, Schwab, 1990, Spangenberg, 1996). Ein einfaches, schematisiertes allgemeines Erzählgerüst kann hilfreich sein – dies soll hier aufgezeigt werden – , doch auch dabei ist es günstig, die Person, der die Geschichte erzählt werden soll, zu kennen. Es werden vermutlich viel mehr Informationen auf non-verbalem Wege ausgetauscht als wir vermuten. Wenn wir in eine Interaktion mit einer Person eintreten, uns in eine Art gemeinsame, „geteilte“ Trance begeben, indem wir sowohl mit unserem inneren Wissen als auch mit unseren Patienten in engem Rapport sind, beginnen in uns die Erzählungen zu fließen, „die Geschichten kommen zu uns“ (M. H. Erickson laut Wallas, 1985). Geschichten entstehen im Unterbewußtsein, wenn ein klares Verständnis des Bezugsrahmens und des Wertesystems des Klienten (auch bei Kindern!), seiner bevorzugten Sinnessysteme, seiner Vokabeln, seiner Gefühle und seiner Sicht der Situation vorhanden ist (siehe Wirl, 1993).

Die Stilart der Erzählung und der Grad der Indirektheit ist ganz unterschiedlich, abhängig davon, wem wir gerade die Geschichten erzählen. Manchmal ist ein wenig mehr Distanz günstig, manchmal kann

man auch durchwegs näherkommen. Es ist wie beim Tanzen. Jede Tanzart, seien es Walzertänze, klassische (standard), oder lateinamerikanische, haben ihre eigene Tanzhaltung. Manche brauchen eine geschlossene Haltung (wie der Walzer), andere eine offenere (wie der Jive). Jeweils die passende einzunehmen, ist notwendig, damit die Balance zwischen der jeweils optimalen Führung und der jeweils benötigten Bewegungsfreiheit gegeben ist. Ein zu offen getanzter Walzer führt unweigerlich zum Stolpern, ein zu eng getanzter Jive blokkiert die Schritte. Man erkennt im Horchen auf den Rhythmus und im Nachspüren, um welchen bestimmten Tanz es sich handelt.
In der folgenden Arbeit möchte ich als Weiterführung zu Wirl (1993) einen „Leitfaden" zum Aufbau und Konstruieren der Rahmenerzählung von individuellen, maßgeschneiderten Geschichten und Märchen, in denen wirksame Botschaften transportiert werden, geben. 3 Fallbeispiele – ein Märchen, konstruiert für ein 16-jähriges Mädchen, das als Kind sexuell mißbraucht worden war – eine spontan entstandene Geschichte für einen 16-Jährigen mit einer Sprechhemmung, erzählt in einer Hypnosesitzung – und eine Geschichte, die für einen Vater geschrieben wurde und zugleich ein Beispiel für eine verschachtelte Geschichte darstellt, beleuchten die unterschiedliche Art, wie man Geschichten erfinden und erzählen kann.

„Ingredienzen" für die Konstruktion von Geschichten und Märchen

Der Weg, der im Märchen beschritten wird (Handlungsverlauf)

In den Märchen wird zumeist ein bestimmter Weg, eine Folge von Ereignissen, durchlaufen. Am Anfang steht zumeist eine Situation aus der Realität, der gewöhnlichen Alltagswelt, z.B. eine Familiensituation (ein strenger Vater oder eine verstorbene Mutter, Geschwisterrivalität, Eifersucht, Demütigungen), Trennung, Abschied oder soziale Nöte (Hunger, Armut, Krankheit), meist verbunden mit Kummer, Mangel, oder einem großen Wunsch. Dem gegenüber steht die „Zauberwelt", die magische Welt. In dieser Welt wirken Wesen mit Fähigkeiten, die es auf unserer (realen) Welt nicht gibt (Hexen, Feen, sprechende Tiere, Pflanzen oder Steine, Gnome, Riesen und Zwerge), deren Verwünschungen und Zaubereien auf der Stelle wirksam werden. Dort geschehen Wunder und (Ver-)Wandlungen. Es ist eine Art „anderer

Wirklichkeit", die uns aber vertraut erscheint. Der Held oder die Heldin zögern überhaupt nicht, diese scheinbare Grenze zu überschreiten, von der Situation in der realen Welt in die magische Zauberwelt einzutreten. Der Übergang geschieht zumeist fast unmerklich, wie selbstverständlich. Er findet statt, wenn eine Fantasie/Märchenfigur auftritt, ein Tier oder Baum zu sprechen beginnt, oder sonst etwas geschieht, was in der Realität nicht möglich ist (Hilty, 1995). Für Kinder, insbesondere im magischen Weltbild des Vorschulalters, in dem alle Dinge und Wesen „beseelt" sind, findet diese Verbindung laufend statt. Kast (1989) meint, dieses Märchenland liegt nicht irgendwo in einem Land, sondern in uns, der Weg dorthin führt also in uns selbst. „Diesseits und Jenseits" können so miteinander kommunizieren (O. Betz), das Innenleben wird mit dem Außenleben, der Verstand mit dem Gefühl verbunden. Für Hilty (1995) steht die „diesseitige" Welt (Realität) für Vernunft (Ratio) und den Verstand (Intellekt), während die „jenseitige" (Zauberwelt) für die Welt der Seele und des schöpferischen Geistes steht. Das Brückenschlagen zwischen diesen „Welten" (und deren Sichtweisen) und ihre Verbindung kann man wohl auch im Sinne einer annehmenden Teilearbeit (wie sie als eines der zentralen Elemente in der Gestalttherapie gilt) verstehen, meine ich.
Wenn der Held, die Protagonistin alle Aufgaben, Prüfungen bestanden hat, kehrt er/sie am Schluß wieder in die Realität zurück. Allerdings nimmt er/sie häufig etwas aus der geheimnisvollen Märchenwelt mit: ein Geschenk, eine besondere Eigenschaft, eine neue Fähigkeit oder eine Erkenntnis. Die Zauberwelt hat einen wunderbaren nachhaltigen Einfluß, die Realität vor Reiseantritt wird verändert, weicht einer Entwicklung. Dieser Weg wird auch in den modernen Märchen eingehalten. Wenn wir an Tolkiens Hobbit (Tolkien, 1956) denken, so finden sich ähnliche Strukturen: Wenn auch der Hobbit Bilbo selbst eine Fantasiefigur ist, so trägt er in seiner Charakterisierung menschenähnliche Züge. Auch er begibt sich auf eine Reise (nach Aufforderung einer magischen Gestalt, nämlich dem Zauberer Gandalf, der aus dieser „anderen", der Zauberwelt zu ihm kommt), auf die Schatzsuche nach dem Zwergenhort der Könige unterm Berg unter dem Erebor in Thal, fern im Osten. Dort, in dieser magischen Welt, in der Elfen, Trolle und Orks wohnen, es einen Düsterwald (Zauberwald) und ein Nebelgebirge gibt, muß der kleine Hobbit viele Aufgaben und Erfahrungen bewältigen (einschließlich des Sieges über einen Drachen), bis er gereift und gestärkt, belohnt mit einem Ring, der besondere Kräfte verleiht (unsichtbar macht), letztendlich wieder in seine Welt

zurückkehrt (um den Ring an seinen Neffen und Erben Frobo weiterzugeben, der als „Herr der Ringe“ (Tolkien 1966) weitere Abenteuer in der Fantasiewelt durchlaufen darf).

Die agierenden „Personen" und Wesen

Die Hauptfigur (der/die ProtagonistIn)

Der Protagonist/die Protagonistin in den klassischen Märchen erfüllt verschiedene Eigenschaften, die sich auch in den modernen Geschichten und Märchen wiederfinden: Wie schon oben erwähnt, bewegt er/sie sich in der Realität (im Rationalen) ebenso wie in der Märchen-, der Fantasiewelt (dem Irrationalen). Märchen beginnen zumeist mit: „Es war einmal...“. Aber, auch wenn das Geschehen scheinbar in einer längst vergangenen Zeit abläuft, so ist die Sprache so gewählt, daß der Protagonist *scheinbar jetzt*, während des Zuhörens, die Handlung durchläuft. Er handelt im „Hier und Jetzt“, wir erleben mit ihm die Erzählung, als würde sie gerade jetzt geschehen. Darüber hinaus kann sich der Held/die Heldin von der Vergangenheit lösen und ist nicht an die Zukunft gebunden (so meint J. Zeig, daß Personen, die zu sehr auf die Vergangenheit fixiert sind, zu Depressionen neigen, jene, die zu viel an die Zukunft denken, zur Panik). Diese Figuren bewegen sich frei in Zeit und Raum (sie können 100 Jahre unverändert in einem Augenblick durchreisen, genauso, wie sie sich plötzlich an einem gänzlich anderen Ort wiederfinden können), jedoch an ihren Weg gebunden. Die Hauptfigur erlebt im Zuge der Geschichte eine Veränderung im Sinne einer Entwicklung und Reifung, die uns zumeist auch als Veränderung äußerer Merkmale geschildert wird (die anderen Figuren sind entweder alt oder jung, bleiben aber meistens unverändert). Sie steht für den fragenden, suchenden, nach Glück strebenden Menschen. Der Protagonist nimmt das Fremde, die Herausforderungen, die Aufgaben an (wenn nicht, kommt es meistens zu neuerlichen Prüfungen). Er/sie ist liebevoll – annehmend, aber wertet nicht (siehe „Die Schöne und das Biest“) und nimmt von Angebotenem (sei es Nahrung oder Schätze) gerade nur so viel, wie er/sie es gerade braucht. Er versteht die HelferInnen und Hilfsfiguren (-egos) wie z. B. die weise alte Frau, Zwerge, sprechende Tiere (Schlange, Fisch, Vogel, Fuchs, weiße Taube, Katze), Pflanzen Gestirne und Elemente, hat Vertrauen in sie und er nimmt ihre Ermunterungen zur Bewältigung der Aufgaben an. Diese zentrale Hauptfigur geht ihren Reifungsweg, überwindet viele Schwierigkeiten, entwickelt Hoffnung, nimmt Strapazen auf sich (oft lange und schmerzhafte), die sich aber lohnen und somit Zuversicht (in eine gute Welt, in Gerechtigkeit und eine Lösung) vermitteln. Diese magische Hoffnung wird aus dem Märchen mitgenommen (z.B. überlebt der scheinbar Schwache). Die zentrale Figur verbindet die verschiedenen Welten und Eigenschaften (wie gut und böse, arm und reich, ruhig und wild, Realität und Fantasie), wie es auch in einer zentralen Idee im Teilemodell der Gestalttherapeuten zu finden ist (s. o.). Interessant ist auch, daß der Held all diesen Herausforderungen und Informationen, all den leisen Botschaften der HelferInnen mit all seinen Sinnen aufmerksam lauscht und sie wahrnimmt. Diese Aufmerksamkeit (im Sinne von awareness) gilt auch für uns Erzählende gegenüber den kleinen Hinweisen unserer Klienten.

HelferInnen

Dem Protagonisten stehen Hilfsfiguren und/oder -wesen zur Seite. Das können verschiedenste magische Gestalten wie Zauberer, Zwerge, Riesen, eine weise Frau, ein uralter Mann, aber auch sprechende Tiere (wie Schlangen, Fische, Fuchs, Vögel, Katze) Fantasietiere wie Fuchur (Ende, 1987), oder Pflanzen (Bäume, Hecken), Gestirne und Elemente sein. Diese Helfer verfügen über unerschöpfliche Kräfte – höheres Wissen und „kosmische Energie". Sie tauchen auf, wenn die Märchenfigur weint, nicht mehr weiter weiß, auf die Suche geht, Opfer geworden und verzweifelt ist. Sie helfen, wenn die Märchenfigur auf sie hört (also die Botschaft wahrnimmt), wenn sie gut zu ihnen ist, ihre Hilfe oder ihr Geschenk annimmt und im richtigen Augenblick gebraucht und nicht mißbraucht, wenn sie die Weisungen der HelferInnen befolgt (siehe E. Hilty 1995). Was sind die besonderen Eigenschaften der HelferInnen? Sie geben ewige Nahrung, sie wissen, wo das Wasser des Lebens ist, sie helfen, Unmögliches zu vollbringen, sie erfüllen unausgesprochene Wünsche und kennen sie, sie wissen, wie der Zauber oder ein Fluch zu lösen ist. Es sind magische Helfer, die auftauchen, wenn die Not am größten ist (Vögel, sprechende Steine), sie sind erfahren und wissend, können den entscheidenden Rat geben, versprechen Rettung oder Erfüllung. Sie können als symbolhafte Darstellung für unsere Instinkte, Intuitionen oder ein tiefes inneres Wissen, eine Art „innere Stimme", angesehen werden. (Im Ericksonschen Sinne auch als symbolhafte Darstellung unserer eigenen individuellen Ressourcen, die in etwa als Summe der Erfahrungen,

Lernprozesse und Fähigkeiten eines Menschen verstanden werden, (s. Zeig, 1986) anzusehen).
Innerhalb eines Märchens (insbesondere in der Zauberwelt) altern die meisten magischen (Helfer) Figuren nicht. Als symbolhafte Repräsentanten sind sie immer gleichbleibend. (Die alte Hexe, der alte weise Mann, der Steinbeißer oder Fuchur in „Die unendliche Geschichte"). Nur bei der Hauptfigur und eventuell ihrem BegleiterIn verspüren wir eine Veränderung im Sinne einer Entwicklung und Reifung.

Besonderheiten und Gemeinsamkeiten des Märchens mit Hypnose und hypnotischen Phänomenen

Das Geschehen, die Handlung ist nicht an Raum und Zeit gebunden. Jahre sind wie Augenblicke, ein Moment kann für lange Zeit wie erstarrt stehenbleiben. Diese Phänomene der Zeitverzerrung finden wir auch bei Tranceerfahrungen. Wie auch anderes, etwa, daß in Märchen Unlogisches und Wundersames möglich ist. Auch in Hypnose können Inkongruenz und Unmögliches als erfahrbar integriert werden. Parallelen bestehen auch im Sprachstil. Sowohl die Märchen und Geschichten als auch Hypnosetherapie ist gesprochenes Wort, folgt also den Regeln der Erzähl-, nicht der Schriftsprache. Es würde zu weit führen, hier näher darauf einzugehen, einiges sei jedoch stichwortartig aufgezählt: der häufige Gebrauch von Konjugationen, implizite Sprache, Gebrauch von Unlogik und Verwirrung (zur Trancevertiefung), Doppeldeutigkeiten, wörtliches Begreifen und Utilisieren von Symbolen. Der Sprachstil ist vage, es gibt von den Figuren, Gegenständen, und Örtlichkeiten keine nähere Beschreibung (irgendwo, irgendwann..., gab es eine alte Frau, nicht näher beschrieben). Dies läßt der Fantasie viel Raum. Auch in der Hypnotherapie verwenden wir diese vage Sprache, wenn wir von einem Ereignis oder Ort (zum Beispiel dem Ort, an dem sich jemand besonders wohlfühlt) keine genaue Beschreibung haben. Allerdings benutzen wir dann, wenn wir von einem Gegenstand (zum Beispiel dem Lieblingsteddybären) eine detaillierte Beschreibung haben, diese dann präzise wörtlich (siehe Wirl, 1993). Alleine die Formulierung „es war einmal, vor langer, langer Zeit..." ist durch ihre Sprachmelodie einer Tranceinduktion dienlich, und auf der inhaltlichen Metaebene führt sie zu einer Altersregression.
Während Nominative im Märchen häufig vorkommen, sind Adjektive selten zu finden, wenn, kommen sie häufig als Kontraste vor: gut-böse, faul-fleißig, arm-reich, schön-häßlich, jung-alt, dumm-gescheit. Das kleine Kind kann noch nicht abstrakt und in fein schattierten Ad-

jektiven denken, es drückt Gefühle oder Beschreibungen von Eigenschaften (gut, böse) in Form von Erlebnissen und Handlungen aus (eine Person hat dies oder jenes getan) oder als (neuerfundene) Nominalisierungen. So verwendet das Kind eine (einfache) bildhafte Umschreibung für seine Gefühle genauso wie das Märchen (Rumpelstilzchen zerspringt vor Wut). Sowohl in den Märchen und Geschichten als auch in der Hypnotherapie wird eine bildhafte Sprache verwendet, eine Symbolsprache, die als „Brücke zwischen Unbewußtem und Bewußtem, Innen und Außen" dienen kann. Dies kommt dem Kind sehr gelegen, das seine Probleme durch Bilder und Fantasien zu lösen versucht. In dieser magischen Welt, in der der Fantasie keine Grenzen gesetzt werden, kann das Kind seine geheimsten Wünsche und Sehnsüchte, seine bedrückenden Ängste und auch seine Hoffnungen finden. Sowohl in den Märchen als auch in der Hypnotherapie werden (magische) Formeln und Sprüche, „Zauberformeln" (in der Hypnotherapie zum Beispiel in Form von wiederholten Suggestionen) und Rituale verwendet.

Konstruktion von neuen, individuellen Geschichten und Märchen

Auch in den erfundenen Geschichten und Märchen benötigen wir eine/einen ProtagonistIn, einen Antagonisten und einen Entwicklungsprozeß, der sich automatisch durch den Handlungsverlauf ergibt.

Der/die ProtagonistIn

Diese zentrale Figur erhält individuellen, persönlichen Charakter, indem ich ihr persönliche Wesenszüge des Kindes, Jugendlichen (oder auch Erwachsenen) verleihe oder das Wertesystem des Kindes (was, bzw. wen es schätzt) integriere. Dies kann auf verschiedenste Art und Weise geschehen: indem eine LieblingsheldIn – oder Fernsehstar, eine Buch- oder Comicfigur (die das Kind schätzt) detailliert beschrieben wird (siehe Wirl 1993); ein anderes Kind, das ähnliche Probleme oder Eigenschaften hat wie das betroffene Kind, begibt sich auf eine Reise; die Charakterzüge (und die non-verbale Sprache des Kindes!) werden auf eine Tierfigur übertragen; aus der verzauberten Familie (die das Kind gezeichnet hat) wird das Wesen oder Tier gewählt, in das sich das Kind verzaubert hat. Oder der/die ErzählerIn läßt ihren eigenen Assoziationen freien Lauf und wählt ein ihr passend erscheinendes Symbol oder Wesen. Die Integration von persönlichen Parametern des Kindes, wie seine bevorzugten Tätigkeiten oder angenehme Erlebnisse, sein Lieblingsspiel oder -ort, seine Lieblingsfarben, etc., die man sich vorher in möglichst allen Sinnesqualitäten genau beschreiben ließ, ist sehr hilfreich (Mills u. Crowley, 1986, Oaklander, 1984, Brett, 1980). Selbstverständlich sollte eine andauernde Aufmerksamkeit für die vom Kind signalisierten minimal cues (=minimale Schlüsselreize, darunter sind verbale und non-verbale Hinweise zu verstehen) bestehen und diese laufend integriert werden (Zeig, 1986, Wirl, 1993).

Helfer- und „Schlüssel"figuren

Diesem Protagonisten wird zumeist eine Helferfigur oder -wesen zur Seite gestellt. Dieses Wesen kann auch im Sinne eines „alter ego" verstanden werden, das für die von dem Kinde ersehnten Eigenschaften, Fähigkeiten oder Lösungsmodelle steht, sowohl im Sinne von vorhandenen (aber derzeit oder im Problembereich nicht zugänglichen) Ressourcen oder auch in einem spirituelleren Sinne eines helfenden „Zauberwesens", das für die Liebe, kollektives Wissen, positives Elternimago, etc. stehen kann. Für die Gestaltung des Helferwesens kann ebenfalls ein Lieblingstier oder -wesen (siehe Wirl, 1993, 1997) gewählt werden, aber auch ein Symbol, eine Stimme, ein/eine BegleiterIn. Fragen an das Kind wie „Wen oder was kannst du dir vorstellen, das dir hilft, wenn du Schutz brauchst?" und „Was muß diese Figur tun, damit du dich beschützt fühlst?" kann für die „Erschaffung" solcher Hilfswesen dienlich sein. Gewünschte besondere Eigenschaften und Fähigkeiten können integriert werden. Wie Zeichnungen genutzt werden können zur Definition eines Hilfswesens im Sinne eines „alter ego", siehe Wirl, 1997a. Selbstverständlich können im Verlauf der Handlung verschiedene Hilfswesen erscheinen (zum Beispiel für verschiedene Sinneswahrnehmungen). Eines dieser Wesen kann auch zur Schlüsselfigur der Geschichte werden (wie im ersten Fallbeispiel Xania), die als zentrales Element die Botschaft oder Antwort weiß.

Antagonist

Diesen „freundlichen" Personen oder Wesen wird ein Antagonist gegenübergestellt (steht für die negativen Glaubenssysteme, das Problem, Gefühle wie Angst, etc.). Sie sind willkommene Figuren, um als Projektionen zu dienen, um z.B. der Angst einen Namen zu geben, sie damit ansprechbar zu machen und so zu größerer Handlungsfähigkeit des Kindes zu führen. Auch hier können persönliche Ingredienzen wie zum Beispiel die beschreibende oder zeichnerische Darstellung der Symptompersonifizierung (siehe Wirl, 1997a) oder Tiere, die ähnliche Charakteristika wie die Eigenschaften des Problems aufweisen, gewählt werden; oder die verschiedenen Hürden, die auf dem Weg bewältigt werden müssen, weisen Züge des Problems auf (der mühsame Weg, den das Mädchen in der ersten Geschichte auf sich nehmen muß, das Kennenlernen der Unterschiedlichkeiten der Steine und der notwendigen Bewegungsmuster in der Geschichte für Dimitri oder die Sorge und die Suche des Vaters in der dritten Geschichte).

Der Weg

Realität – Zauber/Märchen/Fantasiewelt mit Prüfungen, Entwicklung und Veränderung – (neue) Realität bleibt gleich wie in den Märchen, wobei auf dem Rück – oder Heimweg (falls näher beschrieben) in die Realität schon die Veränderung, die „neue Sicht der Dinge“ gekennzeichnet werden kann. Eine Feier, Belohnung, Etablierung des Neuen am Schluß vertieft die Erfahrung. „Es gab ein rauschendes Fest, es wurde gelacht, getanzt, getrunken, der Saal war geschmückt in den prächtigsten Farben (Beschreibung durch alle Sinneskanäle)...das war so großartig, daß sich alle noch lange, lange daran erinnern sollten...(Memoryeffekt).

Schematische Darstellung

Die Interaktion zwischen den oben beschriebenen Figuren und Elementen sowie der Handlungsverlauf von therapeutischen Märchen und Geschichten wird in der Abbildung 1 schematisch dargestellt. Der Protagonist (dargestellt durch den kleinen Bären) – am Anfang z.B. ängstlich oder schwach – begibt sich auf den Weg. Dieser Weg ist anfangs häufig schwierig, mühsam (dunkel) und geht bergab und bergauf. Er wird zunehmend leichter und heller, wobei der Endpunkt symbolisch höher liegt als der Ausgangspunkt. Antagonisten (dargestellt durch den Drachen) und Helferfiguren (Tiger) wirken auf den Verlauf des Weges mit ein. Der Protagonist geht gestärkt aus der Entwicklung hervor (der Drache sitzt gezähmt und ihm zu Diensten zu seinen Füßen).

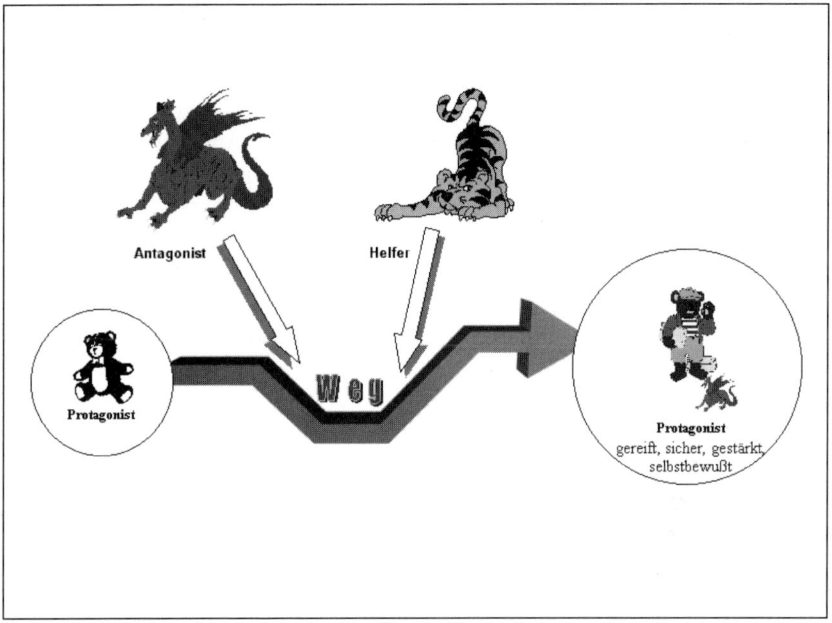

Fallbeispiele

In diesem Kapitel sollen 3 verschiedene Fallbeispiele das vorab theoretisch Dargestellte veranschaulichen.

Fallbeispiel Sonja

Sonja ist eine Jugendliche, die als Kind von einem nahen Verwandten sexuell mißbraucht worden war. Sie hatte das Geschehen sehr lange verdrängt und war dabei, dieses Erlebnis für sich zu verarbeiten. Dazu gehörte für sie auch die Frage, ob und vor allem wie sie ihre Eltern informieren sollte. In der folgenden Geschichte, die ich für sie erfand, werden verschiedene Botschaften transportiert, insbesondere, um ihr eine Sicht zu vermitteln, die über die Beantwortung ihrer eigentlichen Frage weit hinausgeht. Da das Mädchen sehr fantasievoll ist, eine bildhafte Sprache schätzt (sie „spielt" mit symbolhaften Formulierungen und Gedichten), gerne malt und zeichnet, wird für die Geschichte der Stil eines mythologischen Märchens gewählt und Farben als „Minimetaphern" (Blau für die Tränen, für das Meer, aber auch für das Vergessen und die Ruhe, Veränderung der Sichtweise initiierend) miteinbezogen. Die Schlüsselfigur der Helferin hat (verstärkt durch ihren Namen und ihre Charakterisierung) orakelhaften Charakter, was ihre Botschaft intensiviert. Ihre Antwort ist indirekt, jedoch eindeutig positiv und individuell. Der Weg des Mädchens ist anfangs mühsam und schwer, nach der Auseinandersetzung mit der Antwort fällt er dem Mädchen um vieles leichter. Die Geschichte beginnt mit einer Formulierung, die klar macht, daß es sich um eine märchenhafte Erzählung handeln wird, daß der entscheidende Augenblick nicht mit einer Jahreszahl zusammenhängt sondern mit einem ganz bestimmten (sich zum Positiven hin verändernden) Zustand, und daß dieser jetzt beginnt. Die reale Situation wird anschließend kurz erläutert, mit ihrer Suche tritt das Mädchen in die Fantasiewelt ein um – gestärkt durch die dort erhaltene Einsicht – diese in der Realität schlußendlich umzusetzen.

Es war das Jahr der Sonne, als sie sich zu reden entschloß. Der Grund war nicht das Jahr, der Grund war die Sonne. Ihr werden heilende Kräfte zugeschrieben, ihr werden die Auslöschung oder das Vergessen von Traurigkeit und Leid der Tränen zugeschrieben. Es ist der Wechsel von der Farbe der Tränen – Blau – zu den Farben des Lichts. Gelb, weiß und das Glühen des Abendrots. So also entschloß sich das Mädchen zu reden. Es war nicht leicht für sie. Zu lange schon hatte sie geschwiegen, zu lange schon gelitten, zu lange schon das Leid für sich behalten. Sie mußte erst die Worte in ihrem Herzen finden. Obwohl sie sie für sich, in ihren Gedanken, in ihren Gefühlen schon oft gesagt und ausgedrückt hatte, so doch noch nie vor jemandem anderen. Sie selbst verstand ja, worum es ging, sich selbst mußte sie es nicht erklären. Sich selbst mußte sie nicht beweisen, daß es geschehen war. Sie wußte ja, daß es wahr war. Aber jemandem anderen dies alles zu erklären, zu beweisen und nahezubringen, das war schwer. Und es noch so zu bringen, daß es verstanden werden konnte. Sie wußte nicht, wie beginnen. Sie erkannte, daß sie sich Hilfe holen mußte. Hilfe von Personen, die sie verstanden. Von Personen, die wußten, wie man Geheimnisse weitergibt auf eine Art, daß sie auch angenommen werden können. So machte sie sich auf die Suche. Zuerst besuchte sie den Vogel Adames. Dieser Vogel war bekannt für seine Kühnheit und Kraft. Er war ein großer Vogel, ein Raubvogel, ähnlich einem Adler. Sie mußte hoch hinauf gehen in das Gebirge, über steile Wege mühsam den Berg hinaufklimmen, es war schwierig, mühsam und steinig. Endlich gelangte sie in die Nähe des Horstes von Adames. Schon von weitem hörte sie seinen mächtigen

Flügelschlag, als er sich zur Landung niederließ. Da stand er auch schon vor ihr: kräftig, voller Anmut, stolz, scharfen Auges und blickte auf das Mädchen herab. Sie stand ängstlich vor dem Tier, faßte sich aber doch ein Herz und erzählte, daß sie ihr Schweigen brechen wolle und seines Rates bedürfe, um ihre Worte richtig zu wählen, so daß sie auch verstanden werden könnten. Adames nickte bedächtig und versank für einen kurzen Augenblick in Nachdenken. Er fragte nicht, worum es sich bei ihrem Schweigen handle. Er fragt auch nicht, warum sie gerade jetzt ihr Schweigen brechen wolle. Er dachte über die Frage nach, die sie ihm gestellt hatte. Dann hob er den Kopf und statt einer Antwort bat er sie aufzusitzen. Er werde mit ihr zu den Höhlen von Xaphyros fliegen, wo Xania, die alte weise Schlange lebe, von der man nicht wisse, wie alt sie eigentlich sei. Vielleicht wisse sie die Antwort. Man sage, sie wäre weiser als die meisten, die von sich meinen, viel zu wissen, und als so manche, die von anderen als Wissende bezeichnet werden. Also setzte sich das Mädchen, da sie sich entschlossen hatte zu reden, auf den Rücken des starken Vogels und flog mit ihm hoch hinauf in die Lüfte. Sie überflogen, nachdem sie die bizarre Berg- und Felswelt hinter sich gelassen hatten, eine riesige, langgezogene Ebene. Alles schien so winzig unter ihr zu sein. So unscheinbar und klein. Als ganz winzigen Punkt konnte sie auch ihr Elternhaus unter sich erkennen. Es war so weit weg, eingepaßt zwischen vielen Häusern, ein winziger Punkt. Eigentlich erkannte sie es nur, weil sie die Umgebung kannte und von der Lage her wußte, daß dies ihr Elternhaus sein mußte. Nach der Ebene und vielen anderen Gebieten überflogen sie das Meer. Still, klar und tiefblau lag es unter ihnen. Wie ein unendlicher See der Tränen und des Vergessens, dachte sich das Mädchen. Und sie erinnerte sich ihrer eigenen Tränen. Dann aber fiel ihr auf, wie wunderschön es war, hier oben in den Lüften über dieser unendlichen Ruhe zu fliegen und die Sonne leuchtete über ihnen und glitzerte im Meer. Und geblendet von so viel Klarheit und der Kraft der Farben mußte sie beinahe die Augen schließen. Dann aber landeten sie auf einer kargen, zerklüfteten Insel. Es war Xaphyros und in respektvollem Abstand vor den Felshöhlen, die sich im Karst gebildet hatten, blieb Adames stehen. Als Xania erschien, verbeugte er sich höflich vor ihr und erklärte den Grund ihres Kommens. Auch Xania hörte sich die Geschichte des Mädchens an und auf merkwürdige Weise schien es, daß sie genau wußte, worum es ging. Lange blickte sie in ihre Augen. Sie sagte kein Wort. Aber das Mädchen begann in den Augen von Xania zu lesen, sie sah ihr Spie-

gelbild in diesen Augen und sie las ihre ganze Geschichte in diesen Augen. Und sie erkannte, warum sie so lange geschwiegen hatte und welchen Sinn es gehabt hatte. Und sie verstand, wie sie zu der geworden war, die sie jetzt war, und daß sowohl die guten als auch die schlechten Erlebnisse ihren Beitrag dazu geleistet hatten. Sie sah Zusammenhänge, wo sie vorher keine gesehen hatte, und sie fand Klarheit. Sie sah sich selbst, ganz deutlich, mit ihren Fähigkeiten und Schwächen als ein durchaus liebenswertes menschliches Wesen. Das alles stand in Xanias Augen. Es stand auch in Xanias Augen – nämlich in ihrem, des Mädchens, eigenen Spiegelbild – die Antwort auf die Frage, die sie hierhergebracht hatte. Sie erkannte sich selbst und wußte dadurch, was sie für sich tun konnte. Welches ihr Weg war und welche Art, ihn zu begehen, die für sie einzig richtige war. Und sie begriff, daß es für sie eine Antwort auf ihre Frage gab, die zu ihr paßte, daß aber jeder einzelne Mensch die für ihn passende Antwort finden muß. Denn für jeden gibt es andere richtige Zugänge zu für ihn relevanten Dingen. Das Mädchen war zutiefst verblüfft von dem, was sie in Xanias Augen sah und wußte nicht, was sie sagen sollte. Aber sie wußte, daß auch das für Xania wie für sie selbst in Ordnung war, der richtige Schritt. Adames schaute ruhig und konzentriert dem Geschehen zu, er harrte der Dinge, die da kommen würden. Wortlos kroch Xania langsam zurück in ihre Höhle und das Mädchen kletterte auf Adames Rücken. Sie flogen von der Insel Richtung Heimat zurück und wieder sah das Mädchen das Meer unter sich und die Sonne leuchtete über ihnen und glitzerte auf der Oberfläche des Wassers. Zwei Tränen rollten über die Wangen des Mädchens, und sie fühlte sich dem Meer sehr verbunden und mußte bei dem Gedanken lächeln, daß das Meer aus unendlich vielen solchen Tropfen besteht. Sie fühlte sich diesem Meer zugehörig und auch Adames, auf dessen Rücken es sich so wunderbar hoch über allem hinwegfliegen ließ. Das Mädchen wollte mit dem Vogel zu seinem Horst zurückfliegen, um Zeit zu gewinnen, aber der Vogel setzte sie in der Nähe einer von Menschen bewohnten Siedlung ab. Das Mädchen, das sich zu sprechen entschlossen hatte, bedankte sich bei ihm und majestätisch flog er Richtung Horst davon. Das Mädchen wanderte zu Fuß weiter und wunderte sich, daß ihr bei jedem Schritt leichter ums Herz wurde, je mehr sie an ihr Spiegelbild in Xanias Augen und an all das, was sie dabei erfahren hatte, dachte. Ein fast heiliger Ernst überkam sie: Denn sie wußte, es war ganz selbstverständlich, was sie nun tat, es war ihr Leben, das sie auf die ihr einzigartige wunderbare Weise zu führen begann, und mit der neu gewonnenen Klarheit ging sie in ihr Elternhaus und brach das Schweigen. So tat das Mädchen, das sich im Jahr der Sonne zu sprechen entschlossen hatte, und sie tat es auf die ihr angemessene Weise.

Fallbeispiel Dimitri

Dimitri, 16 Jahre alt, Immigrant, stottert in seiner Muttersprache und in Deutsch (wobei er sich schriftlich sehr gewählt ausdrückt). Im Zuge der Therapie wird ihm die Geschichte von Demosthenes erzählt. Dieser berühmte Grieche stotterte als Kind, wollte aber unbedingt Redner werden. So ging er unter anderem zum Fluß, nahm Steine in den Mund und übte, mit diesem Hindernis im Mund zu sprechen. Er meisterte die Schwierigkeiten und wurde der größte griechische Redner. Diese Erzählung beeindruckte Dimitri sehr, sie entsprach offensichtlich auch seinem Weltmodell. Über ihn selbst wußte ich sehr wenig, da er (auf Grund der Sprechhemmung) kaum sprach und die einzigen Informationen auf schriftlicher Beantwortung meiner Fragen basierten. Auch hier faßte er sich so kurz wie möglich. Entwicklungsmäßig hatte es eine Verzögerung in der grobmotorischen Entwicklung als Kleinkind gegeben, im 7. Lebensjahr begann er zu stottern, seine Interessen zum Zeitpunkt der Therapie waren (neben „der Beseitigung der Sprachstörung", eine positive Zielformulierung konnte nicht eruiert werden) erfolgreich in der Schule zu sein (er war ein guter Schüler), um später Erfolg im Beruf zu haben, den er dann allerdings in seiner Heimat ausüben möchte. Auf seinem Interesse an der Geschichte des Demosthenes und seiner Leistungsorientierung (eine Hinterfragung dieser etwas einseitigen Sichtweise auch als mögliche Ursache für seine Sprachstörung scheiterte, so daß ich mich stattdessen zu ihrer Utilisierung entschloß) baut die nachfolgende Metapher auf. Der Handlungsverlauf entspricht einer Geschichte, die von der Realität kaum abweicht. Es gibt keinen bestimmten Antagonisten, doch sind einige (naturgemäße) Hindernisse gegeben. Es ist eine entwicklungsorientierte Geschichte, wobei die Steine als Symbol und Gebrauchsgegenstand für eine positive Entwicklung (sie wurden in der Erzählung über Demosthenes schon einmal als erfolgreich erlebt) utilisiert werden. Die von mir angestrebten Botschaften werden vor allem auf der indirekten Ebene (beginnend mit der Wahrnehmung und Anpassung an die naturgemäß gegebenen Bedingungen, in einem weiteren Schritt zur freien und selbstbestimmten Wahl der relativ besten Bedingungen und deren Utilisierung durch das vorher Erlernte) vermittelt (siehe auch

Wirl, 1993). Es ist jedoch immer so, daß das, was sich jemand aus einer Geschichte oder an indirekten Botschaften nimmt, individuell ganz unterschiedlich und frei ist.
Die folgende Geschichte wurde Dimitri – nach einer Induktion – in Trance erzählt, wobei die Wirkung von individuellen Suggestionen in Trance naturgemäß stärker zur Geltung kommen. Der gewählte Sprachstil versucht das gesprochene Wort wiederzugeben:
Irgendwo auf dieser Welt gibt es einen Buben, der geht vielleicht auf einem Strand spazieren, am Meer oder an einem See. Und wie der Bub so spazieren geht, nachdenklich vor sich hinschauend, sieht er Steine vor sich auf dem Boden liegen. Er hebt einen Stein auf, wiegt ihn nachdenklich in der Hand und wirft ihn gedankenverloren ins Wasser. Der Stein fliegt und fällt irgendwie und irgendwo ins Wasser. Der Bub wirft weitere Steine, jeder fliegt und fällt auf seine Weise, einer näher, einer weiter weg. Einer „plattelt“, ein anderer fliegt weit hinaus ins tiefe Wasser und wieder ein anderer „platscht“ gleich ins ufernahe Wasser. Bei jedem Stein ist es irgendwie anders. Eine Weile spielt der Bub so vor sich hin, dann geht er weiter. Wieder findet er Steine, bleibt stehen und diesmal nimmt er jeden Stein bewußt in die Hand. Er spürt und prüft die Konsistenz des Steines, wie er sich anfühlt, wie sein Gewicht und seine Form ist, wie weit er fliegen könnte. Und der Bub überlegt sich, wie er den Stein in die Hand nehmen muß, wie er seine Hand und seinen Arm beugen muß, mit welcher Bewegung welches Muskels und mit welcher Kraft – ob mit viel oder wenig – er genau diesen Stein werfen muß, damit er gut fliegt. Wie er es richtig, angepaßt an die Eigenschaften dieses Steines macht. Er schätzt ihn ein, prüft seine Schwere, überlegt sich genau die richtige Kraft, die er anwenden muß, dann wirft er diesen Stein. Ein Stein ist vielleicht flach und eignet sich gut zum Platteln und er macht genau die passende Bewegung und der Stein plattelt über das Wasser. Ein anderer ist vielleicht schwer, und er wirft ihn ins tiefe Wasser. Er spielt eine Weile, bis er mit seinen Bewegungen zufrieden ist. Dann geht er weiter. Wieder gelangt er zu Steinen. Und diesmal macht er etwas Anderes, Neues. Diesmal sortiert er die Steine nach ihrer Größe, ihrer Form, ihrer Konsistenz, er nimmt sie und macht drei verschiedene Haufen: einen für die Steine, die platteln sollen, einen für die, die weit hinaus ins Wasser fliegen sollen, und einen dritten, gemischten. Dann betrachtet er den ersten Haufen, wählt sorgfältig den besten Stein aus, denjenigen, der für das, was er damit vorhat, am besten geeignet ist, prüft ihn lange und wirft ihn dann mit genau der Handbewegung, mit

genau der Kraft und genau auf die Art und Weise, die richtig ist, um diesen Stein genau dorthin zu werfen, wohin er ihn werfen möchte. Genau so. Und er trifft. Dasselbe macht er beim zweiten und beim dritten Haufen. Er wählt genau denjenigen aus, der für ihn und für das, was er damit vorhat, der beste ist und wirft ihn genau auf die Art und Weise, wie er ihn werfen möchte und genau dorthin, wohin er ihn haben möchte und der Stein fällt genau so, wie er ihn werfen möchte... Und er kann dieses Gefühl so richtig genießen, zu wählen und dann genau das zu tun, was er tun möchte, und es genau so zu tun, wie er es möchte...

Nach dieser Geschichte konnte Dimitri frei sprechen, es hielt allerdings nicht lange an. Vielleicht hat die Erzählung – wenn auch kurzfristig – etwas bewegt.

Fallbeispiel Herr R., Vater zweier Söhne

Herr R. hat 2 Söhne. Der ältere (ca. 8 Jahre alt) ist ein guter Schüler und sportlich aktiv (dem Vater liegt sehr viel an einer sportlichen Karriere seiner Söhne), der jüngere (6 J.) weder in der Schule (1. Klasse) noch in dieser sportlichen Disziplin (Fußball) erfolgreich. Dieser Bub ist dementsprechend traurig und niedergeschlagen, er fühlt sich als Versager. Ihm wird die Metapher vom kleinen, unsichtbaren Löwen erzählt, der groß und stark wird durch seine, des Kindes, Freundschaft (siehe Wirl, 1997). Dem Vater wird danach die folgende Geschichte schriftlich mitgegeben. Dabei wird die Technik der verschachtelten Geschichte (die eigentliche Botschaft wird in der Geschichte, welche in die Geschichte der Rahmenhandlung eingebettet ist, mitgeteilt) angewandt, was den Effekt des fernöstlichen Flairs noch mehr erhöht. Dies erleichtert es dem Zuhörer, auf Distanz zu gehen und sich so – einen Schritt außerhalb stehend – die Geschichte und ihre Botschaften anzuhören und sie anzunehmen. Die Eigenschaften der Söhne, soweit sie mir bekannt waren, wurden in die Beschreibungen miteingewoben, der jüngere wird im zweiten Absatz beschrieben. Beide Söhne werden bewußt mit Vor- und Nachteilen dargestellt, die Haltung des Vaters im systemischen Sinne wertschätzend reframed („Er will das Allerbeste für die Söhne").
Es war einmal ein Vater, der hatte zwei Söhne, die er sehr liebte. Er zog sie alle zwei mit Liebe auf, versuchte jedem gerecht zu werden. Sein Bestreben war, sie gerecht zu behandeln und jedem dasselbe Maß an Liebe angedeihen zu lassen. Dennoch aber entwickelten sich

die Söhne sehr unterschiedlich. Der älteste wurde sehr ehrgeizig, wollte, wenn möglich, in Wettkämpfen siegen und der Beste sein. Sah er eine Möglichkeit zu siegen, konnte er sehr viel Kraft einsetzen. Es mußte nur schnell gehen und durfte nicht zu viel Zeit in Anspruch nehmen, denn Ausdauer hatte er nicht so viel. Er liebte es, in Konkurrenz zu treten und dann aber auch der Beste zu sein. Voller Freude erzählte er dann jedem von seinem Erfolg. Er genoß es, und es war ihm auch sehr wichtig. Hatte er in dem einen Bereich nicht mehr so großen Erfolg, oder erschien es ihm zu aufwendig, wandte er sich neuen Aufgaben zu, bei denen er glänzen konnte. Da er sowohl sehr geschickt als auch sehr intelligent war, gelang ihm dies auch meistens. Andererseits war er auch sehr eigenwillig, so daß er mit seinem Vater auch immer wieder Streit hatte. Dies irritierte seinen Vater sehr.

Der zweite Sohn war ganz anders. Er war nett, liebenswürdig und charmant. Er lachte sehr gerne und alle liebten es, ihn lachen zu sehen. Er lachte so, daß seine ganze Umgebung mitlachen oder mitschmunzeln mußte. Man konnte ihm einfach nicht widerstehen. Er hatte eine großartige Fertigkeit darin entwickelt, seinen Charme so anzuwenden, daß ihn einfach alle gern haben mußten. Er war einfach der Liebling aller und das wußte er auch. Sein diesbezüglicher Einsatz war auch sehr groß. Er konnte sehr brav, hilfsbereit und liebenswürdig sein, wenn es die Situation erforderte, und investierte sehr viel Kraft, um die Zuneigung seiner Umgebung zu erhalten. Seine großartige Ausdauer half ihm dabei. Wenn es aber um schulische Leistungen ging, tat er sich viel schwerer als der ältere Bruder. Diesen Bereich überließ er lieber dem Älteren. Sein Vater liebte ihn sehr, auch ob seiner Liebenswürdigkeit, aber die Lernmißerfolge bekümmerten ihn. Denn er wollte das Allerbeste für seine Söhne.

So ging er eines Tages zu einem klugen, weisen Mann. Er erzählte dem Weisen von seinen Sorgen und seinen Freuden. Er erzählte ihm von all den Dingen, die er sich für seine Söhne überlegt hatte, und wieviel Mühe und Sorgfalt er auf ihre Erziehung anwandte. Und er erzählte dem Weisen, daß er nicht verstand, warum seine Söhne so unterschiedlich waren. Er konnte es einfach nicht verstehen. Der Weise sah ihn lange und nachdenklich an. Dann erzählte er dem sorgenvollen Vater folgende Geschichte: Es war einmal im fernen Indien ein Mann, der zwei Söhne hatte: ein Sohn war sehr erfolgreich, und der andere war bei allen seinen Mitmenschen sehr beliebt. Der Vater war glücklich und traurig zugleich, denn er hätte gerne beide Eigenschaf-

ten zugleich für beide Söhne gehabt. Also ging er zu einem weisen Brahmanen, um ihn, wie es in Indien so üblich ist, um Rat zu fragen. Der Weise aber dachte sehr, sehr lange nach. Einen ganzen Tag hindurch und den Abend, bis die Sterne am Himmel erschienen. Dann blickte er versonnen hinauf aufs Firmament und sprach langsam zu dem wartenden Vater: Sieh die Sterne da oben am Himmel. Sie leuchten uns. Wir wissen, daß keiner dem anderen gleicht. Wir wissen, daß jeder Stern eine andere Zusammensetzung hat und jeder eine andere Form, Größe und Leuchtkraft. Möglicherweise stammen sie alle von einem einzigen ursprünglichen Stern ab. Das wissen wir nicht. Wir wissen nur eines: So unterschiedlich die Sterne auch sein mögen, sie leuchten uns alle, erhellen uns die Finsternis der Nacht und weisen uns alle gemeinsam den Weg. Wir sehen die Unterschiede kaum, wir erkennen nur, daß wir das Licht brauchen, das sie uns gemeinsam erzeugen oder reflektieren. Wir wissen nicht einmal genau, wo sich jeder einzelne in dem Moment, wo wir ihn jetzt hier sehen, befindet. Wir können es auch nicht beeinflussen. Das ist auch gar nicht bedeutend. Wichtig ist nur, daß sie uns leuchten, gemeinsam in ihrer Unterschiedlichkeit uns ihr Licht geben.
Das war es, was der weise Brahmane sagte, dann schwieg er und der indische Vater ging nach Hause. Er sah die Sterne, die er zu Hause hatte und achtete ihre Eigenarten. Friede kehrte ein in sein Haus und in seine Seele. Er hörte auf, seine Söhne zu drängen, er respektierte ihren Lauf, ihre Lebenswege und -formen. Friede kehrte auch ein in die Herzen seiner Söhne und gemeinsam leuchteten sie ihrem Vater, jeder auf seine Art.
Dies war die Geschichte, die der Weise dem ratsuchenden Vater erzählte. Der Mann dankte, ging nach Hause und dachte lange, lange nach.

Abschließende Bemerkungen

Dieser Artikel beschäftigte sich mit dem Aufbau, dem Schema und dem Konstruieren der Rahmenhandlung von therapeutischen Geschichten und Märchen. In dieser Darstellung wurde auf die eingestreuten Suggestionen (hypnotherapeutische Techniken) und die Integration von Sinneswahrnehmungen nicht näher eingegangen (dazu Wirl, 1993). Ergänzend sei auch die Darstellung von Lankton 1991 erwähnt. Sowohl in den Volksmärchen als auch in selbsterfundenen Erzählungen gibt es Merkmale, die einem bestimmten Muster folgen, wie Aufbau, Handlungsverlauf, Weg und „Ingredienzen" für Geschichten (wie Protagonisten und Antagonisten) unter Miteinbeziehung von persönlichen Elementen. Dies kann dem therapeutischen Erzähler einen Faden in die Hand geben, an dem er sich orientieren kann, sollte er beim „Strikken" von Geschichten den Überblick verlieren. Sie stellen einen von vielen möglichen Aspekten dar, wie Metaphern aufgebaut werden können, doch steht es jedem Therapeuten individuell offen, seinen ganz persönlichen Zugang zu schaffen. Drei Fallbeispiele – ein Märchen, erfunden für ein Mädchen, das als Kind sexuell mißbraucht worden war, eine Trancegeschichte für einen 16-jährigen Stotterer unter Ausnutzung der Lebensgeschichte von Demosthenes und eine Geschichte, die für einen Vater geschrieben wurde, und die zugleich ein Beispiel für eine verschachtelte Geschichte darstellt – zeigten die Umsetzungsmöglichkeiten des vorher theoretisch Dargestellten in die Praxis auf.

Das Erzählen und Konstruieren von Geschichten und Metaphern wird sowohl in kurztherapeutischen Methoden als auch in Langzeittherapien genutzt. Erfinden von Märchen und Geschichten ist eine Erfahrung, die jeden, der sich damit auseinandergesetzt hat, bereichert. Es ist, als ob man ein Schatzkästchen aus den Tiefen des Meeres geborgen hätte um zu erfahren, daß man eigentlich schon immer wußte, daß es dort liegt und nur darauf gewartet hätte, daß man es genau in diesem Augenblick mit einer einfachen Bewegung öffne, um seinen Zauber näher kennenzulernen und zu genießen ...

Literatur

Brett Doris. (1980). Zauberring für Anna (Therapeutische Geschichten für Kinder); Iskopress 389 403

Ende, M. (1987). Die unendliche Geschichte. München: dtv.

Hilty, E. (1995) Einäuglein, Zweiäuglein, Dreiäuglein. Wege zum Märchen. Zytglogge Verlag, Bern.

Kast, V. (1989) Märchen als Therapie. München: dtv.

Lankton, C., & Lankton, S. (1991). Geschichten mit Zauberkraft; Die Arbeit mit Metaphern in der Psychotherapie. Leben lernen 76 München: Pfeiffer

Mills, J., Crowley, R. (1986). Therapeutic Metaphors for Children and the Child Within. New York: Brunner/Mazel.

Oaklander, V. (1984). Gestalttherapie mit Kindern und Jugendlichen. Stuttgart: Klett-Cotta.

Schwab Renate (1990). Der Drache im Herzen des Lebensbaums. Frankfurt am Main: Fischer T.

Spangenberg, B. (1996). Märchen für Scheidungskinder. Hilfe aus der Zauberwelt für Kinder und Eltern. Wien: Orac im Verlag Kremayr & Scheriau

Tolkien, R. (1956). Der kleine Hobbit. München: dtv.

Tolkien, R. (1995, 22. Auflage). Der Herr der Ringe, Stuttgart: Klett-Cotta

Wallas, L. (1985). Stories for the Third Ear. Using Hypnotic Fables in Psychotherapy. W.W. Norton & Company, New York, London.

Wirl, Ch. (1993). Therapeutische Geschichten und Metaphern, Aufbau und Drei-Ebenen Kommunikation, in S. Mrochen, K. L. Holtz, B. Trenkle (eds.) Die Pupille des Bettnässers, Heidelberg: Carl-Auer-Systeme, 60-83.

Wirl, Ch. (1997) Symbolische hypnotherapeutische Kurzinterventionen mit Kindern, in „Imagination in der Psychotherapie“, 1997.

Wirl, Ch. (1997a) Using Creativity (Drawings) and Symbols in Ericksonian Therapy, in Hypnos (The Journal of European Society of Hypnosis in Psychotherapy and Psychosomatic Medicine), 1997.

Zeig, J. K. (1986). Meine Stimme begleitet Sie überallhin: ein Lehrseminar mit Milton H. Erickson/ Hg. und kommentiert von Jeffrey K. Zeig. Stuttgart: Klett-Cotta.

Jacob Paula
Felix KLARA

Heinrich N. Dreesen

ACHTUNG: NAMEN!

Benennen ist die Mutter aller Dinge.
Laotse

Nomen est omen.
Plautus

Jeder Mensch hat einen Namen. Mit ihm wird er angesprochen, erkannt und identifiziert; durch ihn unterscheidet er sich von anderen Menschen. „Namen sind Rechtsgut. Seinen Familiennamen erwirbt der Mensch mit der Geburt, seinen Vornamen legen ihm andere, gewöhnlich die Eltern, bei. An beides ist er auf Lebenszeit gebunden, und nur im Wege einer Rechtshandlung, eines juristischen Aktes, kann er die Namen wechseln oder ändern." (DUDEN-Lexikon der Vornamen)

Namen sind auch Symbole. Der Name eines Menschen gehört zu seiner Identität und – wie man im postmodernen Diskurs über das „dezentrierte Subjekt" (Bilden, 1998) sagen könnte – in seinem Namen „bündeln" sich die Identitäten und Potentiale eines Menschen. Achten Sie darauf, wie sich die Beziehung von Name und Identität im Laufe der individuellen Lebensgeschichte entwickelt und verändert. Achten Sie die Namen eines Menschen als „pars pro toto" seiner Persönlichkeit, als Symbole seiner Identität.

Namensgebung: suchen, finden, festlegen

Die Eltern eines neugeborenen Kindes haben das Recht der freien Wahl eines oder mehrerer Vornamen. Gesetzlich besteht lediglich die Pflicht, daß die Vornamen als N a m e n erkennbar sind. Die meisten Eltern beginnen in der zweiten Hälfte der Schwangerschaft mit der Suche nach einem oder mehreren Namen. Wenige Väter und Mütter wissen schon sehr früh, wie ihr Kind als Tochter oder als Sohn heißen soll. Fast alle blättern in Büchern, die traditionelle, mehr oder weniger gebräuchliche Vornamen auflisten (z.B. RECLAMS Namenbuch). Einige der werdenden Mütter und Väter fragen sich vielleicht zum ersten Mal nach dem Ursprung und der Bedeutung ihrer eigenen

Jacob Paula

Felix KLARA

Vornamen und suchen nach den Beweggründen, warum ihre Eltern ihnen ausgerechnet diesen Namen gegeben haben.

Manche Eltern versuchen einen großen Sprung in die Zukunft, indem sie sich in ihr Kind hineinversetzen und fragen, wie es sich in den verschiedenen Lebensphasen (z.B. in der Pubertät) und in unterschiedlichen sozialen Kontexten mit seinem Namen fühlen und verhalten wird. Das Kind muß ja mit dem von ihnen gewählten Namen sein Leben lang „irgendwie“ auskommen. Der aktuelle Glanz modischer Namen, das Besondere und Aparte an ihnen, kann Jahre später für die Kinder in der Schule, für die heranwachsenden Jugendlichen im öffentlichen Raum und im Berufsleben zu Schwierigkeiten und Belastungen führen oder andererseits in besonderer Weise ihre charakteristischen Merkmale und Fähigkeiten unterstreichen. Die angehenden Eltern bekommen die Paradoxie der Erziehung in der Verantwortung zu spüren, etwas Wachsendes, Lebendiges und Nicht-Vorhersehbares dauerhaft festlegen zu müssen und in kurzer Zeit zu entscheiden, was über einen lebenslangen Zeitraum Gültigkeit haben soll. Gefühlsmenschen folgen bei der Namenswahl natürlich ihren Intuitionen oder Eingebungen in Träumen. Nur wenige überlassen die Entscheidung ganz dem Zufall – z.B. dem Standesbeamten. Die Allermeisten suchen, ob für sich alleine oder in gemeinsamer Diskussion, jedenfalls sehr bewußt nach Kriterien für die richtige Entscheidung, sie wägen Originalität und soziale Akzeptanz ab, um etwas „angemessen Ungewöhnliches“ zu finden; sie fragen Verwandte und Bekannte um Rat und studieren die Hitlisten der beliebtesten Vornamen, die von der „Gesellschaft für deutsche Sprache“ jährlich herausgegeben werden. Mit der Namensgebung können auch religiöse, verwandtschaftliche oder freundschaftliche Beziehungen gewürdigt werden, indem die Namen von Heiligen, der Name der Großeltern, der Paten/Patinnen, eines Freundes/einer Freundin oder gar der eigene Vorname weitergegeben werden. Manchmal soll der Vorname in erster Linie – zusammen mit dem Nachnamen – einfach nur gut klingen oder so kurz sein, daß er später nicht in unschöner Weise abgekürzt werden kann.

Einige Eltern wiederum warten mit der Festlegung des Namens ihre ersten direkten und sinnlichen Eindrücke ab und beobachten das Kind nach der Geburt für einige Tage, um auf diese Weise etwas über seine Persönlichkeit und Eigenarten kennenzulernen und dies in den Namen miteinfließen zu lassen. Diese Eltern empfinden den vorgeschriebenen Zeitrahmen oft als zu kurz, um den richtigen Namen zu

Jacob Paula
Felix KLARA

finden; sie wünschen sich mehrere Wochen oder vielleicht auch Monate zur Beobachtung und Einfühlung in das Wesen des Kindes. Besonders in Kulturen, die nicht so sehr die Unveränderlichkeit, sondern mehr Lebendigkeit, Wachstum und Veränderungen betonen, ist die Festlegung auf einen „lebenslänglichen" Namen – wenn überhaupt – erst nach einem längeren Zeitraum sinnvoll und üblich. So fliehen manche indianischen Mütter heimlich aus den amerikanischen Krankenhäusern, in denen sie entbunden haben, um sich und ihr Kind vor der gesetzlichen (typisch „weißen") Festlegung zu retten, die für sie traditionellerweise viel zu frühzeitig ist. Diese Eltern prüfen in den ersten Monaten und Jahren, ob sich das Kind wesensmäßig und in seinem Verhalten entsprechend der Idee des ausgewählten Namens entwickelt. Kinder, Jugendliche und Erwachsene tragen in diesen Kulturen eine besondere Verantwortung für ihren Namen. Sie achten auf die Kongruenz zwischen ihrem Namen, ihrem Lebensstil und ihrer Identität. Es gehört zur Tradition, den eigenen Namen zu ändern, wenn man aus ihm „herausgewachsen" ist, und mehrmals im Leben einen neuen Namen anzunehmen, der jeweils zum aktuellen Entwicklungsstatus paßt. In diesem Sinne könnte es einem siebzigjährigen Indianer eines Pueblo-Clans peinlich sein, wenn er in seinem Alter noch den Namen hätte, den er als Fünfzigjähriger trug; denn diese Tatsache würde bedeuten, daß er sich nicht wesentlich weiterentwickelt hat (Tafoya, 1989).

Namen im Laufe des Lebens: ergänzen, ändern, wechseln

Nach welchen Kriterien Mutter und Vater, Großeltern, Geschwister und Verwandte letztlich auch wählen und entscheiden, mit der Zuschreibung eines Namens für das Kind werden immer auch ganz spezifische Bedeutungen, individuelle Wünsche, familiäre Mythen und kulturelle Erwartungen vermittelt, zu denen das „benannte Individuum" dann in den Phasen seines Lebens immer wieder neu Stellung nehmen kann bzw. muß. Wie jede persönliche Biographie und Identität sich aus der Wechselwirkung von Zuschreibungen durch andere und aus eigenen Impulsen, Plänen, Narrationen und Reaktionen gestaltet, so entwickelt sich die Bedeutung eines individuellen Namens von einem zunächst fremdbestimmten Etikett weiter zu einem charakteristischen und typischen Symbol für genau diesen einzigartigen Menschen mit genau diesen spezifischen Werten und Überzeugungen, genau die-

Jacob Paula

Felix K L A R A

sen Fähigkeiten, Schwächen und Stärken sowie genau diesen individuellen Verhaltensweisen und persönlichen Eigenheiten.

Alle Menschen erleben als „Namens-Träger" Phasen, in denen sie ihre Namen unterschiedlich nah/sympathisch oder fern/unsympathisch finden, d.h. sie entweder als Teil ihrer Identität wertschätzen oder nach Möglichkeiten der Veränderung suchen, weil sie sie als unpassend empfinden. Im Laufe des Erwachsenwerdens ist besonders die Pubertät ein solcher Zeitraum, in dem Mädchen und Jungen nicht nur existentiell ihren Körper und sich selbst neu wahrnehmen, sondern z.B. auch ihre Frisur, ihre Kleider und ihre (Vor-)Namen als Symbol ihrer Selbst mehr oder weniger bewußt neu definieren. Sie fragen nach den ursprünglichen Bedeutungen ihrer Namen, entdecken vielleicht, daß in manchen Regionen und Familien der „Namens-Tag" gefeiert wird, wählen sich Kürzel ihres Namens, lassen sich mit Spitznamen ärgern oder mit Kosenamen schmücken und experimentieren stundenlang mit ihrer persönlichen Unterschrift. Auch berufliche Leistungsnachweise und Amtsbezeichnungen sowie der Erwerb eines akademischen Titels können zu offiziellen Ergänzungen und Ausschmückungen des Namens auf Visitenkarten, Briefbögen und Türschildern führen. Weiterhin wird die Wichtigkeit des Eigen-Namens in der Regel mit dem Thema „Heiraten und Kinder" wieder aktuell. Dann tauchen folgende, die persönliche und familiäre Identität betreffende Fragen auf: Will ich meinen Namen aufgeben? Darf ich meinen Namen aufgeben? Drückt sich die Idee unserer Partnerschaft am besten in einem Doppelnamen aus? Welche Vor- und Nach-Namen sollen an die Kinder weitergegeben werden? Ebenso kann sich nach einer Scheidung die Frage stellen, den Namen des Ex-Partners (trotzdem) zu behalten oder den Geburts-Namen wieder anzunehmen. Auch Literaten und Publizisten, Schauspieler und Künstler ziehen es aus situativen oder karrierebezogenen Gründen nicht selten vor, ihren Geburtsnamen gegen Pseudonyme, Lebensabschnittsnamen und Künstlernamen einzutauschen. Sowohl beim Wechsel in einen neuen sozialen Kontext (z.B. Adoption eines Kindes, z.B. Eintritt ins Kloster) als auch nach tiefgreifenden seelischen Erschütterungen kann sich „Saulus" in „Paulus" wandeln, d.h. ein Namenswechsel in Erwägung gezogen oder als Ausdruck einer Veränderung auf der Ebene der persönlichen Identitäten als notwendig erachtet werden.

Namen in der Therapie: beachten, würdigen, ausschmücken

Im Prozeß der Beratung und Therapie bieten sich viele Gelegenheiten zur Beachtung und ressourcenorientierten Reflexion der aktuellen und symbolischen Bedeutung der Namen von Kindern, Jugendlichen und Erwachsenen. Die „Fragen zur Geschichte des eigenen Namens“ können sowohl leidvolle als auch angenehme Seiten der persönlichen Biographie zur Sprache bringen. Vernachlässigte, mißbrauchte und unterdrückte Kinder und Jugendliche entwickeln oft nur ein schwach oder negativ ausgeprägtes Selbstbewußtsein. Es fällt ihnen schwer, „zu ihrem Namen zu stehen”, da er mit ihrer Leidensgeschichte eng verbunden ist. Sie müssen erst Schritt für Schritt (wieder) lernen, ihren Namen in der Beziehungsgestaltung als Ressource zu erfahren und ihn gerne zu hören. Umso wichtiger ist es, in der pädagogischen Arbeit bzw. in der Therapie gezielt auf ihren Namen als Symbol ihrer Identität(sentwicklung) einzugehen und erst einmal damit zu beginnen, den Namen als „pars pro toto“ künftigen Selbstbewußtseins zu achten, zu kräftigen und auszuschmücken.

Die folgenden Beispiele sollen dazu anregen, zusammen mit Kindern und Jugendlichen die Bedeutung ihrer Namen in bezug auf ihr Verhalten und ihre Beziehungen, ihre Fähigkeiten und Überzeugungen sowie ihre Identitäten und Potentiale in ernsthafter und spielerischer Weise zu würdigen und neu zu rahmen. Solche (Neu-)Rahmungen können unter drei Aspekten erfolgen

- im Hinblick auf alle Sinne,
- als sprachliche Markierungen
- als bildhafte Ausschmückungen.

Sinnliche Markierungen: Namen als Klang

Für Säuglinge und Kleinkinder beginnt die individuelle Namensgeschichte zunächst mit dem Klang und dem Hören des eigenen Namens. Die ganz persönliche Prägung und Koppelung von Name und wachsender Identität findet im alltäglichen familiären Geschehen statt: so wie Vater und Mutter den Namen/die Namen immer wieder gleich und doch auch in vielen verschiedenen Variationen aussprechen und rufen, so hört das Kind diese speziellen Laute wieder und wieder und prägt sich deren emotionale Tönung mehr und mehr ein. In den viel-

Jacob Paula
Felix KLARA

fachen Wiederholungen und der jeweils unterschiedlichen Art und Weise der Aussprache „klingen" und spiegeln sich wesentliche emotionale Aspekte der Beziehung. Für Kinder, die in dieser ersten Phase des Hörens und Gerufen-Werdens viele Mißtöne und viel Leid ertragen mußten bzw. müssen, kann es besonders hilfreich sein zu erleben, daß ihr Name wenigstens im professionellen Rahmen, z.B. von den MitarbeiterInnen der Frühförderung, im Kindergarten oder in Schule und Hort, sowohl in respektvoller als auch in wohlklingender Weise ausgesprochen wird. Allen Kindern und Jugendlichen (und Erwachsenen) tut es gut, wenn ihr Name nicht nur deutlich, richtig und laut genug, sondern möglichst auch wohlwollend und als „positive Konnotation" – d.h. als wolle man schon mit der Nennung des Namens der ganzen Person ein Kompliment machen – ausgesprochen und gerufen wird.

Seinen Namen hören, fühlen, sehen, schmecken

Beispiel aus der Integrations-Arbeit

In einem Kindergarten – in einer Integrationsgruppe – fördert eine Heilpädagogin die Fähigkeiten und besonders das Selbstbewußtsein eines intellektuell und emotional retardierten fünfjährigen Jungen, indem sie mit ihm zusammen in folgender Art und Weise versucht, seinen Namen durch fühlbar-sinnliche Methoden zu markieren und als Teil seiner Identität „schön und stark" zu machen:

- Wenn der Junge für ein paar Minuten – was z.Z. noch selten vorkommt – in einer Beschäftigung konzentriert ist, verbindet sie seine aktuelle Tätigkeit und seinen Namen in einem kurzen Satz, indem sie leise – und fast beiläufig – vor sich hin spricht und summt und dabei beispielsweise sagt: „Daniel malt .... – Daniel malt schön .... – wie schön Daniel malt."
- Zweitens bietet sie dem Jungen mehrmals in der Woche an, sich von ihr und einer Kollegin in einer großen Wolldecke (seiner „Schmusedecke") liegend hin und her schaukeln zu lassen; gleichzeitig summen und intonieren beide wiederum seinen Namen in verschiedenen Klang-Variationen.
- Drittens malt sie seinen Namen in sehr großen Buchstaben, die innen hohl sind, und bittet ihn dann, die einzelnen Buchstaben mit bunten Farben seiner Wahl auszumalen; anschließend darf er die Buchstaben ausschneiden und selbst ausprobieren, welches farbige Papier sich nach seinem Geschmack am besten als Hintergrund eignet. Diese erste selbstgestaltete „Visitenkarte" wird dann zusammen mit dem Jungen an einem geeigneten Platz aufgehängt.

Jacob Paula
Felix KLARA

– Viertens bringt sie für alle Kinder der Kleingruppe „Russisch-Brot“ mit und bittet sie, die einzelnen Buchstaben ihrer Namen zu suchen, auf dem Tisch zu sortieren und richtig hinzulegen; anschließend dürfen sie ihre Namen „auf der Zunge zergehen lassen“ und sich genüßlich einverleiben.

Verbinden Sie die Namen von Kindern und Jugendlichen in ernsthaft-spielerischer Weise mit angenehmen Erfahrungen und angenehmen Situationen.
Beachten Sie dabei immer alle fünf Sinne !
Ein „gutes Gefühl“ zum eigenen Namen – und zu sich selbst – entsteht, wenn der Name in vielfältiger Weise mit angenehmem Hören und Fühlen und Sehen und Riechen und Schmecken assoziiert wird.

Sich Zeit für den Namen nehmen

Beispiel: Familiäre Namens-Stunden

Eine Kinderdorf-Familie wird neu gebildet: zehn Kinder im Alter zwischen 3 und 11 Jahren begegnen sich. Die Eltern dieser zusammengesetzten Familie planen im Rahmen des gegenseitigen Kennenlernens im nächsten Vierteljahr mehrere nachmittägliche „Namens-Stunden”. In Anlehnung an die Tradition von „Namens-Tagen“ wollen sie sich genügend Zeit zur gezielten Beachtung, Würdigung und spielerisch-ernsten Ausschmückung der Namen aller Kinder und Erwachsenen nehmen. Sie werden dabei in einer angenehmen Atmosphäre zusammenkommen und sich ausreichend Zeit nehmen, um sich mit den Klängen, mit den Bildern, mit der Bedeutung und den Traditionen jedes einzelnen Namens zu beschäftigen. Neben dem sinnlichen Entdecken und Erfühlen besteht ein weiteres Ziel dieser Namens-Stunden darin, allen alten und neuen Familienmitgliedern die Gelegenheit zu geben, etwas mehr über die zeitgeschichtliche, traditionelle oder modische Bedeutung ihrer Namen zu erfahren. So will der zehnjährige Dustin unbedingt möglichst bald einen Film mit Dustin Hoffman sehen, nachdem er erfuhr, daß seine Mutter diesen Schauspieler vor elf Jahren als „Namenspatron“ für ihn gewählt hat. Er fragt sich, welche Ähnlichkeiten und Unterschiede es zwischen ihnen gibt.

Je älter Kinder werden, desto bewußter suchen sie nach Idealen und Leitbildern, die sie nachahmen oder ablehnen wollen. Durch die Namens-Stunden wird ein besseres Verständnis für alle, auch die zunächst sehr ungewöhnlich klingenden Namen gebahnt; sie bieten darüber hinaus die Gelegenheit, sonst wenig beachtete Potentiale und

Jacob Paula
Felix KL ARA

Fähigkeiten der Kinder zu thematisieren – beispielsweise durch die weiter unten beschriebene „Erfindung von kurzen Komplimenten, schmückenden Namen und Logos".

Fragen zum Namen

Erinnern Sie sich noch daran, liebe Leserin, lieber Leser, daß Sie Ihren Namen rückwärts geschrieben haben oder wie Sie ihn rückwärts aussprechen konnten?

Viele Jugendliche experimentieren im Alter zwischen zehn und sechzehn Jahren – auf der Suche nach ihrer Identität – auch mit der Schreibweise ihres Namens. Sie probieren ihre Unterschrift in Schön- und in Schnellschrift, entwerfen mehr praktisch-sparsame oder mehr aufwendig-imponierende Kürzel, buchstabieren ihren Namen rückwärts und stellen natürlich noch vieles Andere probehalber auf den Kopf. Identitätsentwicklung bedeutet ein immer wieder neues Aushandeln von Selbstdefinitionen – und zur Selbstdefinition gehören auch die eigenen Vor- und Nachnamen. Manche Schüler suchen mit Lexikon oder mit Hilfe ihrer Fachlehrer nach den sprachgeschichtlichen „wahren" Wurzeln, z.B. der germanischen oder griechischen Bedeutung ihres Namens. Einige Söhne und Töchter fragen ihre Eltern ganz direkt und wollen genauere Auskünfte über die Beweggründe bei ihrer Namensgebung. Folgende Fragen haben sich als Leitfaden für Gespräche mit Heranwachsenden und Eltern über ihre Namens-Geschichte bewährt.

Fragen zum Namen, seiner Geschichte und aktuellen Bedeutung

1. Wie lautet Dein vollständiger Vor- und Nachname?
2. Weißt Du, warum Deine Eltern Dir speziell diese Namen gegeben haben?
3. Waren Mutter und Vater (und andere Verwandte) sich diesbezüglich einig?
4. Welche Rolle spielten darüber hinaus familiäre, religiöse und andere Traditionen?
5. Welche Namen hättest Du lieber bekommen?
6. Weißt Du, welche Namen Du bekommen hättest, wenn Du zum anderen Geschlecht gehört hättest?

Jacob Paula
Felix KLARA

7. Wer ist Dein Namens-Vorbild? Wurde Dein Namenstag gefeiert?
8. Welche „Kosenamen“ hast Du als Kind gerne gehört?
9. Welche unangenehmen „Spitznamen“ wurden Dir angehängt?
10. Welche dieser Namen sind noch heute für Dich von Bedeutung? In welcher Weise?

Diese Fragen führen oft in unerwarteter Weise zu Gesprächen über bedeutsame Ereignisse und Beziehungen. Viele Jugendliche finden es OKAY, wenn sie zu Hause noch mit bestimmten Kosenamen und Abkürzungen gerufen werden, die aus der Babysprache stammen (z.B. „Basti“ statt Bastian). Der Klang des vollständig und prononciert – Silbe für Silbe – ausgesprochenen Namens bedeutet dagegen in vielen Familien überhaupt nichts Gutes: es handelt sich dann häufig um eine „letzte Warnung“ oder die Einleitung einer Strafpredigt! Diejenigen, deren „ganzer“ Vorname in der Kindheit hauptsächlich mit unguten Gefühlen (z.B. des Ertappt- und Bestraftwerdens) konditioniert wurden, reagieren als Jugendliche und Erwachsene ebenfalls mit Schreck/Streß auf die Nennung ihres vollständigen Namens. Solche Menschen sprechen ihren vollen Namen nur ungern aus oder vermeiden ihn ganz, was wiederum in der Öffentlichkeit leicht als Zeichen für Selbstunsicherheit ausgelegt wird. Umso wichtiger, den vollständigen Namen systematisch mit Kraft aufzuladen und als Schlüsselwort und „namhaftes Symbol“ einer starken Identität zu etablieren!

Die vergangenheitsorientierte Erkundung von Namen findet u.U. schnell eine Grenze. So schildert eine Erzieherin ihre diesbezüglichen Schwierigkeiten mit den zwanzig Namen der Kinder ihrer aktuellen Gruppe: Diana, Leonid, Yasimin, El Ham, Bilge, Rima, Arina, Samet, Burak, Kevin, Lara, Arman, Walter, Mohammed, Okan-Ali, Vivian, To Onyen, Sandra, Andreas und Kai. Die Bemühungen um Informationen über die traditionelle und kulturelle Bedeutung bestimmter Namen enden bedauerlicherweise immer dann in einer Sackgasse, wenn mit den Eltern der Kinder (noch) keine gemeinsame Sprache gesprochen wird, wenn keine Dolmetscher zur Verfügung stehen und weil Informationen über das Land, aus dem die Familie stammt, nur schwer zu bekommen sind. Eine vergangenheitsbezogene Würdigung vieler Namen

Jacob Paula

Felix KLARA

kann deswegen in den meisten multikulturellen Kindergruppen derzeit leider nicht geleistet werden.

Sprachliche Markierungen, Komplimente und Ausschmückungen

Die systemische und lösungsorientierte Vorgehensweise ermöglicht es glücklicherweise ganz von der Gegenwart auszugehen und die Namen der Kinder und Jugendlichen im Sinne sprachlicher (Neu-)Markierungen mit einem Kompliment oder einer positiven Konnotation der aktuell beobachtbaren Fähigkeiten „einzurahmen". Mit anerkennenden und schmückenden Eigenschafts-Worten, Zu-Sätzen und Bei-Namen lassen sich die Stärken, die ausbaufähigen Potentiale und erstrebenswerten Entwicklungsziele hervorheben, um auf ganz konkrete und/oder metaphorische Weise zur stetigen Stärkung des Selbstbewußtseins anzuregen. In diesem Zusammenhang bieten sich zur Ausschmükkung von Namen folgende drei Vorgehensweisen an:

- die Formulierung ressourcenorientierter Zusätze
- die Verleihung kurzer Komplimente und
- die Anregung zur Erfindung metaphorischer Namen.

Formulieren eines ressourcenorientierten Zusatzes

Beispiel „Sven, der gut schweigen kann"

Sven B. war 15 Jahre alt, Realschüler. Er hatte drei jüngere Geschwister und wußte, daß er ein Adoptivkind war. Seine Eltern, die getrennt die Scheidung vorbereiteten, stritten sich immer häufiger. Beim ersten Telephonat war Frau B. von Svens zunehmender sozialen Isolierung sehr beunruhigt; sie befürchtete suicidale Tendenzen.

In der ersten Stunde schilderte Frau B. ihren Adoptivsohn als introvertierten Menschen, der sich im vergangenen 3/4 Jahr mehr und mehr isoliert hatte. Sven sei sowohl in der Schule als auch im häuslichen Rahmen in beängstigender Weise wortkarg geworden. Da sie vor Jahren eine psychotherapeutische Behandlung als sehr hilfreich erlebt hatte, hatte sie ihrem ältesten Sohn jetzt auch „so etwas" vorgeschlagen. Sven wollte „es" mit mir probieren.

In der zweiten Stunde kamen Sven und ich nur stockend ins Gespräch. Meine allgemein-orientierenden Fragen beantwortete er bereitwillig, wenn auch zeitlupenartig langsam; auf Fragen nach möglichen Verbesserungen und Zielen reagierte er mit „Ich weiß nicht".

In der dritten Stunde murmelte Sven beim Händeschütteln noch „Guten Tag!" und sagte dann 50 Minuten nichts mehr. Als Reaktion auf meine anfänglichen Fragen blickte er weg und beantwortete keine einzige. Sein Schweigen war zwar nicht unangenehm, machte mich aber ziemlich ratlos. Nach ca. 15 Minuten bot ich ihm an, daß er auch den Raum verlassen und gehen könne. Da er diese Option jedoch offensichtlich nicht in die Tat umsetzen wollte, definierte ich unser aktuelles Arbeitsbündnis als „zwei selbstverantwortliche Personen in einem Raum, wobei sich jeder in seiner Weise beschäftigen kann". Ich nahm mir einen Schreibblock und erklärte Sven, daß ich noch etwas zu notieren hätte, aber jederzeit auch zum Gespräch mit ihm bereit wäre. Er könne sich – wenn er wolle – ein Buch im Regal suchen oder ebenfalls nach Papier zum Schreiben bzw. Malen verlangen oder es sich einfach bequem machen bis unsere vereinbarte Zeit zu Ende sei. Ich sagte dann auch nichts mehr. Da diese „Stunde ohne Worte" beziehungsmäßig keineswegs unangenehm war, konnte ich folgenden Abschlußkommentar formulieren: „Sven, wenn wir in einer indianischen Kultur leben würden, dann würdest Du sicher den schmückenden Zusatz tragen: SVEN, DER GUT SCHWEIGEN KANN !" Daraufhin huschte ein kaum merkliches Lächeln über sein Gesicht; er schwieg dazu wohlwollend und ließ sich beim abschließenden Händedruck zu einem „Auf Wiedersehen" hinreißen.

In den folgenden Stunden kamen wir dann nach und nach über wichtige Dinge ins Gespräch, so daß er in dieser schwierigen Trennungssituation Unterstützung spürte. Die (Depot-)Wirkung des schmückenden Zusatzes wurde gegen Ende unserer Termine noch einmal besonders deutlich. Sven erwähnte, daß er in den Osterferien einen zweiwöchigen Schüleraustausch nach England angeboten bekommen habe, und äußerte seine Ängste vor dem Fremden und Ungewissen – und am schlimmsten wäre die Tatsache, daß er dort Englisch sprechen müßte! Plötzlich wurde ihm jedoch wieder bewußt, daß er mit seiner „Fähigkeit zum Schweigen" locker auch vierzehn Tage „auf Englisch schweigen" könne ! Daraufhin mußten wir beide lachen und SVEN, DER GUT SCHWEIGEN KANN, entschloß sich mit dieser Gewißheit für die Reise ins Ungewisse.

Verleihung eines kurzen Komplimentes

Beispiel „Prima Andrea"

Die neunjährige Andrea hatte auf einem Zettel ihre trockenen Nächte der vergangenen Wochen notiert. Als sie mir zum wiederholten Male ihre Fortschritte schilderte, konnte ich nur „Prima" sagen. Sie freute sich über ihre Erfolge und mein Lob; dabei rutschte ihr der Satz „Ja, ich bin prima!" heraus. Den wiederum hielt ich für beachtenswert und schrieb ihn groß und deutlich

Jacob Paula

Felix KLARA

auf meine Wandtafel, so daß er die ganze Stunde gut sichtbar war. Darüber hinaus erzählte ich dem Mädchen, daß ihr Name ursprünglich „die Kühne und Tapfere" bedeutet. Am Ende der Stunde konnte ich das Kompliment (als Teil meiner Intervention) von der Tafel ablesen; es lautete: „Du bist prima, Andrea!" Zur weiteren Festschreibung dieser positiven Konnotation gab ich ihr noch ein kleines, farbiges Kärtchen mit nach Hause, auf das ich geschrieben hatte: PRIMA ANDREA. Dieses Spiel mit ihren Fortschritten, ihrem Namen und dem nun dazugehörigen Kompliment setzte sich in den nächsten Stunden fort. PRIMA ANDREA entwarf und schrieb sich mehrere Kärtchen mit ihrem neuen Zusatztitel. Ihre Erfolge verstetigten sich und am Ende der Therapie erhielt sie eine von ihr und mir gemeinsam gestaltete „Gratulations-Urkunde" zur offiziellen Bestätigung der Tatsache, daß sie inzwischen schon über 120 Mal trocken gewesen war (vgl. Dreesen & Eberling, 1996).

Diese Beispiele sprachlicher Ausschmückung durch Formulierung eines Zusatzes und durch ein kurzes Kompliment stammen aus der kindertherapeutischen Praxis. Alle beide Vorgehensweisen haben sich ebenfalls in der (Fall-)Supervision bewährt, wenn sich z.B. KindergärtnerInnen, SuchtberaterInnen, LehrerInnen und PsychotherapeutInnen wieder auf die Stärken und Ressourcen ihrer Kinder, Schüler und KlientInnen besinnen wollen. Meine diesbezügliche Anregung lautet beispielsweise:

Denken Sie an ein bestimmtes Kind, das Sie behandeln. Nehmen Sie sich 5 – 10 Minuten Zeit und konzentrieren Sie sich auf seine Stärken, Fähigkeiten und guten Seiten.
Formulieren Sie dann ein Wort bzw. einen kurzen Satz als Kompliment, mit dem Sie seinen Namen schmücken können. Folgen Sie dabei dem Muster eines einfachen Relativsatzes
„Eine, die gut .... kann !" und „Einer, der gut .... kann !"

Dieser Vorschlag verliert den Anschein des Absonderlichen, wenn man die SupervisandInnen und KollegInnen auf historische Beispiele wie „August, den Starken", auf berühmte Filmschauspielerinnen wie „Garbo, die Göttliche", auf den populären Filmtitel „Der mit dem Wolf tanzt", auf Größen des Jazz wie „Count" Basie und „Duke" Ellington oder weltbekannte Sportidole wie die Basketballspieler Michael „Air" Jordan und Earvin „Magic" Johnson hinweist und auf diese Weise vielleicht schon erste Ideen sät.

Anregung zum Erfinden metaphorischer Namen

Spitz- und Kosenamen entstehen in der Regel aus Abkürzungen von Vor- und Nachnamen. Besonders Schmuse-Namen werden nicht selten aus der Tierwelt entlehnt; auf der männlichen Seite scheinen Bären, Hasen und Kater zu dominieren; auf der weiblichen Seite sind Katzen und Mäuse (von „Mausi“ bis „Supermaus”) beliebt; der „Spatz“ kommt auf beiden Seiten vor. Allerdings: welche Analogien stehen dabei im Vordergrund?

Während wir Spitz- und Kose-Namen meistens von anderen verliehen bekommen, sollte ein schmückender Beiname letztlich immer von seinem zukünftigen Namensträger selbst ausgesucht und bestimmt werden. Kurt Tucholsky unterzeichnete seine Artikel in der Weltbühne mit verschiedenen Namen, je nachdem in welcher Sparte er sich äußerte. Seine Leitartikel unterschrieb er mit Tucholsky; wenn es um Theater und Kabarett ging, nannte er sich Peter Panter, beim Thema „Dichten und Singen“ war er Theobald Tiger, auf wundersame Realitäten bezog er sich als Kaspar Hauser und zu politischen Fragen äußerte er sich als Ignaz Wrobel. Was wollte er damit zum Ausdruck bringen? Der bekannte Journalist und „Philosoph des Unzeitgemäßen”, Günter Anders, hieß bis 1936 noch Günter Stern; er wählte damals den neuen Namen „Anders“ auf Rat seines Chefs, der ihm empfohlen hatte: „Nennen Sie sich doch anders!“

Jeder definiert seine Ressourcen selbst am besten. Nur die ganz persönliche Mischung von Kopf und Bauch, von Phantasie und Sorgfalt führt zu einer angemessenen Präzisierung und optimalen sprachlichen Verankerung der jeweiligen Stärken. Nur auf diese Weise wird die Wahl eines bestimmten „symbolhaften Namens“ zu einer Selbstverpflichtung, dem „namhaften Symbol“ auch in Zukunft gerecht zu werden. In diesem Sinne könnte ein Sechzehnjähriger etwa mit folgenden Worten zur Suche nach einer eigenen Namens-Metapher angeregt werden:

Nimm Dir jetzt bitte erst einmal etwas Zeit, um verschiedene Einfälle für einen „Schmückenden Namen“ zu sammeln. Gehe dabei am besten von folgende Fragen aus:

1. *Was kann ich gut?*
   Was sind meine Stärken?
   Welche Vergleiche und Bilder fallen mir dazu ein?

Jacob Paula
Felix KLARA

> *2. Mit welchen Vergleichen und Bildern würden andere (Freunde, Bekannte, Verwandte) meine Stärken ausdrücken?*
>
> *Erfinde dann Deinen „Schmückenden Namen", so daß er Deine typischen Eigenarten und Stärken möglichst „treffend" zum Ausdruck bringt.*

Die (Er-)Findung metaphorischer Beinamen geht in der Regel von Fragen aus, die alle in die gleiche Richtung zielen. Die Frage „Welche Eigenschaften helfen mir derzeit am besten auf dem Weg zum Ziel?" läßt sich z.B. zukunftsbezogen weiterführen mit der Reflexion „Auf welche Weise könnte ich diese Fähigkeiten in den nächsten Wochen weiterentwickeln, um mit möglichen Hindernissen auf meinem Weg noch besser umgehen zu können?". Die schmückenden Namen, die auf diese Weise von Jugendlichen und Erwachsenen gewählt werden, lauten beispielsweise „Fließendes Wasser", „Großes Ohr", „Klare Quelle", „Flinke Hände" und „Viele Farben". Die Eigenschafts- und Hauptworte solcher Namen steigern die Intensität der jeweiligen Ressourcen in dieselbe Richtung.

Andererseits werden aktuelle Entwicklungs-Phasen und prozessuale Übergänge manchmal zutreffender durch eine zunächst paradox klingende Benennung extremer Pole versprachlicht. So wie sich beispielsweise der Philosoph Hans Jonas als „optimistischer Pessimist" bzw. als „pessimistischer Optimist" beschrieben hat, so bevorzugen manche Menschen metaphorische Beinamen wie „leichte Schwere", „schwarze Buntheit" oder „verunsicherter Verunsicherer" zur Kennzeichnung ihrer aktuellen (Übergangs-)Position. Als Ausgangspunkte bei der Suche nach solchen, polar konzipierten Schmuck-Namen sind die folgenden Fragen des systemischen Familientherapeuten und indianischen Heilers Terry Tafoya (1989) empfehlenswert:

1. Welche Eigenschaften bringen mich am weitesten?
2. Was hindert mich am meisten?
3. Was finden andere an mir am attraktivsten?
4. Was bringt mir die größten Schwierigkeiten?

Aus den Antworten auf diese Fragen lassen sich Namen erfinden, in denen die vielen Seiten einer Persönlichkeit, ihre aktuelle Mischung von Schwächen und Stärken sowie deren (Neu-)Gewichtung im Über-

Jacob Paula
Felix KLARA

gang gewürdigt werden. Namen wie „Durstige Quelle", „Friedlicher Pfeil", „Geselliger Adler" und „Purzelbaum-Schnecke auf der Suche nach einem größeren Haus" leben von der Polarisierung und Multidimensionalität. Das breite Spektrum der Werte und die angemessene Unterschiedlichkeit von Haupt- und Eigenschaftsworten machen diese Namen wertvoll.

Namen als Logo: Jeder Buchstabe zählt ...

So wie es im systemisch-lösungsorientierten Vorgehen dazugehört, einengende Problem- und Krankheitsbegriffe systematisch „aufzutauen" und zu „verflüssigen", so sollten – in umgekehrter Richtung – die auftauchenden Ressourcen beim Skalieren als „Fortschritt" gewürdigt und durch explizite Benennungen mit Schlüsselbegriffen systematisch „verfestigt" werden. Das Ziel dieses Vorgehens (Versprachlichen, Nominalisieren von Ressourcen) ist eine erhöhte emotionale und intellektuelle Bewußtheit für die zur Verfügung stehenden Möglichkeiten (vgl. Dreesen & Eberling, 1998). In diesem Sinne können auch (Vor-) Namen zu einem markanten Logo und sogar die einzelnen Buchstaben des Namens zu Schlüsselbegriffen für persönliche Ressourcen gemacht werden – analog zu dem bekannten Wort-Spiel SCRABBLE. Deswegen notiere ich im Laufe einer Therapiestunde regelmäßig alle zentralen Begriffe an der Wandtafel, um sie durch die Visualisierung (wenigstens für eine Stunde) festzuhalten. Dabei vergleiche ich die Anfangsbuchstaben der notierten Begriffe mit den Buchstaben des (Vor-) Namens.

Im Gespräch mit der achtzehnjährigen Ute hatte ich u.a. folgende Begriffe an der Tafel gesammelt, um die Unterschiede zu markieren, die für sie einen Unterschied machten: humorvoll, unabhängig, Neugier, erwachsen, engagiert und temperamentvoll. Wir überlegten gemeinsam, welche dieser Begriffe die „aktuelle und zukünftige Ute" (im Vergleich zur „bisherigen Ute") am besten charakterisierten. Sie wählte – entsprechend ihrem Vornamen – die Begriffe Unabhängig, Temperamentvoll und Erwachsen. Auf diese Weise war ihr Name plötzlich zu einem Logo geworden, mit dem sowohl ihre alten als auch die neu entwickelten Fähigkeiten als Ressourcen gebündelt waren. Während ich ihren Namen dementsprechend an die Tafel schrieb, notierte sie sich diese drei Begriffe auf ein Kärtchen, um sie in den nächsten Tagen immer bei sich tragen und auf diese Weise besser „internalisieren" zu können. Ihr Logo UTE war sowohl ein „Dokument für bisher Erreichtes" als auch ein ermutigendes und verpflichtendes Symbol für ihre weitere Zukunft als „Unabhängige, Temperamentvolle Erwachsene"!

Sammeln und benennen Sie Fähigkeiten und Ressourcen in systematischer Weise. Achten Sie beim Schreiben und Auswerten dieser Begriffe darauf, welche Anfangsbuchstaben zum (Vor-)Namen der Kinder und Jugendlichen passen!

Name / Buchstaben	*Fähigkeiten*
U	**unabhängig**
T	**temperamentvoll**
E	**erwachsen, engagiert**

Namen in Schrift, Form und Farbe

Wenn Sie Ihren Namen als eine Form der Selbstdefinition begreifen, wenn Sie vielleicht sogar schon jeden Buchstaben Ihres Namens mit einem Begriff verbunden haben, der eine Ihrer Ressourcen benennt, dann probieren Sie in der Regel auch aus, wie Ihr Name – das Logo Ihres Namens – innerlich klingt: Sie beginnen etwa damit, Ihren Namen leiser und lauter vor sich hin zu sagen, sie hören auf verschiedene Betonungen und Rhythmen und modulieren Ihren Namen solange, bis er für Sie einen ausgesprochen schönen Klang hat. Etwas ganz Ähnliches können Sie mit dem inneren Bild Ihres Namens erleben. Wenn Sie sich darauf konzentrieren, können Sie Ihr Namens-Logo beispielsweise als mehr oder weniger deutliche Reflexion auf der glatten Oberfläche eines ruhigen Sees oder als leuchtende Projektion in Großbuchstaben und Ihren Lieblingsfarben auf einer Leinwand wahrnehmen.

Nicht nur Kinder beim Erlernen des Schreibens, sondern auch viele Jugendlichen experimentieren phasenweise immer wieder mit ihrer Unterschrift als einer speziellen Art „Bild des Namens". Ihre Neugierde und Freude am Ausprobieren schriftlicher Selbstdefinitionen lassen sich während einer Stunde auf folgende Art und Weise fokussieren:

„Unterschreibe mit Deinem Vor- und Nachnamen > ganz normal, > viel langsamer / viel schneller als sonst, > so klein / so groß wie

Jacob Paula

Felix KLARA

möglich, > in schlechter Laune (traurig, wütend), > „ganz cool", > in besonders guter Laune: stell´ Dir vor, daß es Dir zur Zeit sehr gut geht !"

Zum Ausloten der emotionalen Bedeutung und „Ressourcenhaftigkeit" eines Namens sind darüber hinaus allerdings noch weitere Spiele und Experimente sinnvoll, in denen bestehende Schreib-Muster aufgelokkert und neue Ausdrucksformen entwickelt werden können. Diesbezügliche Anregungen finden sich besonders in der Tradition gestalttherapeutischer Arbeit (vgl. Stevens, 1975). Entsprechend der systemisch-lösungsorientierten Vorgehensweise könnte sich der Verlauf einer Stunde zum Thema „Bild meines Namens" folgendermaßen gliedern:

„Setze Dich so bequem wie möglich hin und wähle einen Stift oder Ölkreide in einer Farbe, die Dir jeweils passend erscheint, und

- schreibe Deinen Namen – in unüblicher Weise, – mit der ungeübten Hand, – in umgekehrter Buchstabenfolge.
- Variiere Abstand und Größe der einzelnen Buchstaben – schreibe sie in absteigender (pessimistischer?) und in aufsteigender (optimistischer?) Linie.
- Markiere besonders bedeutsame Buchstaben – beispielsweise so wie der fünfzehnjährige Roland, der fast ertrunken wäre und nach seiner glücklichen Rettung noch lange Zeit beim Schreiben seines Namens immer das RoLAND besonders hervorgehoben hat.
- Versetze Dich in verschiedene Rollen und Situationen, z.B. in die eines Erstkläßlers, eines Mafia-Bosses oder eines berühmten Stars, der seinen Namen in das Goldene Buch einer Stadt einträgt.
- Entwirf´ mehrere Schriftzüge Deines Namens, die Deine ganze Vitalität „nach dem Wunder" ausdrücken, und stelle Dir etwa vor – wie Dein Name von einem Flugzeug an den blauen Himmel geschrieben wird, – wie er als Lichtreklame aufblitzt und weithin leuchtet, – wie er auf einem Plakat / auf einer Visitenkarte über Deinen „guten Namen" Auskunft gibt!"

Solche konkreten Anregungen innerhalb einer Therapiestunde motivieren Kinder und Jugendliche nicht selten dazu, auch noch über die Sitzung hinaus an der „guten Gestalt" des Namens weiterzuarbeiten – ganz für sich alleine, mit noch mehr Ruhe, an einem möglichst schö-

Jacob Paula

Felix KLARA

nen Ort, auf ausgewähltem Papier und mit besonderem Malzeug. Am Ende der Sitzung könnte die systemisch-lösungsorientierte Intervention in ihrer typischen Dreigliederung mit Kompliment, Botschaft und Aufgabe sinngemäß folgendermaßen klingen:

> „Du hast heute in engagierter Weise viele verschiedene Unterschriften ausprobiert, um die Qualitäten Deines Namens zu spüren und ihm eine „gute Gestalt“ zu geben. Nimm´ Dir in den nächsten Tagen nochmals viel Papier, Farben und ausreichend Zeit zum Entdecken weiterer Ressourcen! Bestimme dann die Schrift, Form und Farben sowie die Rahmung, die am besten zu Dir und Deinem Namen passen, und gestalte das Bild Deines Namens so, daß es Dir auch in der Zukunft „viel Schwung und Kraft“ geben kann.”

Kurzgefaßt lautet die Aufgabe:

MALE UND GESTALTE DEINEN NAMEN SO,

DASS ER DIR SPASS MACHT

UND KRAFT GIBT !

Literatur

Bilden, H., 1998, Jenseits des Identitätsdenkens – Psychologische Konzepte zum Verständnis „postmoderner“ Subjektivitäten. In: Verhaltenstherapie & psychosoziale Versorgung, Tübingen: dgvt-Verlag, Band 1/98, 5 – 32.

Dreesen, H. & Eberling, W., 1996, Success Recording. Komplimente und Dokumente in der systemisch-lösungsorientierten Kurztherapie. In: Eberling, W. & Hargens, J., Einfach kurz und gut, Dortmund: borgmann.

Dreesen, H. & Eberling, W., 1998, Spiel mit Ressourcen – Vier Wegweiser zur Lösungsfindung. In: Eberling, W. & Vogt-Hillmann, M., Kurzgefaßt – Zum Stand der lösungsorientierten Praxis in Europa. Dortmund: borgmann.

Drosdowksi, G., Hrsg., 1974, DUDEN – Lexikon der Vornamen, Mannheim: Dudenverlag.

Herrle, Th., Hrsg., 1973, RECLAMS Namenbuch, Stuttgart: Reclam

Stevens, J. O., 1975, Die Kunst der Wahrnehmung, München: Kaiser.

Tafoya, T., 1989, mündliche Mitteilungen anläßlich eines dreitägigen Seminars zum Thema „Indianische Heilrituale und westliche Psychotherapie”, Seefeld.

Laura Fernandez

Humor für die Seele: Die Clown Doktoren in deutschen Krankenhäusern

Im 15. Jahrhundert, während der Glanzzeit des osmanischen Reiches, wurde in Edirne von Beyazid II. ein großartiges Krankenhaus errichtet. Die Derwische, eine mystische Sekte innerhalb der muslimischen Religion, waren für das Wohlergehen der PatientInnen verantwortlich. Den PatientInnen wurden täglich frische und ausgewogene Mahlzeiten serviert. Aber dies war nicht alles. Regelmäßig dreimal in der Woche, machten die Derwische ihre Runden bzw. Visiten, brachten diesmal aber Musik und Gesang ans Bett ihrer PatientInnen. Zuerst hatten sie den Leib ernährt, und nun verpflegten sie die Seele.

Überspringen wir einige Jahrhunderte. Im späten 20. Jahrhundert, kurz vor Beginn eines neuen Jahrtausends, gibt es überall auf der Welt eine rasch wachsende Zahl von KünstlerInnen, die unwissentlich dort weitermachen, wo die Derwische aufhörten. Diese PionierInnen sind unter verschiedenen Namen in ihren Ländern unterwegs. Was sie gemeinsam haben, ist ihre Art „Clowning“, ihre Clownerie. Indem sie die zeitlose und universelle Gestalt des Clowns und des Narrs einsetzen, bringen sie Humor und Heiterkeit an einen Ort, den niemand vermuten würde: an die Betten von Kindern, die im Krankenhaus liegen.

Die CLOWN DOKTOREN (The Clown Doctors), die ihren Sitz in Wiesbaden haben, sind eine solche Gruppe. Seit 5 Jahren bringen sie ihre Art von Fröhlichkeit, Anarchie und Freude in 4 Krankenhäuser im Rhein-Main-Gebiet: in ihr „Heimatkrankenhaus“, die Dr.-Horst-Schmidt-Kinderklinik (Wiesbaden – 1993), die Johann-Wolfgang-Goethe-Universitätskinderklinik (Frankfurt/Main – 1995), die Johannes-Gutenberg-Universitätskinderklinik (Mainz – 1996) und die Städtischen Kliniken Offenbach/Main (1998).

Ein Team von 11 professionellen Clowns und KünstlerInnen machen das ganze Jahr in jeder Klinik zweimal die Woche „Clownvisiten“ (clown rounds), mit Titeln wie Dr. Schwuppdiwupp, Dr. Schnickschnack oder Dr. TraLaLa. Dabei tragen sie leuchtend geschmückte weiße Arztkittel und ihre eigene Version eines Arztkoffers. Sie nutzen den Humor, um kranke Kinder und Jugendliche zu ermutigen und ihnen damit die Gelegenheit zu geben, den Spaß, das Gelächter und das Feiern als natürliche Bestandteile ihres Lebens, auch in der Zeit im Krankenhaus, zu sehen.

Die CLOWN DOKTOREN begannen 1993 in Wiesbaden unter der Leitung von Laura Fernandez, selbst Pantomimin, Clown und Bewegungslehrerin, die ein langjähriges Mitglied des New York Big Apple Circus (BAC) Clown Care Unit (CCU) war. Die New Yorker waren die erste Gruppe, die das Konzept von „Clown Visiten" ins Leben riefen. Nach einigen Jahren, während einer Theatertournee durch die Bundesrepublik, entschloß sich Laura Fernandez ein solches Programm in Wiesbaden zu starten. Unterstützt wurde dieses Vorhaben durch die herzliche Aufnahme dieser Idee durch Prof. Michael Albani, dem Chefarzt der Dr.-Horst-Schmidt-Kliniken Wiesbaden.
Obgleich die Clown Doktoren sich an die deutsche Kultur, an den hiesigen Humor und die Krankenhauspraktiken anpaßten, arbeiten sie weiterhin im Sinne der Tradition der BAC CCU, die inzwischen viele Krankenhäuser im New Yorker Stadtgebiet sowie in Boston, New Haven, Washington D.C. und Seattle betreuen.

1987 begann Michael Christensen, Clown und Mitbegründer des New York Big Apple Circus (BAC), ein dreimonatiges Pilotprogramm am 'Columbia-Presbyterian Babies Hospital' in Manhattan. Christensens clowneskes alter Ego 'Mr. Stubs', jetzt Dr. Stubs getauft, hat damals gemeinsam mit 'Disorderly Gordoon' (unordentlicher Pfleger Gordoon), 'Chief Dietician Grandma' (Oberdiätassistentin Oma), die alle ebenso Clowns des BAC waren, den Weg für die Gründung des Clown Care Unit des BAC bereitet. Mit Hilfe und Anleitung des Krankenhauspersonals aller Abteilungen machten sich die genannten Clowns auf den Weg zu testen, ob und wie eine solch radikale Idee wie 'Clown Visiten' innerhalb der strengen, wissenschaftlichen und hierarchischen Welt eines Großstadt-Krankenhauses funktionieren könnte. Und siehe da: es klappte!

Obwohl von Zweifeln und Skepsis begleitet, fand die süße anarchische Macht der Clowns Anklang bei allen, und es wurde von der Klinikleitung beschlossen, daß die Clowns nicht nur bleiben, sondern sogar Wurzeln im Krankenhaus schlagen sollten.

Die Clowns bieten eine andere Sichtweise des Lebens im Krankenhaus. Sie bringen Freude, Parodie, Absurdität, Gelächter, Wunder und Selbstreflektion in eine Umgebung, in der solche Überlegungen nicht zu erwarten sind. Der Fokus der Clowns richtet sich nicht nur auf das Wohlergehen der Kinder, sondern allgemein auf das Leben im Krankenhaus. Die Clowns bieten auch den Eltern Momente der Erleichterung und Entspannung während der stressigen Erkrankungsperioden ihrer Kinder und ermöglichen so Kindern und Eltern, sich gegenseitig in vergnüglichen und spielerischen Augenblicken zu erleben. Die Clowns versuchen auch, dem Krankenhauspersonal Zeiten der Ablenkung von ihren täglichen Pflichten zu verschaffen. Ein gut plazierter Witz kann täglich entstehende Spannungen zwischen Ärzten, Pflegepersonal und PatientInnen abbauen und so Erleichterung bringen.

Die Clowns besuchen die ganze Bandbreite der Stationen in den Krankenhäusern, wie Chirurgie, Kardiologie, Onkologie, Urologie, Neurologie, Orthopädie, Verbrennungs-, Isolier- und Intensivstationen.
Es liegt dabei in der Verantwortung der Clowns, reibungslose Abläufe während der Besuche zu gewährleisten. Dazu wird ein/e TeamleiterIn bestimmt, der/die in Kooperation mit dem Personal und den Clowns dafür sorgt, daß alle Besuche mit ihnen abgestimmt und nach einem für alle Beteiligten nachvollziehbaren Plan verlaufen.

Jeder Besuch des Clown Doktors fängt mit einem Gespräch mit dem Pflegepersonal oder Arzt an. Die Clowns werden über alle Kinder, die sich auf der Station befinden, informiert, und es wird abgestimmt, welche die Clowns besuchen dürfen, welche nicht und aus welchem Grund. Dieser Informationsaustausch erfolgt auf Bitte der Clowns, die dann bereits Ideen entwickeln können, wie sie beim Besuch des betreffenden Zimmers agieren.
Daten dieser „Übergabe“ können sein:

- die Namen und das Alter der Kinder,
- der Einweisungszeitpunkt,
- ihre Hauptdiagnose und ihr allgemeiner aktueller Gesundheitszustand,
- ob sie in Begleitung von einem Familienteil sind,
- ob sie besucht werden,
- ob sie oder ihre Familie sich in einer Krisensituation befinden,
- ob sie Geburtstag haben,
- ob sie essen können oder nicht,
- ob / wann sie nach Hause gehen,
- welche hygienischen Sicherheitsvorkehrungen vor dem Zimmerbesuch getroffen werden müssen.

Die Clowns unterscheiden sich hier voneinander, inwieweit sie in die individuelle Kranken- und Vorgeschichte eintauchen oder nicht. Denn

die Meinungen gehen auseinander: Einige Clowns vertreten die Ansicht, daß nähere Informationen über die Krankengeschichte (Anamnese) bei der Auswahl ihrer Arbeitsmaterialien und des Umgangstons mit dem kleinen Patienten helfen. Andere wollen hingegen nur das Wesentliche wissen. Sie meinen, daß zuviel Wissen sie in die Alltagswelt herunterzieht und in der Folge ihre spielerische Art beschränken würde.
Jeder Clown ist jedoch dafür verantwortlich, zumindest die Grunddaten zu sammeln, die in jedem Fall eine sichere Basis für die Interaktion mit dem Kind schafft. Inwieweit sie sich mit der Vorgeschichte befassen, bleibt den Clowns selbst überlassen, ebenso dem behandelnden Klinikteam.

Die offizielle Diagnose wird in dem Moment erweitert, in dem der Clown vor dem Zimmer des Kindes steht und nach irgendwelchen Lebenszeichen im Zimmer sucht, z.B. helles oder schwaches Licht, geöffnete oder geschlossene Vorhänge, medizinische Geräte oder Monitore, Unterhaltung zwischen den PatientInnen, Interaktion zwischen den Familienmitgliedern, Stofftiere oder Spielzeug, Computer, Fernseher, Gameboys und nicht zuletzt die Reaktion des Kindes, wenn es die Clowns erblickt. All diese unterschiedlichen Informationsquellen helfen den Clowns bei ihrem weiteren Vorgehen.

Die Clown Doktoren stellen sich immer mit ihren Doktortiteln vor und fragen, ob sie das Zimmer betreten dürfen. Sie nehmen die Antwort ernst: Sie besuchen niemanden, der sie nicht haben will, aber sie gehen auch an keinem Kind vorbei, wenn es nur etwas unsicher erscheint. Es ist wichtig, daß möglichst viel der Begegnung mit den Clowns vom Kind bestimmt ist.

Das Kind aus der Reserve zu locken und eine Basis für gemeinsame Kommunikation zu schaffen, ist das erste Ziel, bevor die Clowns ein Kunststück vorführen. Erlaubt das Kind dem Clown das Betreten seines Zimmers und gibt dann aber keine weiteren Hinweise auf seine Wünsche, beginnt der Clown mit einer Improvisation und versichert sich gleichzeitig beim Kind, ob diese für es paßt oder nicht. Wenn der Clown spürt, daß diese keinen Erfolg zeigt, wird eine neue Linie der Improvisation begonnen oder der Besuch verkürzt, wenn sich zeigt, daß der Besuch der Clown Doktoren zu anstrengend für den/die PatientIn wird. Wenn die Clown Doktoren willkommen sind und der/die PatientIn bereit und offen ist, dann ist alles möglich.

Die Improvisationen können die verschiedensten Formen annehmen, aber die bevorzugte Technik, zumindest bei den Clown Doktoren, bezieht sich auf das Hier und Jetzt. Die Clowns versuchen mit der Realität innerhalb des Zimmers zu beginnen, z.B. Menschen, Gegenstände, Farbe, Licht, Aktivitäten, und führen diese Sachen weiter und/oder verwandeln sie.
Ein Beispiel: Wenn die Clowns ein sehr warmes, sonniges Zimmer im Sommer betreten, könnten sie dazu verführt sein, mit der Arbeit aufzuhören. Sie setzen ihre Sonnenbrillen auf und suchen sich den besten Platz im Zimmer des Kindes, wo sie braun werden können. Ein riesiger Löwe am Fußende des Kinderbettes kann ein Torwächter oder Leibwächter sein, der mit Futter bestochen werden muß, damit der Clown das Zimmer betreten und sich dem Kind nähern darf. Oder irgendeine Ähnlichkeit des Patienten oder eines Familienmitglieds mit einer Berühmtheit führt zu einem intensiven Kampf um ein Autogramm.

Wenn es paßt, wird die medizinische Umgebung direkt integriert und parodiert oder verwandelt. Sauerstoffschläuche werden zu einem Hut, eine Spritze kann Mozart spielen oder viele Medizintechnik-Geräte, die rhythmisch pulsieren, unterstützen einen irren Rap-Song.

Am besten sollen die Visiten (um M. Christensen zu zitieren) „kurz und doof" sein, und zu viele Ideen können zu einem Durcheinander führen. Die Clowns folgen einer Improvisationsstruktur. Dazu gehören Elemente wie Vertrauen und Akzeptanz von Ideen eines Partners, auf die aufgebaut werden kann, sowie ein Geben und Nehmen von Information, genaues Zuhören, Beobachten und Konzentrieren.

Die Visiten zeigen im Idealfall einen klaren und deutlichen Anfang, eine Mitte und ein Ende, mit einem roten Faden, der sich durch Inhalt und Handlung der Aktion zieht, und sie kann verschiedene Individualergebnisse enthalten. Ein Beispiel soll dies verdeutlichen: in einem Zimmer liegen 4 Kinder verschiedenen Alters und unterschiedlicher sonstiger Bedingungen, die alle zu einem bestimmten Zeitpunkt in das Spiel miteinbezogen werden sollen. Vielleicht braucht jedes Kind eine „Vitamintherapie-Impfung" in Form eines Liedes – vielleicht in „Vitamin C-Dur" oder „Vitamin A-moll"?!
Jede gesungene Improvisation ist eine Einheit, jedoch in die Ganzheit der Aktion eingeflochten. Indem die Clowns bei einem Thema verweilen, geben sie der Visite eine eigene Clownlogik. Es ist klar, weshalb die Clowns kommen, was sie tun (müssen), warum sie wieder gehen müssen, und wann sie wieder vorbeikommen.

Oft werden die Besuche mit einem Ritual besiegelt. Dies kann ein Lied oder die Verschreibung eines Clown-Rezeptes sein ("tue was Du willst, aber tue es 3x täglich") oder das Schenken eines Aufklebers, der an den Besuch erinnert und ihn immer wieder ins Gedächtnis des Kindes bringt. Vielleicht schenkt der Clown dem Kind einen Aufkleber, der genauso aussieht wie der Löwe/ die Puppe / der Teddybär auf seinem Bett; oder er schenkt ihm einen leuchtenden Stern, der in der Nacht im Zimmer strahlt, worauf das Kind sich etwas wünschen kann. Das Krankenhauspersonal wird in diese Rituale einbezogen. Das Kind bekommt nicht nur einen riesigen Drachenaufkleber auf die Hand geklebt, weil es seinen Mut während der Blutabnahme zeigte, sondern auch die Krankenschwester bekommt einen goldenen Stern für ihre besondere Begabung, dem kleinen Patienten schmerzlos Blut abzunehmen.

Für die Clown Doktoren ist es ratsam, das Zimmer zu verlassen, wenn die Stimmung ihren Höhepunkt erreicht hat – und nicht eine Darbietung nach der anderen routinemäßig vorzuführen. Michael Christensen brachte den Clowns der CCU bei, das Zimmer zu verlassen, wenn es „schimmert". Dies bezieht sich auch auf die Clown Doktoren, sie ziehen sich zurück, damit die Kinder (und die Familie) die geladene Atmosphäre weiter spüren können, die die Clowns hinterlassen haben – ab dann ein privater Augenblick.

Am Ende des Besuchs ist es das persönliche Anliegen des Clowns, eine Stimmung im Raum erzeugt zu haben, die zur Freude geführt hat, zum tief Luftholen, und die durch große und eindringliche Albernheit wiederum zur Hoffnung und Neugierde seitens der Patienten über den eigenen Zustand führen kann.

Dies ist natürlich der Idealablauf einer Clownvisite.

Einige Zimmer bzw. die Visiten dort machen „einfach Spaß", hinterlassen gleichzeitig aber wenig anhaltende Wirkung. Aber „einfach Spaß" ist besser als überhaupt keinen Spaß zu haben. Unser Ziel ist nicht nur, daß „das Kind sich schieflacht". Beim ersten Besuch ist die größte Reaktion, die wir erfahren können, daß das Kind uns nicht mehr ignoriert, sondern uns direkt in die Augen schaut und am Ende ein paar Mal tief Luft holt. Dies ist ein erster Erfolg, er kann nach einer gewissen Zeit zum Lächeln und zum Lachen, zum natürlichen Spielen, zur weiteren Interaktion führen.

Genau wie alle anderen, die im Krankenhaus arbeiten, unterliegen die Clowns den Regeln der Schweigepflicht. Diese Regeln sind im

Vertrag zwischen den Krankenhäusern und DIE CLOWN DOKTOREN E.V. verbindlich festgelegt. Sehr oft öffnen sich die Kinder spontan den Clowns und teilen ihnen Informationen mit, die sehr persönlich sind. Wenn die Clowns meinen, daß diese Mitteilungen für das Krankenhauspersonal wichtig sind (z.B. Suizidgefährdung, Berichte von Mißhandlungen, Angst vor etwas im Krankenhausbereich oder auch die Begeisterung dafür), teilen sie diese Informationen dem verantwortlichen Personal mit.

Die Clowns sind auch verpflichtet, die Hygienevorschriften, die jedes Krankenhaus vorschreibt, einzuhalten. Sie achten besonders auf die Instandhaltung und Sauberkeit ihrer individuellen Kostüme und Requisiten.

Die Idealsituation für die Clowns ist, daß sie als Teil des Krankenhaus-Teams verstanden werden und ihnen eine Rolle beim Genesungsprozeß zugestanden wird. Ein permanenter Dialog zwischen Clowns und Personal kann dies bewirken, den Blick schärfen und die Erfahrung für alle Beteiligten vertiefen.
Wenn z.B. die Clowns wissen, daß ein Patient am Blinddarm oder am Unterleib operiert wurde, und daß Lachen unnötige Schmerzen verursachen würde, dann gibt es eine musikalische Aufführung statt einer komischen. Das Wissen um eine Asthmaerkrankung führt vielleicht zum Einsatz von Seifenblasen. Einem Komapatienten kann vorgesungen werden oder er/sie kann gestreichelt werden, während das Pflegepersonal Reaktionen mißt, oder 2 Clownpuppen können sich ineinander verlieben, während die Injektionsschläuche bei einem Kind gewechselt werden.

Ein intensives Beispiel sei im folgenden erzählt:
Bei einer Clownvisite waren zufällig mit zwei Clown Doktoren gleichzeitig die Ärzte zu ihrer Visite unterwegs. Die Clowns waren auf der Suche nach „ansteckenden Piepsen“, es wurde „gemeldet“, daß sie sich „innerhalb des Krankenhauses befänden“. Die Clowns suchten nach den Piepsen, indem sie jeweils die kindliche Nasenspitze, den großen Zeh und den kleinen Finger berührten. Ein Clown erfaßte dabei leicht das Schienbein eines Kindes und bemerkte sofort eine Reaktion im ganzen Zimmer. Der „echte“ Doktor übernahm, er zog die Hose hoch und zeigte allen eine riesige blaue Wunde, sehr empfindlich, genau auf der Stelle, die der Clown Doktor vorher berührt hatte. Der Arzt war beeindruckt, wie die Clown Doktoren es ohne Diagnose geschafft hatten, die genaue Verletzungsstelle zu orten.

Jeder Clown wird stets mit viel Sorgfalt ausgebildet – auch um ihn/sie bei der Entwicklung der individuellen Clown Doktoren-Eigenschaften zu unterstützen, die den Clown befähigen sollen, das Leben innerhalb des Krankenhauses zu „bestehen". Ein Doktortitel, ein bestimmtes Aussehen und eine Bandbreite von clowneskem Können helfen dabei, diese Rolle mit Leben zu erfüllen und zu gestalten. Je identifizierbarer und konsistenter die Rolle ist, desto größer ist die Wahrscheinlichkeit, daß man eine Beziehung zur Rolle und den Glauben an diese Rolle entwickeln kann.
Ein Hauptgrund, warum bereits professionell ausgebildete KünstlerInnen für die Clown Doktoren-Ausbildung bevorzugt werden, liegt vor allem darin, daß für die Rollenfindung und deren offene und freie Ausgestaltung qualifizierte Fertigkeiten und Erfahrungen benötigt werden, genauso wie für die Fähigkeit der Clowns, mit anderen Clowns und dem Rest der Welt kommunizieren zu können.
Es ist nicht immer nötig, daß ein Clown ständig lächelt und immer freundlich ist. Die Clowns können traurig, langsam, durcheinander, verträumt oder quengelig sein; reden oder stille sein; singen, tanzen oder auch nicht. Sie können hilflos oder kontrolliert streng sein. Ihr Aussehen soll nichts desto trotz harmonisch wirken, nicht zu groß und nicht zu gruselig, da die Clowns oft Fremde sind, die den jungen Menschen zum ersten Male begegnen. Ihre Erscheinung muß anziehend wirken, sonst werden sie weder vom Krankenhauspersonal noch von den Kindern willkommen geheißen.

Die Clown Doktoren arbeiten in der Regel in einem Zweierteam, damit ihr Team aus einem „Weißen Clown" und einem „August" besteht. Dies ist eine klassische Clown-Paarung, ein Beispiel hierfür sind Laurel & Hardy (Dick & Doof). Idealerweise ist ein Clown Doktoren-Team mit einer Frau und einem Mann besetzt – damit auch das Kind auswählen kann, mit wem es etwas tun möchte.

Der Weiße Clown ist meist der Chef, der Besserwisser und der Clevere von den beiden. Der August ist der weniger „Helle" von den Zweien, er verursacht Chaos und versucht es wieder gutzumachen, dabei gibt es noch mehr Chaos. Im Zirkus könnte ein Clown eine Rolle ein ganzes Leben lang spielen, also ausschließlich die eine oder die andere Rolle.
Für einen Krankenhaus-Clown ist es jedoch hilfreicher, eine „ausgewogenere" Persönlichkeit zu entwickeln, auch wenn natürlicherweise ihre Hauptclown-Eigenschaften zum einen oder anderen tendieren.

Dieses dient der Vielfalt beim Spielen, denn normalerweise findet das Kind seinen natürlichen Verbündeten im Spiel. Vielleicht mögen sie den armen Clown, der 'nichts Richtiges auf die Reihe bekommt', und sie verteidigen seine Ignoranz und Unschuld. Vielleicht helfen sie aber auch dem Weißen Clown dabei, den Armen August zu erziehen. Manchmal nimmt ein Kind die Rolle des Weißen Clowns ein, dabei kann es eine große Zufriedenheit erleben, indem es Kontrolle über seine Umwelt ausübt und Ordnung in seine eigene Welt hineinbringt.

Der Clown ist dazu da, diesen Machtgewinn zu ermöglichen. Wenn möglich, wird dem Kind dieser Ball zugespielt, um zu sehen, ob dieses das Bedürfnis hat, die Richtung der Improvisation zu ändern. Denn im Krankenhaus hat der kleine Patient in der Regel nicht das Sagen über seine Genesung – er muß tun, was die ärztlichen Experten von ihm verlangen. Vielleicht fällt es ihm auch gar nicht auf, daß er eine eigene Meinung haben könnte – hier können die Clowns etwas zu diesem Wissen beitragen.

Die jeweiligen Requisiten des Clowns sollen seine Rolle wiederspiegeln.
Ein neuer Clown führt meistens viel zu viel Requisiten mit sich, ist er/sie doch noch auf der Suche nach der Bedeutung jedes Teils. Mit der Zeit und zunehmender Erfahrung reduzieren sich die Requisiten auf einige wenige Teile, die dieser am besten einsetzen kann.

Normalerweise hat jeder Clown mindestens eine Handpuppe, die auch als Medium zur Kommunikation dient. Sie wird eingesetzt, um Kontakt mit schüchternen Patienten aufzunehmen, die im Moment noch nicht bereit sind, sich mit einem großen, neuen Clown zu beschäftigen. Die Schnecke, der Affe, die Ratte oder der Babydinosaurier entsprechen dann vielleicht dem Tempo des Kindes viel besser, besonders bei kleinen Kindern. Eine Handpuppe, die seifenblasenfressend um die Türöffnung herumguckt, begleitet von sanfter Musik oder leisem Gesang, kann so als Eisbrecher dienen, damit ein Clown Doktor das Zimmer betreten kann. Diese erste Szene kann aber auch selbst eine kleine Darbietung sein. Manchmal kann eine Handpuppe die wilde Seite einer Persönlichkeit darstellen, die alle Regeln bricht, die das Unmögliche ausspricht, die nicht kontrolliert werden kann.

Obwohl die Resonanz auf die Clowns überwiegend positiv ausfällt, gibt es immer auch Menschen, sowohl junge wie auch ältere, die das

Ziel der Krankenhaus-Clowns nicht begreifen (können). Die Clown Doktoren müssen mit solchen Menschen genau wie mit anderen umgehen, d.h. sie akzeptieren und respektieren deren Wunsch nach Nicht-Kontakt.

Krankenhäuser werden oft als sterile, trostlose Orte wahrgenommen, die – außer im äußersten Notfall – gemieden werden. Viele Krankenhäuser, und hier besonders die Kinderstationen, haben sich jedoch in den letzten beiden Dekaden gewandelt. Es gibt zwischenzeitlich großzügige Besuchszeiten, Übernachtungsmöglichkeiten für Eltern, Krankenhauskleidung mit Disneyfiguren und eine große Bandbreite an Unterhaltung von Videos über PC-Spiele bis zu MTV. Aber die Clowns sind etwas ganz Besonderes. Nicht jeder ist bereit für die Palette an Dingen, die die Clowns anbieten können. Denn diese beinhalten nicht nur Lachen, eine Überraschung oder einen Perspektivwechsel, sondern gleichzeitig die Gefahr, daß Ordnung und Kontrolle verlorengehen können. Ein Perspektivwechsel ist auch eine nicht immer willkommene Situation, besonders in einer geordneten wissenschaftlichen Welt, in der Überleben und Erfolg von Formeln und Stundenplänen abhängt.

Und obwohl die Clowns die Wünsche derjenigen respektieren, die nicht gestört werden wollen, versuchen sie es vielleicht doch im kleinen, ob es nicht doch einen Zugang zu ihren Herzen gibt.

Als die Clown Doktoren mit ihren „Visiten“ in der Dr.-Horst-Schmidt-Kinderklinik begannen, wurden sie einem 1-jährigen Jungen vorgestellt, der sich fast seit seiner Geburt im Krankenhaus befand. Die Krankenschwestern waren an der Reaktion des Kindes interessiert, wie er die Clowns empfangen würde. Er wandte sich von den Clowns ab, schützte seine Augen und wimmerte; diese Reaktion zeigte er über Monate. Weil sich aber hin und wieder andere Kinder im gleichen Dreibettzimmer befanden, besuchten die Clowns natürlich diese Kinder und versuchten ihr Glück erneut bei diesem einen Jungen. Aber egal, wie sanft die Clowns sangen, tanzten oder jonglierten, die einzige Reaktion war sein gelegentliches Hingucken, wenn die Clowns nicht zu ihm blickten. Die Clown Doktoren waren traurig darüber, daß keine Kontaktaufnahme mit ihm zustandekam. Eines Tages, während der Junge in einem Rollstuhl weit ab von seinem Zimmer spazieren gefahren wurde, begegneten ihm die Clowns. Ein Spaß führte zum nächsten, die Clowns fielen übereinander her, machten Slapsticks, waren laut und verrückt und ..... bekamen eine positive Rückmeldung!

Sie fanden heraus, was dieses Kind haben wollte: Aktion! Bisher waren die Clown Doktoren einfach zu höflich und zu süß für den Jungen; das war nicht nach dessen Geschmack und hatte ihm keinen Spaß gemacht.
Heute, fünf Jahre später, liebt es dieses Kind über alles, an der Gummiperlenkette des Clowns zu ziehen und dann loszulassen, daß der Clown quer durch das Zimmer fliegt, an die Wand prallt und vor Freude lachend die Wand herunter rutscht und dabei „ha-ha-ha sehr komisch“ sagt.

Die Beziehung zwischen Clown Doktoren und Krankenhäusern braucht Zeit. Während die Clowns die Krankenhausatmosphäre gezielt als Hintergrund für ihren Spaß und das Chaos einsetzen, sehen sie es gleichzeitig als unabdingbar, die Menschen, mit denen sie arbeiten, zu respektieren, von ihnen zu lernen und einen eigenen Platz für sich auf jeder Krankenhausstation zu finden.

Der Clown ist im Herzen ein Anarchist. Er kann traurig, süß, wild oder poetisch sein, aber der Clown lebt davon, auf das zu agieren/reagieren, was im komischen Augenblick passiert. Er liebt die Überraschung und sieht Dinge aus einer etwas anderen Perspektive. Die Fenster vor dem Isolierzimmer werden so plötzlich Teil eines Aquariums, gefüllt mit Luftblasen und schwimmenden und treibenden Clowns. Ein Gang voller Mütter mit Kinderwagen kann für eine Testfahrt für die Kinderwagen-Olympiade herhalten. Ein Gameboy kann sich plötzlich in eine Fernbedienung verwandeln, mit der die Kinder nun die außer Kontrolle geratenen Ärzte in Schach halten können.

Nach fünf Jahren in deutschen Krankenhäusern haben die CLOWN DOKTOREN verschiedene Beobachtungen bezüglich der Interaktion zwischen Clowns und Krankenhauspersonal gesammelt.
Hier einige Beispiele:

Ärzte sind vielbeschäftigte Menschen, die manches Mal gezwungen sind, ihre Aufgaben unter extremen Bedingungen zu erfüllen – bei gleichzeitiger Erwartung, daß sie das Unmögliche möglich machen. Einige Ärzte lassen sich im Zusammentreffen daher gehen und interagieren mit den Clowns nur spärlich. Diese Menschen fordern wir auf, mit uns so weiter zu machen. Es braucht seine Zeit, bis sich eine Clown-Arzt-Beziehung stabil entwickelt. Die Clowns sind die Neulinge. Sie tragen einen weißen Arztkittel und nehmen deren schwer verdienten Doktortitel in Anspruch, was diese (natürlich?!) nicht immer auf Anhieb schätzen. Und weil der Arzt/ die Ärztin auf der Hierarchie-Leiter ganz oben stehen, sind sie die ersten, die parodiert werden. Jedoch müssen die Clowns immer den Raum der Ärzte respektieren, d.h. nicht laut und störend sein, wenn eine Behandlung durchgeführt wird. Wenn die Clown Doktoren einen Arzt als „Kollege“ ansprechen, dann tun sie dies mit Respekt, und sie werden nie gemein sein.

Krankenschwestern gibt es ebenfalls in allen Schattierungen. Sie neigen dazu, freundlicher und kooperativer als Ärzte zu sein, wahrscheinlich weil sie die große Vermittlungsrolle zwischen Ärzten, Patienten, Eltern und anderem Krankenhauspersonal einnehmen. Falls sie den Clown nicht mögen, heißt es aufzupassen. Das Leben kann in solch einem Fall sehr schwierig werden. Es ist wichtig, mit ihnen vom Start weg gut auszukommen, indem die Clowns sie wissen lassen, welche Informationen die Clowns brauchen, um ihre Arbeit zu machen und gleichzeitig welche Grenzen existieren. Die Krankenschwestern haben ein Recht darauf, „nicht jetzt, zu beschäftigt, schau nachher noch mal vorbei“ zu sagen und diese Aussage nicht rechtfertigen zu müssen. Oft werden sie anfangs nicht verstehen, warum so viele Informationen bei der „Übergabe“ einer Station notwendig sind, aber ein gutes Gespräch mit dem Personal am Anfang, und später dann in regelmäßigen Abständen, kann erhellen, warum dies so notwendig ist und einen guten Informationsaustausch in Gang bringen und halten.

Es ist wichtig, den Krankenschwestern zu Beginn zu verdeutlichen, daß es weder einen Kampf um die Zuneigung der Kinder gibt, noch daß die Clowns netter als die Schwester erscheinen sollen. Die Clown Doktoren sind sowohl für sie wie auch für die Kinder da, und können allen besser dienen, wenn sie ein paar Hinweise geben.

Wenn die Clown Doktoren Informationen von den Krankenschwestern erhalten, ist es wichtig, daß die Clowns ihnen dabei wirklich zuhören und dem Personal das Gefühl geben, daß diese dabei nicht ihre Zeit vergeuden. Krankenschwestern sind bekannt dafür, daß sie die Clowns auffordern, die gerade erteilten Informationen wiederzugeben. Manchmal bitten sie auch die Clowns, ihre roten Pappnasen abzulegen, um sicherzugehen, daß sie sich in diesen Momenten mit echten Menschen unterhalten. Die Clowns erfüllen diese Wünsche gerne.

Hin und wieder ist die Tätigkeit der Clown Doktoren vergleichbar mit der eines psychologischen Dienstes. Es ist dabei jedoch für alle entscheidend, die Beteiligten stets daran zu erinnern, daß die Clowns Clowns sind! Die Clown Doktoren behaupten nicht, daß sie Qualifikationen besitzen, die sie nicht haben. Sie sind keine TherapeutInnen und sie versuchen nicht, in diesen Bereich einzudringen. Dennoch wird ihnen oft nachgesagt, daß die eingesetzte Albernheit, die Clownlogik und die Gags therapeutisch wirken. Diese Erkenntnis ist für die Clowns sehr interessant, jedoch für sie nur in der guten Zusammenarbeit mit TherapeutInnen und PsychologInnen in ihrer gesamten Dimension zu begreifen. Die Clowns begrüßen deshalb die Kommunikation mit den therapeutischen Fachleuten.

PhysiotherapeutInnen sind in der Regel sehr offen für unsere Methoden, vielleicht wegen der „Versuch und Irrtum"-Arbeitsweise der Clowns. Die genesenden PatientInnen machen oft etwas falsch, bevor sie es richtig machen. Eine Hilfe kann hier der Clown sein, bei dem sie merken, daß dieser keine Angst hat, dumm auszusehen, wenn er versucht, eine spezifische neue Aufgabe zu bewältigen. Die Clown Doktoren können PhysiotherapeutInnen dabei helfen, Kinder auf eine unorthodoxe Art zu ihren Übungen zu ermutigen. Ein Beispiel: Ein Kind führt eine bestimmte notwendige Bewegung aus, indem es dem Clown Doktor bei einem magischen Trick hilft.

LehrerInnen, Ehrenamtliche, Sekretariats- und Verwaltungsangestellte, Hausmeister, PflegerInnen, Seelsorger und viele mehr sind integraler Bestandteil des Krankenhausalltags – sie halten den Betrieb am Laufen. Die Clown Doktoren sehen sie täglich und tragen ihren Teil dazu bei, daß deren Tag angenehmer verläuft. Witze reißen ist immer gut und als Motto für die Clowns gilt: „Mache jeden Tag einen für eine Runderneuerung, wenn Du am Schönheitssalon vorbeigehst. Dann verlege den Termin, jeden Tag!" Bald ist der Witz so albern, daß die Leute sofort lachen, wenn sie den Clown kommen sehen – und der Clown lacht auch. Der Clown Doktor besitzt die ganze Freiheit und Verantwortung des alten Hofnarrs. Lachen ist ein ernstes Geschäft. Ein Clown Doktor zu sein ist nichts zum Lachen!

Krankenhaus-Clownerie ist kein einfacher Beruf. Die Clowns werden nach einer Vorspielprobe ausgewählt. Dabei werden ihre Berufserfahrung, Ausbildung, Einfühlungsvermögen gegenüber den Bedürfnissen anderer, ihre Teamfähigkeit und ihr Sinn für Humor berücksichtigt. Es ist nicht immer ausreichend, ein Naturtalent zu sein, ein gutes Herz zu haben oder einfach nur Gutes tun zu wollen, wenn es um diesen Job geht. Das heißt nicht, daß es keine KandidatInnen gibt, die von

Natur aus gut geeignet sind, ohne Ausbildung und Vorbereitung. Einige „kriegen das Gefühl“ für den Clown Doktor einfacher und schneller als andere. Es ist keine komplizierte Wissenschaft. Jedoch ist es wie bei den meisten Berufen, daß derjenige, der vorher eine gute Ausbildung bekommen hat, ihn besser ausfüllen kann als der/die ohne Erfahrung, sei es als Feuerwehrmann oder als Clown. Technik ist Technik und Erfahrung ist Erfahrung und dafür gibt es keinen Ersatz. Auch Egomanen brauchen sich nicht zu bewerben. Es gibt Zeiten, in denen die Bemühungen des Clowns mit hellem Lachen und Beifall belohnt werden. Aber die Clown Doktoren müssen wissen, daß vom Herzen her gearbeitet wird, und daß sie manches Mal nur ein verstecktes Lächeln für ihre Anstrengungen erhalten. Das Ziel ist nicht, daß sich das Kind kaputtlacht (...obwohl dies unter bestimmten Umständen eine ziemlich gute Sache sein kann.) Eines unserer Ziele ist es, das Zimmer mit neuer und frischer Energie zum Glühen zu bringen. Die Clown Doktoren möchten das Spaßniveau erhöhen!

Im letzten Jahrzehnt breitete sich die Idee der „Clown Doktoren“ langsam in der ganzen Welt aus. Die Gründung des Big Apple Circus Clown Care Unit verlief parallel mit der Einführung eines Krankenhaus-Clown-Programms in Winnipeg/Kanada im Jahre 1986 durch die Pantomimin und Clownin Karen Ridd, die dort als „Robo“ auftritt. Ihre Inspiration half mit, einige ähnliche Programme auf den Weg zu bringen.

Mit einigen nationalen Differenzierungen existieren Krankenhaus-Clown-Programme in über 12 Ländern, wie z.B. „Le Rire Médecin“ in Frankreich, „Doutores da Alegria“ in Brasilien oder „Die Roten Nasen“ in Österreich, und diese Liste wächst stetig und schnell an.

Die erwähnten Gruppen oder Individuen üben ihre Kunst nicht überall in der gleichen Weise aus; wie bei jeder neuen Idee gibt es Varianten. Die Vielfalt der Kulturen, die Krankenhaustraditionen und der nationale oder regionale Sinn für Humor geben jedem Programm seinen eigenen Charakter. Ein Dialog findet bereits zwischen vielen dieser Gruppen statt, ein reger Austausch entsteht. Gemeinsam ist ihnen der Auftrag, ein Stück Hoffnung und Humor in eine Umwelt zu bringen, die auf den ersten Blick nicht gerade geeignet dafür erscheint.

Auch DIE CLOWN DOKTOREN E.V. sind daran interessiert, einen Dialog mit anderen Gruppen zu führen, die im Sinne der genannten Ziele arbeiten.

Zur Zeit entwickeln sie Möglichkeiten, das erworbene Knowhow und die eigenen Perspektiven an interessierte Menschen weiterzugeben, die sich in den letzten Jahren an sie gewandt haben.

Im Juni 1994 gründete sich in Wiesbaden der gemeinnützige Verein DIE CLOWN DOKTOREN E.V. Seine Ziele sind, den organisatorischen Rahmen für das Projekt zu bilden, die Arbeit konzeptionell und finanziell abzusichern und weitere Programme in anderen Kinderkliniken aufzubauen. DIE CLOWN DOKTOREN E.V. finanzieren sich ausschließlich aus Spendengeldern.

Es sind inzwischen mehr als 12 Jahre vergangen, seit diese einzigartige Kunst der Heilung durch Humor begann, sich einen Platz bei den „wirklichen Heilern“ zu erobern. Tag für Tag und Patient für Patient freuen sich die Clown Doktoren, genauso wie die Derwische oder Hofnarren in ihrer Zeit, auf die erfreulichen Aussichten ihrer Heilkunst. Die Clown Doktoren tun ihr Bestes dazu, immer wieder zu beweisen, daß die alte Spruchweisheit „Lachen ist die beste Medizin“ stimmt!

Übersetzung: Heide E. Kandschur, Bremen
Ursula Fährer-Becker, Wiesbaden

Hildegard Burr-Fulda

Das ist ja „babyeierleicht"!

Lösungen in der Entwicklungstherapie

Ist Entwicklungstherapie „babyeierleicht"?

„Das ist ja babyeierleicht!" ist ein typischer Ausspruch aus Kindermund, dem ich in meiner Arbeit immer wieder begegne.

„Das ist ja babyeierleicht!" flüsterte Niklas, 8;6 Jahre alt, als ich ihn aufforderte, den Ball aufzufangen. Ich konnte ihm da nur zustimmen, bei einem Kind in seinem Alter eine wirklich leichte Aufgabe. Doch nicht bei jedem Wurf gelang es Niklas, den Ball sicher zu fangen.

„Das ist ja babyeierleicht!" ließ Daniel, 5;8 Jahre alt, lässig verlauten, als er zwei Zahlen nachsprechen sollte. Kein Problem für Daniel, aber schon bei vier Zahlen hintereinander gelang es ihm nicht mehr, diese nachzusprechen.

„Das ist ja babyeierleicht!" rief Stefan, 7;11 Jahre alt, begeistert aus, als er zur ersten Stunde in die Psychomotorikgruppe kam und wir mit dem Spiel „Feuer, Wasser, Blitz" begannen. Ihm fiel vor allen Dingen das Schreiben sehr schwer, im Turnen war er viel besser, und er kannte dieses Spiel aus dem Kindergarten und der Schule.

Ein und derselbe Spruch kann viele Bedeutungen haben, z.B. eine Bewertung über den Schwierigkeitsgrad einer Aufgabe sein oder eine Einschätzung darüber sein, ob die Aufgabe zu bewältigen ist oder nicht. Von vielen Kindern wird dieser Ausspruch gewiß in diesem Sinne verwendet. Bei einigen klingt er eher als Abwertung der gestellten Aufgabe, so als stelle die Aufgabe eine Unterforderung dar, vielleicht um sich vor einer Blamage zu schützen. Andere wiederum, die sich unsicher sind in ihrer Leistungsfähigkeit, benutzen diesen Satz, um sich selber Mut zuzureden. In Form einer positiven Selbstinstruktion haben sie eine Möglichkeit gefunden, schwierige Situationen zu bewältigen. Der Streß in angespannten Situationen wird reduziert und das Wohlbefinden bessert sich. Dieses sind wichtige Voraussetzungen, Lösungen zu finden und Handlungen erfolgreich abzuschließen.

Kindertherapie ist ganz sicher nicht immer „kinderleicht", gibt es doch genügend dramatische Probleme, unter denen Kinder und/oder Eltern leiden. Auch die Therapien, in denen es nicht voran geht, sind meist kein „Kinderspiel". Andererseits ist es immer wieder faszinierend zu beobachten, welche einfachen Lösungen zum Ziel führen können. Insbesondere bei Kindern kann schon ein Erfolgserlebnis in einem bestimmten Bereich, ein Umdeuten von Verhaltensweisen oder eine veränderte Sichtweise der Probleme von Eltern eine Lawine von Veränderungen in Bewegung setzen. Tun wir es doch wie die Kinder und machen uns Mut für den Weg auf der Suche nach „Kinderleichten Lösungen" in der Entwicklungstherapie: „Wir finden eine Lösung!"

Lösungsorientierung in der Entwicklungstherapie

So schnell, wie sich die Entwicklung der Kinder vollzieht, so schnell ergeben sich auch Gelegenheiten, in denen sich psychische und körperliche Entwicklungen in nicht befriedigende Richtungen entfalten.

Bei genauerer Betrachtung gibt es bei vielen Kindern Teilbereiche der Entwicklung, die gegenüber der Gesamtentwicklung vorauseilen oder zurückbleiben. Daraus muß für das Erleben von Eltern und Kindern nicht unbedingt ein Problem entstehen. Kinder können ohne weiteres in der Lage sein, Schwächen zu kompensieren, besonders, wenn Eltern und das soziale Umfeld darin unterstützend wirken. Allerdings können auch Bewältigungsstrategien gewählt werden, die sich anfangs als erfolgreich erweisen, aber später in Sackgassen enden und Interventionen von außen erforderlich werden lassen. Zum Beispiel kann ein Kind eine Art der Stifthaltung wählen, mit der es lernt zu malen und erste Buchstaben zu schreiben, die aber beim schnellen Schreiben in Schreibschrift zu Ermüdungen und Verkrampfungen führt. Auch können körperliche Einschränkungen erfolgreiche Strategien und Handlungen verhindern und sich ungünstig auf das Verhalten des Kindes auswirken. Kinder, die anfangen zu kaspern und herumzualbern wenn bestimmte Fähigkeiten, z. B. im Gleichgewicht, verlangt werden, vermeiden gleichzeitig auf diese Weise auch alle Übungsmöglichkeiten auf diesem Gebiet. Körperliche Einschränkungen müssen nicht unbedingt deutlich sichtbare Behinderungen sein, sondern leichtere wie z.B. durch zu hohe oder zu niedrige Körperspannung, Spannungsregulationsprobleme, Seitendifferenzen in der Spannung, Längenunterschiede, Gelenkanomalien

(Hand-, Hüftgelenk), X-Beine. Auch Abweichungen des Hörens und Sehens oder z. B. Allergien, oder Schwächen in der Wahrnehmungsverarbeitung, wie Körperwahrnehmung, auditive und visuelle Verarbeitung, können dazu gehören. Auch diese geringen körperlichen Einschränkungen können im ungünstigen Fall Problemverhaltensweisen auslösen (Burr u. Burr-Fulda, 1993). Wenn die Kinder älter werden, ist die Gefahr groß, daß daraus dann psychische oder psychosomatische Beschwerden entstehen (Martinius, 1991).

Eine andere Form der Entwicklungshemmung kann aus der Differenz von recht guten kognitiven Fähigkeiten und abweichenden körperlichen Einschränkungen entstehen. Besteht zwischen kognitiver Planung einer Handlung und seiner motorischen Ausführung eine Differenz, die nicht den Vorstellungen der Kinder entspricht, so kann das stark verunsichernd wirken. Kinder erleben so ständig Mißerfolge, ohne daß das von Außenstehenden genauso gesehen wird. Lob von außen wird also häufig nicht akzeptiert und als hilfreich empfunden. Unerwartete Wutausbrüche, Unruhe, häufiges Weinen, Zurückgezogen sein, Passivität, Vermeidungsverhalten sind Verhaltensweisen, die von Eltern in diesem Zusammenhang beschrieben werden.

Um passende Interventionsformen in der Entwicklungstherapie finden zu können und um den Verlauf einer Entwicklung beurteilen zu können, ist eine Diagnostik hilfreich, die seelische und körperliche Aspekte gleichermaßen berücksichtigt (siehe Burr, S. 31 in diesem Band). Sowohl die Beobachtungen und Tests aus der Diagnostik wie auch das dazugehörige Befundgespräch mit den Eltern bilden die Grundlage für das weitere Vorgehen und für die Therapieplanung.

Die Therapie selbst kann in sehr unterschiedlichen Formen durchgeführt werden. Viele verschiedenen Settings sind wählbar, z.B. entwicklungsbegleitend in Intervallform, auch nur als Beratung mit den Eltern und/oder anderen Bezugspersonen, in Form von Stunden mit Kind und Eltern gemeinsam und auch als Erziehungsberatung für die Eltern. Eine andere Form könnte eine Beratung sein, die Eltern informiert und Anregungen gibt, auf welche Weise das häusliche Umfeld so gestaltet werden kann, daß die speziellen Bedürfnisse ihrer Kinder mehr Berücksichtigung finden. Die Behandlung kann ebenfalls sehr unterschiedliche Bereiche umfassen und besondere Schwerpunkte setzen, z.B. Sprache, Motorik und Wahrnehmung, Krankengymnastik, Sozialverhalten.

Verfahren, wie Sensorische Integration (Ayres, 1984) und Psychomotorik (Kiphard, 1983) bieten sich in der Entwicklungstherapie an, da sie insbesondere die Fähigkeiten in den Bereichen von Wahrnehmung und Motorik fördern. Aktives Handeln und das Sammeln von eigenen sensomotorischen Erfahrungen sind von zentraler Bedeutung für die kindliche Entwicklung. Piaget (1973) spricht in diesem Zusammenhang vom sensomotorischen Lernen. Lösungsorientierte Entwicklungstherapie versteht sich als eine kreative Interventionsform zur Entfaltung und Förderung von Verhaltensmöglichkeiten und zur Anregung vielfältiger Lernerfahrungen, dabei immer das Kind in seiner Gesamtentwicklung betrachtend.

Erfolgreiches Lernen

Entwicklungstherapie bedeutet Anregung und Unterstützung, Neues zu lernen. Dabei ist das Wissen um Voraussetzungen für Lernen und die Beeinflussung von Lernprozessen von besonderem Interesse. Die bekannten Theorien von Piaget über das sensomotorische Lernen bieten hierfür eine gute Grundlage. Doch sind es insbesondere neuere wissenschaftliche Untersuchungen der Gehirnforschung (Roth, 1994, 1996), die wertvolle Impulse für die Weiterentwicklung eines Verständnisses der Lernprozesse in der Entwicklungstherapie geliefert haben.

Nach Roth ermöglichen die unterschiedlichsten Gehirnfunktionen dem Menschen Lernen und damit auch lebenslänglich Entwicklungsmöglichkeiten. Gleichzeitig führt Lernen zu Veränderungen lokaler neuronaler Netze (Menzel u. Roth, 1996 S. 249), bei Kindern vor allen Dingen auch zu neuen Verschaltungen neuronaler Netze, also zur Gehirnentwicklung. Entsprechend groß ist auch die Einflußnahme bei Kindern, da sich das Gehirn noch in Entwicklung befindet. Lernen entwickelt sich aus der Wahrnehmung von Reizen und deren Verarbeitung, also die Deklaration, Bewertung und Speicherung von Reizen. Das Gedächtnis speichert alle durch Lernen erfolgten Veränderungen über einen Zeitraum und ermöglicht ihr Wirksamwerden zu einem späteren Zeitpunkt.

Die Bildung des Gedächtnisses ist ein dynamischer Prozeß der Selbstorganisation (Haken u. Haken-Krell, 1997), wobei unterschiedliche zeitliche Phasen durchlaufen werden. Ein Reiz gelangt zuerst in das entsprechende Kurzzeitgedächtnis, wird dann nach einer Konsolidierungsphase (Einschleifen, Einüben) in das dazugehörige Langzeitgedächtnis überführt. Die Konsolidierungsphase erfordert Zeit und ungestörtes Einschleifen, also Wiederholungen des Lerninhalts. Die Speicherkapazität des Kurzzeitgedächtnisses ist sehr begrenzt (sieben plus/minus zwei einzelne Objekte, Zahlen oder Stimulationen) und ist sehr störanfällig gegenüber neuen Ereignissen und traumatischen Einwirkungen (Menzel u. Roth, 1996 S. 241). Das Langzeitgedächtnis hat eine große Speicherkapazität und ist unempfindlich gegen Störfaktoren. Die Speicherung erfolgt nicht in einem einzigen Gedächtnis, sondern in mehreren, die an verschiedenen Orten lokalisiert sind. Unterschiedliche Informationen werden unter Beteiligung unterschiedlicher neuronaler Strukturen an verschiedenen Orten gespeichert. Das bedeutet, daß die jeweiligen Gedächtnisinhalte in denjenigen corticalen Gebieten gespeichert sind, die auch für die Verarbeitung von Wahrnehmungsinhalten derselben Modalität und Qualität zuständig sind. So werden z.B. motorische Inhalte im motorischen Cortex gespeichert und visuelle Reize im visuellen Cortex (Großhirnrinde) usw. Jede neue Wahrnehmungsleistung entsteht unter Mithilfe des entsprechenden Gedächtnisses.

Wird das Gehirn mit einem bestimmten Reiz oder Wahrnehmungsmuster konfrontiert, dann stellen die angesprochenen Zentren zusammen mit dem Gedächtnis fest, ob die Situation NEU oder BEKANNT und WICHTIG/BEDEUTSAM oder UNWICHTIG ist.

Lernen

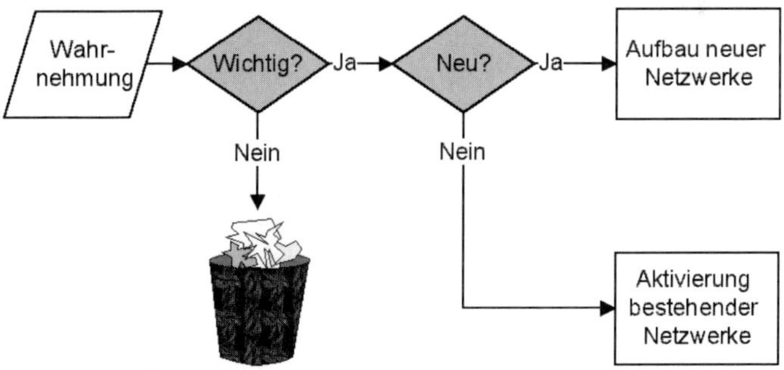

Ist die Situation BEKANNT und zugleich hinreichend WICHTIG, dann werden bereits bestehende Nervennetze aktiviert, die dann eine Erkennungsleistung herbeiführen oder eine Handlung auslösen. Wird eine

Situation dagegen als NEU und WICHTIG eingestuft, werden Nervennetze aktiviert für eine Reorganisation ihrer synaptischen Verknüpfungen, d.h. dabei werden alle Gedächtnisinhalte, die über Erfahrungen in ähnlichen Situationen Auskunft geben könnten, hinzugezogen. Neues wird also immer in etwas Bekanntes „hineingelernt" (Menzel u. Roth, 1996 S. 273).

Die Einstufung NEU und WICHTIG bedeutet immer eine Aktivierung des Gehirns und bewirkt so eine Steuerung der Aufmerksamkeit.

Wird ein Reiz ohne Unterbrechung gegeben, verliert er an Neuigkeit und Wichtigkeit und wird nicht mehr wahrgenommen. So nehmen wir z. B. Dauerlärm von außen nach einer gewissen Zeit nicht mehr wahr.

Damit Gelerntes in den Gedächtnissen überhaupt gespeichert werden kann, müssen sich Speicherkapazitäten erst entwickeln. Dieses geschieht z. B., indem Sinneswahrnehmungen erlebt, Reize wahrgenommen werden, es werden also Unterscheidungen getroffen, z. B. wie im taktilen System hart-weich, kalt-warm, Schmerz-kein Schmerz. Daraus läßt sich folgern, daß die aktive Auseinandersetzung mit basalen Sinneserfahrungen die Grundlage für die Bildung von Gedächtnisinhalten überhaupt ist und für alles weitere Lernen.

Durch diese Erkenntnisse wird deutlich, wie wichtig in der Entwicklungstherapie die Anregung aller Sinnessysteme für die Gehirnentwicklung, insbesondere für die Gedächtnisbildung, ist.

Für den Lernvorgang ist es erforderlich, daß neue neuronale Verknüpfungen entstehen. Hierfür ist es auf der einen Seite wichtig, daß etwas NEU ist, auf der anderen Seite sollte es WICHTIG oder BEDEUTSAM sein. WICHTIG könnte z.B. sein, Nahrung zu erlangen oder einer Gefahr zu entkommen. Aber auch die Bedeutung einer Situation, die durch individuelle Vorerfahrungen erlangt wurde, ist für die Einordnung wichtig. Das können damit verbundene Gefühle sein, wie Befriedigung, Sättigung, Ruhe, Freude, Erregung und Angst. Die Bewertung eines Reizes erfolgt in der Amygdala. Das Ergebnis der Bewertung wird im Gedächtnissystem festgehalten. Es besteht also ein enger Zusammenhang zwischen Bewertungs- und Gedächtnissystem.

Die Art und die Tiefe der Einspeicherung und die Leichtigkeit des Wiederabrufens wird in großem Maße von dem emotionalen Begleitzustand bestimmt, insbesondere, ob positive oder negative Konsequenzen damit verbunden waren.

Lerngeschwindigkeit

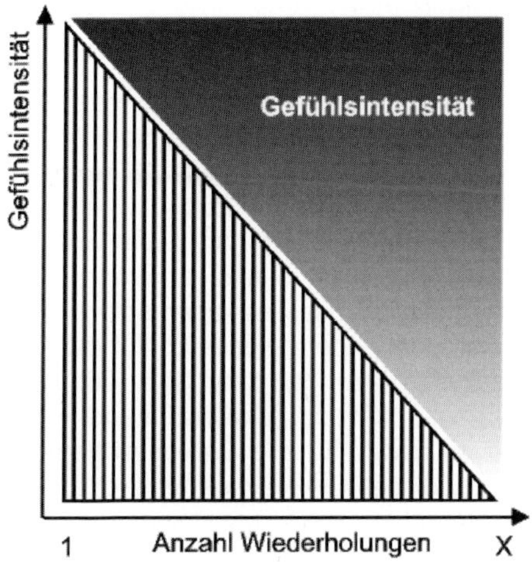

Es besteht ein Zusammenhang zwischen Art und Stärke der Gefühle einerseits und Geschwindigkeit des Lernens andererseits. Dinge, die uns sehr interessieren und emotional ansprechen (Spaß/Freude), können wir schnell lernen und besser behalten. Dinge, die uns nicht interessieren, „kalt“ lassen, erlernen wir nur schwer und benötigen hierfür viele Wiederholungen.

Therapieprinzipien

Aus den Erkenntnissen über Lernen, der Lösungsorientierten Kurztherapie mit Kindern (s. Vogt-Hillmann u. Burr 1995) und den eigenen praktischen Erfahrungen als Kindertherapeutin lassen sich die folgenden Therapieprinzipien ableiten:

Eingehen auf Vorlieben

Zu Beginn einer Therapie sollte die Aufmerksamkeit der TherapeutIn voll auf die Person des Kindes mit all seinen Gefühlen, Wünschen und Bedürfnissen gerichtet sein. Das Kind sollte sich als Person angenommen fühlen. Das bedeutet nicht, daß alle Verhaltensweisen von der TherapeutIn akzeptiert werden müssen, sondern unter Umständen Regeln erarbeitet werden müssen, wie Wünsche in der Therapiesituation umgesetzt werden können. Das Ziel dieser Anfangsphase ist es, eine gute Kooperationsfähigkeit sicherzustellen. Meist ist es sinnvoll, diese Anfangsphase in variabler Intensität und Dauer zu Beginn jeder Therapiestunde zu wiederholen.

Jan, 4;2 Jahre alt, rannte in den Therapieraum und hatte in Windeseile alle vom Balken hängenden Seile herabgezogen. Sprechen konnte er nur einige Laute, die von der anwesenden Mutter gedeutet wurden. Als nächstes fegte er mit der Hand die kleine russische Puppe vom Tisch und sagte dabei: „bum“. Ich bestätigte seine Handlung mit: „bum“ und ging auf ihn zu. Aber immer, wenn ich auf ihn zukam, sauste er wieder weg. So legte ich die Puppe beiseite und holte die kleinen, aber schweren, mit Sand gefüllten Säckchen. Einen nach dem anderen legte ich auf den Tisch, schob ihn dann hinunter und sagte „bum“ dazu. Jan kam hinzu und half mir. Als alle Säckchen unten waren, freuten wir uns gemeinsam und in die Hände klatschend sagte ich: „Jan hat es geschafft, alle Säckchen herunterzuschieben! Noch einmal?“ Nachdem wir dieses Spiel einige Male gespielt hatten, konnten wir dann auch mit den Säckchen einen Turm bauen, der dann immer wieder mit einem „Bum“ umgestoßen werden konnte. Anschließend ließen wir die Säckchen mit einem „Plumps“ in eine große Tonne fallen, und es war gelungen, Jan zur Kooperation und zu zielgerichtetem Handeln zu gewinnen.

Orientierung an Fähigkeiten

Gerade am Beginn einer Therapie ist für das Kind und die TherapeutIn besonders wichtig, bekannte Ressourcen zu nutzen und zu würdigen, neue zu entdecken und deutlich hervorzuheben. Das stärkt das Selbstbewußtsein der Kinder und hilft im Laufe der Therapie auch, Schwierigkeiten leichter zu bewältigen.

Markus (4;3 Jahre) kam zur ersten Therapiestunde. Er besaß gute kognitive und sprachliche Fähigkeiten und konnte sehr phantasievoll malen. Allerdings bewegt er sich nur ungern und hatte schon etliche Krankengymnastik- und Psychomotorikstunden bei anderen TherapeutInnen hinter sich. Zielstrebig war er zum Tisch gegangen, hatte sich hingesetzt und begonnen, einen Dinosaurier zu malen. Bereitwillig erzählte er mir alles über diese Tiere. Ausführlich unterhielten wir uns darüber, was sie tun und welche besonderen Fähigkeiten sie besitzen. Dinosaurier sind so stark, daß sie riesige Steine bewegen können. Ich nahm den großen Therapieball, über den Markus gerade hinwegsehen konnte. Ich gab immer so viel Widerstand, daß der Dino Markus den Stein nur langsam fortbewegen konnte. Die eigentliche Therapiestunde hatte begonnen.

Orientierung an Bedürfnissen

Glücklicherweise zeigen und sagen Kinder noch sehr deutlich, wo ihre Bedürfnisse sind und wo sie Entwicklungsanregungen benötigen, so daß zu überlegen ist, auf welche Weise sie sinnvoll in die Therapie oder für die Diagnostik zu nutzen sind.

In dem ersten Termin der Moto- und Wahrnehmungsdiagnostik sprach Kerstins (7;4 Jahre) Mutter über ihre Erwartungen an mich. Sie wünschte u. a. Tips, was sie tun konnte, um Kerstin zu helfen, ruhiger zu werden. Während des Gesprächs springt Kerstin unermüdlich und fröhlich von den Hokkern der Heidelberger Treppe auf die Matte und rollt sich dann selbst in die Matte ein und so über den Fußboden. Kerstin zeigt mir hier deutlich ihre Bedürfnisse nach starken Berührungsreizen und das in einer Form, die der Situation und Umgebung durchaus angemessen ist.

Wecken von Neugierde

Zunächst sollten Themenbereiche gefunden werden, die Kinder interessant finden. In Verbindung mit ihrem Interessenbereich zeigen sie meist mehr Bereitschaft, sich auf Neuartiges einzulassen. Das ist erforderlich, da durch Neuartiges die Lernbereitschaft geweckt werden kann (siehe oben: „Erfolgreiches Lernen“).

Aber auch ungewöhnliche und phantasievolle Themenstellungen lassen Kinder häufig neugierig werden, wie das Tauchen nach Schätzen, Schlittschuhlaufen oder Vulkan spielen in einem Turnraum.

Spaß haben

Lebendige Erlebnisse können hilfreich sein bei der Verarbeitung von Wahrnehmungsprozessen und Gedächtnisleistungen (siehe oben: „Erfolgreiches Lernen“).

Spaß und Freude wirken entspannend, so daß schwierige Situationen leichter in Angriff genommen und bewältigt werden können. Je größer die Begeisterung der Kinder in der Therapie ist, umso wahrscheinlicher ist die Wiederholung dieser oder einer ähnlichen Tätigkeit außerhalb der Therapiesituation.

Oliver (5;2 Jahre) war mit Begeisterung in einem großen Sack verschwunden, in dem sich viele kleine Plastikbälle befanden. Der Sack lag auf dem Trampolin, und er gab mir den Auftrag, einige Male vorsichtig zu springen. Oliver lachte und wollte immer mehr. Sein Lachen wurde zunehmend fröhlicher und ausgelassener. Auf mich wirkte es entspannt und voller emotionaler Beteiligung, so daß ich davon ausgehend konnte, daß sich die damit verbundenen Wahrnehmungsmuster in sein Gedächtnis einprägen würden.

Erreichbare Schritte gestalten

Aufgaben, Spiele und Tätigkeiten sind nach Möglichkeit so zu strukturieren, daß es für die Kinder mit einem Erfolgserlebnis endet. Bei komplexen Bewegungen kann es sinnvoll sein, daß das Kind zuerst nur den letzten Schritt selbst vollzieht, um so zunächst den Erfolg zu sichern. Die Bewegung wird dann vom erfolgreichen Ende her schrittweise zurück zum Anfang hin gelernt. Große, ferne Ziele lassen sich so in kleine, erreichbare Ziele formulieren. Erst durch die Zielformulierung, verbunden mit den entsprechenden Lernaufgaben, wird ein guter Lerneffekt erreicht. Es kann sein, daß sich ein Kind viel bewegt, aber erst durch neue Lernaufgaben wird es im Bewegungsbereich etwas dazulernen.

Mareike (7;8 Jahre) wollte vor Abschluß der Therapie gerne noch Seilspringen lernen, wie ihre Freunde auf dem Schulhof. Alle drei Kinder in ihrer Therapiegruppe hatten noch sehr unterschiedliche Schwierigkeiten mit dem Seilspringen. Da Mareike auch ohne Seil nur schwerfällig springen konnte, trainierte sie zunächst ohne Seil, so gut wie es ging federnd zu springen. Weitere Schritte waren dann das Springen über ein niedriges Seil, dann über ein Seil, welches sie sich selbst vor die Füße hielt, das Schwingen des Seils mit weit ausgebreiteten Armen usw.

Erfolgserlebnisse feiern

Haben Kinder etwas Neues dazugelernt, oder hatten sie den Mut, etwas Schwieriges zu wagen, ist es gut, dieses deutlich hervorzuheben, um so neue Handlungsmuster zu ankern und mit dem Erfolg das Selbstbewußtsein zu stärken.

Eine Gruppe von vier Tigern zeigte ihre Kunststücke. Alle waren sehr mutig und hatten schon Erfahrungen im Springen durch einen Reifen. Tiger Tim (6;4 Jahre) hatte eine hohe Muskelspannung, und es war nicht leicht für ihn, das richtige Maß an Spannungsregulation zu finden. Doch jetzt gelang ihm ein erster Sprung, ohne den Reifen zu berühren. Ich freute mich mit ihm und klatschend rief ich aus: „Seht den Tiger Tim, er hat es zum ersten Mal geschafft, ohne Berührung durch den Reifen zu springen!". Und die ganze Gruppe stimmte ein.

Raum für Wiederholungen geben

Entsprechend dem individuellen Lerntempo eines Kindes benötigt es eine unterschiedliche Anzahl Wiederholungen von Lerninhalten. Das Lerntempo wird unter anderem bestimmt durch eine gute Grundausstattung an angeborenen Fähigkeiten (Intelligenz) und den Grad der Motivation. Die Konsolidierungsphase, bis Inhalte vom Kurzzeitgedächtnis ins Langzeitgedächtnis überführt werden, kann dadurch sehr unterschiedlich lang sein. Auch für das Kind weniger interessante Themen erfordern mehr Wiederholungen (siehe oben: „Erfolgreiches Lernen"). Wichtig sind Wiederholungen auch für Kinder, die Probleme haben in der Automatisation von komplexen Bewegungsmustern, z.B. bei Koordinationsleistungen, Schreiben und Seilspringen.

Endlich war Florian (5;4 Jahre) eine erste Rolle vorwärts gelungen. Aber einmal reichte ihm nicht. Für den Rest der Stunde mußte er weiter üben, obwohl viele Versuche auch fehlschlugen. Zu Hause hatte er weiter geübt, und in der nächsten Therapiestunde wollte er herausfinden, wie viele Rollen er hintereinander schaffen würde. Ich saß daneben und hatte nur zu zählen, ansonsten kam ich mir sehr überflüssig vor. Vorwärtsrollen standen auch in den nächsten Stunden noch an erster Stelle, verloren aber mit zunehmender Sicherheit an Bedeutung, und andere Angebote waren wieder gefragt.

Einführen von kleinen Veränderungen

Das Einführen von kleinen Veränderungen erfordert immer wieder das Einstellen auf neue Situationen und erhöht damit die Flexibilität. Die Einführung von etwas Neuem aktiviert die Gehirnfunktionen und ermöglicht damit das Lernen (siehe oben: „Erfolgreiches Lernen").

„Wir bauen einen Berg". Mit Anlauf sprangen die Kinder auf den blauen Berg (eine große dicke Weichbodenmatte). Nach jedem zweiten Sprung wurde der Berg mit einer locker aufgerollten dünneren Matte erhöht. Darauf folgten dann wieder andere Matten mit größerer Festigkeit und glatterer Oberfläche. Nachdem alle Matten verbaut waren, veränderten wir die Bergoberfläche, z.B. in eine bunte Blumenwiese mit dem Schwungtuch oder in Schnee mit einem großen weißen Bettlaken. Viele weitere Veränderungen sind denkbar, je nachdem mit welcher Zielsetzung gerade gearbeitet werden soll.

Eigenaktivität anregen

Den Fähigkeiten entsprechend sollten die Therapiestunden so gestaltet sein, daß die Kinder möglichst selbst aktiv handelnd tätig werden (Piaget, 1973, Augustin, 1990). Das kann das Auf- und Abbauen von Geräten oder das Bereitlegen und Aufräumen von Materialien sein. Gewisse Mithilfe ist immer möglich. Aber auch Spiele und Übungen sollten so gewählt werden, daß die Kinder sich viel aktiv selbst bewegen und weniger passiv bewegt werden. Je mehr die Kinder selbst aktiv tätig werden, umso größer ist die Wahrscheinlichkeit, daß sie diese Tätigkeiten auch zu Hause ausüben.

Lösungen erfragen

Die Anregung der Eigenaktivität bezieht sich hier mehr auf die kognitive Ebene, ist aber natürlich eng verknüpft mit der Handlungsebene. Die Kinder erhalten so die Gelegenheit, Handlungen zu planen und Lösungsstrategien zu entwickeln.

> Eine Hüpflandschaft war geplant, so stellte sich die Frage: „Wie und worauf kann man hüpfen?“. „Auf dem Trampolin“, „auf der dicken Weichbodenmatte“, „auf den Teppichfliesen“ und „von Reifen zu Reifen“ waren Antworten der Kinder. „Welche Geräte oder Materialien müssen zuerst aufgebaut werden?“ war dann die zweite Frage. Weitere Fragestellungen könnten noch sein: „Was benötigt ihr, um vom Trampolin herunterzuhüpfen?“. „Welche Hüpftiere gibt es?“

Imaginationsfähigkeit nutzen

Geschichten erfinden, in die Rolle von Tieren oder anderen bedeutsamen Personen schlüpfen, zaubern und mit Phantasie die Spielwelt gestalten sind altbekannte und bewährte Mittel im Umgang mit Kindern. In der Rolle eines starken Tieres z. B. fühlen Kinder sich tatsächlich stärker (Burr-Fulda u. Ehmsen, 1993). Sie können sich so mehr zutrauen und auch Dinge probieren, die sie bisher abgelehnt haben.

Ausdauer und Kraft zu trainieren wird hoch interessant, wenn es als Dino-Krafttraining angeboten wird, bei dem es Punkte zu sammeln gibt und als Belohnung ein Dino zum Ausmalen winkt.

What else (Was noch)?

Körperliche und seelische Aspekte werden in der Kindertherapie meist als zusammengehörig und untrennbar genannt und beschrieben, in der Praxis aber häufig nicht gleichwertig behandelt. Körperliche und entwicklungsbedingte Faktoren finden oft, besonders in traditionellen Psychotherapieverfahren, nicht genügend Beachtung. Wenn Eltern am Ende einer lösungsorientierten Entwicklungstherapie darüber berichten, was sie denken, wie sich die Therapie bei ihren Kindern ausgewirkt hat, so ist eine häufige ähnlich lautende Antwort: „Sicherheit im Umgang mit ihrem eigenen Körper und damit verbunden die Selbstsicherheit im Verhalten gewonnen." Es zeigt sich, daß nach einer primär körperlich orientierten Therapie mit Kindern meist eine rasche Stabilisierung im psychischen Bereich zu beobachten ist.

Literatur

Augustin, Anneliese (1990) Die sensorische Integrationstherapie von Ayres im Vergleich mit der Entwicklungstheorie der Sensomotorik nach Piaget in Doering, Waltraut & Doering, Winfried, Sensorische, Borgmann Verlag

Ayres, A. Jean (1984) Bausteine der kindlichen Entwicklung, Springer Verlag

Burr, Wolfgang & Burr-Fulda, Hildegard (1993) Partielle Entwicklungsverzögerungen im Kleinkindalter, Schleswig-Holsteinisches Ärzteblatt 8 S. 14-18

Burr-Fulda, Hildegard & Ehmsen, Maria (1993) Von „Mehlsäcken" und „Baumstämmen". Kinder mit muskulärer Hypotonie, Praxis der Psychomotorik 4S. 228-235

Haken, Hermann & Haken-Krell,Maria (1997), Gehirn und Verhalten, Unser Kopf arbeitet anders, als wir denken, Deutsche Verlags-Anstalt

Kiphard, Ernst J. (1983), Psychomotorische Entwicklungsförderung Bd. 2-3, Verlag Modernes Lernen

Martinius, Joest (1991), Unerkannte Teilleistungsschwächen in der Adoleszenz. Psycho (17)

Menzel, Randolf & Roth, Gerhard (1996), in Roth, Gerhard & Prinz, Wolfgang, Kopf-Arbeit, Gehirnfunktionen und kognitive Leistungen, Spektrum Akademischer Verlag

Piaget, Jean (1973), Das Erwachen der Intelligenz beim Kinde, Ernst Klett Verlag

Roth, Gerhard (1994), Das Gehirn und seine Wirklichkeit, Kognitive Neurobiologie und ihre philosophischen Konsequenzen, Suhrkamp Verlag

Roth, Gerhard & Prinz, Wolfgang (1996), Kopf-Arbeit, Gehirnfunktionen und kognitive Leistungen, Spektrum Akademischer Verlag

Vogt-Hillmann, Manfred & Burr, Wolfgang (1995). Kreative Kindertherapie. In W. Eberling, & J. Hargens (Ed.), Einfach kurz und gut. Dortmund: verlag modernes lernen.

Kurt Ludewig

Der Kampf der Giganten: Magersucht vs. Plan

Anregungen für die stationäre Arbeit mit magersüchtigen Jugendlichen

Einleitung

Die nun folgenden Überlegungen gehen von klinischen Erfahrungen aus, die seit Ende der Siebziger Jahre vor allem in der ambulanten Arbeit mit magersüchtigen Jugendlichen und ihren Familien nach und nach entstanden waren und seit 1995 für die Therapie auf einer allgemeinen Station der Kinder- und Jugendpsychiatrie angepaßt werden. Die Erfahrungen, die den folgenden Ausführungen zugrunde liegen, wurden aus einem systemischen Blickwinkel, also unter Verwendung von systemwissenschaftlichen Gedanken, reflektiert, wie sie insbesondere in der Biologie und den Sozialwissenschaften entwickelt wurden (vgl. Ludewig, 1992). Aus der Umsetzung dieser Gedanken in die Konzeptualisierung von Psychotherapie resultiert für die Praxis eine paradox anmutende Forderung, die für die TherapeutInnen heißt, zugleich aktiv zur Veränderung beizutragen und gleichzeitig zu bedenken, daß gezieltes Verändern – bei autonomen Wesen – unmöglich ist. Man steht vor dem sog. Therapeutendilemma, das lautet: „Handele wirksam, ohne je im voraus zu wissen, wie oder welche Folgen es haben wird". Die Lösung muß dementsprechend heißen: „Schaffe günstige Bedingungen, damit die Klientinnen und Klienten gemäß ihrer Wünsche und im Rahmen ihrer Möglichkeiten sich verändern kön-

Die hier vorgelegten Gedanken befinden sich seit Jahren in ständiger Verarbeitung. Eine erste Version davon wurde bereits 1989 bei der damaligen DAF-Tagung in Darmstadt vorgetragen; eine erste Publikation fand 1991 statt (Ludewig, 1991). Der vorliegende Aufsatz ist eine überarbeitete Fassung eines im Juni 1997 gehaltenen Vortrags im Rahmen der Konferenz „Kinderleichte Lösungen" des Norddeutschen Instituts für Kurzzeittherapie in Bremen. Für die Hilfestellung bei der Erarbeitung des vorliegenden Konzepts dankt der Verfasser den TherapeutInnen und MitarbeiterInnen, die seit 1995 auf der Station II der Klinik für Kinder- und Jugendpsychiatrie der Westfälischen Wilhelms-Universität Münster tätig waren oder sind.

nen". Dabei entspricht diese Lösung, die ganz wesentlich von einer verführerischen Sehnsucht nach Bestimmung und Kontrolle auf Abstand geht, ziemlich genau der alten hippokratischen Forderung, die heißt, gute Bedingungen für die Genesung des Geschwächten zu schaffen.

Eine systemisch konzipierte Praxis muß sich nicht in der Anwendung einer eigenen Methodik erschöpfen, sondern ist als praktische Umsetzung einer allgemeinen Denkmethode durchaus geeignet, um Erkenntnisse und praktische Vorgehensweisen aus anderen Sichtweisen einzubeziehen, ohne der Beliebigkeit eines „wilden" Eklektizismus zu verfallen. Im vorliegenden Text gehen zum Beispiel biologische Erkenntnisse über die somatischen Auslöser, Korrelate und Folgen von Mangelernährung, konzeptionelle Aspekte aus der Bindungstheorie (vgl. z.B. Spangler & Zimmermann, 1995) und praktische Anregungen aus dem Methodeninventar der Verhaltenstherapie mit ein. Die folgenden Überlegungen knüpfen an gängige multifaktorielle Modelle der Anorexia nervosa an und handeln nicht von dem Versuch, ein gänzlich neues Verständnis dieser Störung darzulegen. Ein spezielles Augenmerk wird jedoch darauf gelegt, die jugendliche Magersucht als komplexes – also nicht bloß additiv-multifaktorielles – Lebensproblem zu betrachten, das aus einem kaum entrinnbaren, immer individuell ausgeprägten Ineinandergreifen von biologischen, psychischen und sozialen Aspekten hervorgeht. Ziel dieser Ausführungen ist es, die Therapeutinnen und Therapeuten auf Möglichkeiten aufmerksam zu machen, die helfen sollen, frei von hinderlichen Konstrukten das Gesamt der beteiligten Prozesse zu berücksichtigen, dabei die verzweifelte Lage der Magersüchtigen und ihrer Familien zu respektieren, vorhandene Ressourcen zu nutzen und so Veränderungen anzuregen, die mit dem Selbstverständnis der Hilfesuchenden im Einklang stehen. Zuvor aber in aller Kürze ein paar Sätze zu dem gedanklichen Hintergrund, vor dem die folgenden Ausführungen ihren Sinn beziehen: das sog. systemische Denken und die daraus abgeleitete systemische Praxis.

Systemisches Denken. Folgt man den Gedanken des chilenischen Biologen Humberto Maturana (z.B. 1982, 1994), müssen wir anerkennen, daß wir Menschen nur über jenes Wissen verfügen können, das uns aufgrund unserer biologischen Beschaffenheit zugänglich ist. Diese Erkenntnis nimmt die Tatsache ernst, daß Menschen, die schon aus biologischen Gründen nicht über sich hinaus gehen können, auch keinen Zugang zu einer wie auch immer gearteten objektiven Realität haben können. In meinem Verständnis beinhaltet systemisches Denken eine allgemeine Denkhaltung, die das spezifisch Menschliche – den *zoon politikon* – als Ergebnis eines dynamischen Wechselspiels von biologischer Individualität und sozial vermittelter Sprachlichkeit versteht. Ein daraus abgeleitetes *„systemisches Prinzip"* besagt, auf den Punkt gebracht, daß Menschen *mindestens zu zweit* vorkommen. Denn Menschen werden zu Menschen nur unter Menschen und dieser Sozialisationsprozeß wird von Lebewesen getragen, die aufgrund ihrer Komplexität – im biologischen, psychischen und sozialen Sinne – füreinander undurchschaubar und unbestimmbar sind und bleiben (vgl. Luhmanns Unterteilung von Systemen nach ihren basalen Operationen in mechanische, biologische, psychische und soziale Systeme; Luhmann, 1984). Man muß, um die menschliche Sozialität dennoch zu verstehen, unterstellen, daß Menschen andauernd bemüht sind, ihre unentrinnbare biologische Individualität durch soziale Konsensualisierung zu überwinden. Und diese nie aufhörende Bemühung beginnt, wie die neuere Säuglingsforschung zu berichten weiß, schon im Säuglingsalter und wird nach und nach von immer komplexer werdenden Formen der affektiven Abstimmung getragen, die später durch Sprachlichkeit fortgeführt und verfeinert werden (vgl. z.B. Dornes, 1993, 1997, Stern, 1992).

Konsensualisierung kann aber nur vorkommen, wenn es Wesen gibt, die sich gegenseitig die Gleichartigkeit eines alter-ego zuschreiben und dementsprechend im jeweiligen kognitiven Bereich einander als gleichartige Individuen, als jeweils ICH und DU, hervorbringen. ICH und DU liegen also nicht einfach vor und brauchen nur angekoppelt zu werden, sondern sie müssen zunächst beim Vollzug kognitiver Leistungen in bezug aufeinander entstehen. ICH entsteht erst aus dem Vergleich mit bzw. aus der Unterscheidung von einem Nicht-Ich, einem alter-ego, und ebenso umgekehrt das DU aus dessen Perspektive. ICH und DU stellen existentiell aufeinander angewiesene Identitäten dar, Glieder einer Unterscheidung, deren Einheit im WIR zusammentrifft. Gerade in diesem wechselseitig konstitutiven Verhältnis von ICH und DU im WIR läßt sich – natürlich in Anlehnung an eine lange Tradition des Denkens – die Grundmatrix oder die Grunddifferenz, aus der alles Menschliche hervorgeht, postulieren. Erst das WIR bzw. das *soziale System*, welches anders ist als die Summe der Teile, hebt sowohl das biologisch-individuelle als auch die sozial-kommunikative Identität des Menschen in sich auf. ICH, DU und WIR sind im eigentlichen Sinne untrennbare Bestandteile der einen Grunddifferenz. Darin – in diesem „systemischen Prinzip" – wurzeln meines Erachtens die anthropologischen Grundlagen systemischen Denkens (vgl. u.a. von Foerster, 1985, Luhmann, 1984, 1997, Maturana, 1982, 1994, Maturana & Varela, 1987; für einen für die Psychotherapie relevanten Überblick über diese Grundlagen vgl. z.B. Ludewig, 1992, Schiepek, 1991).

Systemische Praxis meint Handeln vor dem Hintergrund systemischen Denkens, also die Komplexität menschlicher Existenz wahrzunehmen, deren bio-psycho-soziale Verwobenheit zu beachten und reduktionistische Vereinfachungen zu meiden. Der im psychosozialen Bereich tätige systemische Praktiker versteht sich nicht als Experte für „richtige" Problemlösungen und Lebensweisen, sondern vielmehr als Experte für die komplexen Zusammenhänge, die autonome Systeme hervorbringen, handele es sich um biologische, psychische oder soziale Systeme bzw. um das Zusammenspiel dieser Systemarten. Aus diesem Zusammenspiel können – selbstorganisatorisch – Lebensprobleme hervorgehen, deren Linderung oder Beseitigung eine der Aufgaben systemischer Praxis beinhaltet. Der systemische Helfer ist bemüht, der „Verführung der Gewißheit" (Maturana & Varela, 1987) zu widerstehen, also vereinfachende, normierende Diagnostiken und einseitige Interventionen zu meiden. Statt dessen erkundet er das Anliegen und die vorhandenen Ressourcen und Möglichkeiten der Klientinnen bzw. hilft er, ein Anliegen zu formulieren und die Ressourcen zu aktivieren, um „passende" Ansatzpunkte für eine Problembewältigung auszumachen. Er läßt sich ermächtigen zu intervenieren, beschränkt aber den Bereich seiner Interventionen auf den gemeinsam mit den Hilfesuchenden abgesteckten Arbeitsauftrag. Der Auftrag legt dann Ziel und Methode der Hilfestellung so lange fest, bis diese an weitere Entwicklungen angepaßt werden muß (vgl. Ludewig, 1998). Entscheidend für die Wahl der Fokussierung ist die klare Festlegung darüber, wer Auftraggeber und was Auftrag ist. Je nachdem, ob der Auftraggeber der Hilfesuchende selbst oder eine dritte Instanz ist, etwa ein Amt oder ein Gericht, läßt sich zwischen Hilfe und Fürsorge unterscheiden (vgl. Ludewig, i. Druck).

Zu den Hauptaufgaben der systemischen Therapie – nun im engeren Sinne therapeutischer Maßnahmen – gehört es beizutragen, daß ein therapeutisches System entsteht, das geeignet ist, damit die Klienten/Kunden sich gemäß ihrer Wünsche und Möglichkeiten verändern können. Der/die TherapeutIn bemüht sich, ein passendes Anliegen und einen erfüllbaren Auftrag mit zu erarbeiten. Nebenher versucht er/sie einen auftrags- und kundengerechten „Balanceakt“ zwischen Bestätigung und Öffnung zu halten. Durch Bestätigung (Anerkennung) der Klienten fördert man deren Vertrauen und Kooperationsbereitschaft, so auch den Mut, Wagnisse und Risiken einzugehen, Neues zu probieren, also eine Öffnung zu finden, die aus der Wiederholungsstruktur von Problemkonstellationen herausführt.

Gedanken zur Adoleszenz-Magersucht

Magersüchtige sind meistens weibliche Jugendliche, die begonnen haben, Kontrolle über ihr Gewicht auszuüben, dabei die Kontrolle über diese Kontrolle verloren und in der Folge sich zunehmend so verhalten, als wären sie nach dem Magersein süchtig. Die jugendliche Magersucht wird hier als mehr oder weniger zufällig entstandenes Lebensproblem betrachtet, das sich auf der Basis einer in biologischer, psychischer und sozialer Hinsicht geeigneten Disposition im Lebenskontext der Betroffenen als passend und wirksam erweist und schließlich zu einem umgreifenden bio-psycho-sozialen Muster stabilisiert.

Klinische Beobachtungen. Zur Illustration des Phänomens Magersucht seien zunächst einige Beobachtungen aus der klinischen Praxis genannt (vgl. Krüger et al. 1997, Laessle et al. 1996, Lask u. Bryant-Waugh, 1993, Meermann & Vandereycken, 1987):

- Die Anorexia nervosa, Pubertätsmagersucht oder jugendliche Magersucht, beginnt in der Regel in einem Alter zwischen 14 und 18 Jahren, neuerdings auch häufiger in jüngeren Jahren. Die Prävalenzrate liegt bei weiblichen Jugendlichen (95% aller Betroffenen) zwischen 12 und 20 Jahren zwischen 1/800 und 1/100.
- Magersüchtige Mädchen entstammen in aller Regel Familien, die ihren Zusammenhalt als besonders stark, harmonisch und liebevoll beschreiben, was auch von Außenstehenden so bestätigt werden kann.
- Schon vor Beginn der Magersucht, besonders aber danach, leben die Mitglieder dieser Familien oft sozial isoliert; die Magersucht verstärkt diesen Zustand.
- Zumindest einige der Mitglieder dieser Familien unterhalten untereinander unüblich starke Bindungen; sie fühlen die Gefühle des an-

deren, denken dessen Gedanken, spüren dessen Bedürfnisse als eigene usw.

- Das Erlebnis von Individualität ist wenig ausgeprägt, das Wir-Erlebnis ist daher global und diffus. Erlebnisse ausgetragener Konflikte und versöhnter Auseinandersetzung sind eher selten, Harmonie und Konfliktlosigkeit dominieren.
- Eine „Lebenskrise", häufig eine vollzogene oder bevorstehende Trennung oder ein anderes Ablösungsthema, löst Beunruhigung aus. Vorweggenommene Schuldgefühle machen sich breit und werden zum dominanten Thema des inneren Dialogs bei allen Beteiligten, ohne jedoch in eine klärende Auseinandersetzung überzugehen. Der offene Dialog, der neue Erfahrungen ermöglichen würde, ist auf Dauer verhindert.
- Der Beginn der Magersucht – meistens in der frühen Adoleszenz – bündelt die Aktivitäten aller relevanten Familienmitglieder um ein zunehmend ausschließlich werdendes Thema: Essen bzw. Nicht-Essen. Alles andere gerät in den Hintergrund, das Familienleben stabilisiert sich um dieses Problem; die Magersucht wird zum Thema eines Problemsystems (vgl. Ludewig, 1992, 1997).
- Außerfamiliäre Einflüsse, die den Kontext der eindimensional gewordenen innerfamilialen Kommunikation erweitern würde, werden in aller Regel ausgegrenzt. Die Außenwelt wird meistens erst auf Druck durch Dritte oder nach Unterschreiten eines lebensbedrohlichen Gewichts eingeschaltet.
- Wenn die Magersucht bereits erkannt wurde und behandelt werden soll, wird das Angebot familientherapeutischer Maßnahmen meistens willkommen geheißen.
- Die Unterernährung gewinnt ab dem Unterschreiten eines Mindergewichts eine Eigendynamik, die ohne aktive Gegensteuerung zum Fortschreiten der Gewichtsabnahme führt.

Verlauf und Prognose. Nachuntersuchungen nach längerer Zeit erbrachten, daß im allgemeinen ca. 30% der Fälle vollständig und 35% etwas gebessert, ca. 25% chronisch gestört geblieben und ca. 10% direkt oder mittelbar an den Folgen der Magersucht verstorben waren; dabei scheinen ca. 50% der untersuchten ehemaligen Patientinnen ein verändertes Eßverhalten beizubehalten (zit. n. Laessle et al. 1996). Eine Metastudie von 31 Katamnesen mit insgesamt 941 Patientinnen mit Störungsbeginn in der Prä- und Adoleszenz ergab eine etwas geringere Anzahl von chronischen Verläufen (19%) und eine höhere Rate von Verläufen mit vollständiger Remission der spezifischen Symptomatik, aber mit unklarer Komorbidität (52%) (vgl. Steinhausen, 1997). Eine neuere deutsche Katamnese nach durchschnittlich 6,8 Jahren bei Kindern, die im Alter von 13 Jahren oder früher erkrankt waren, bestätigte im wesentlichen obige Verhältnisse; rechnet man aber die bei den nachuntersuchten Patientinnen gefundene psychiatrische Komorbidität (u.a affektive und Angststörungen sowie Alkoholabhängigkeit) hinzu, verringert sich die Anzahl der „gesunden" Frauen, d.h. derjenigen, die zum Zeitpunkt der Katamnese weder eine Eßstörung noch eine andere psychische Störung zeigten, auf ca 21% (vgl. Schulze et al. 1997). Andere Erhebungen zeigen, daß bei einem längeren Katamnesezeitraum der Anteil ungünstiger Verläufe abnimmt, so daß nach 33 Jahren nur noch bei 5% die Kernsymptomatik zu finden ist; allerdings würde eine Besserung nach ca. 12 Jahren immer unwahrscheinlicher (zit.n. Krüger et al. 1997). Prognostisch günstig sei ein früher Krankheitsbeginn, ein frühzeitiger Therapiebeginn und eine gute prämorbide Anpassung und Leistungsfähigkeit beim Mädchen sowie eine Verbesserung der familiären Beziehungen und der sozialen Kontakte (zit.n. Krüger et al. 1997). Weber und Stierlin (1989) zeigten bei ihrer katamnestischen Studie von 42 familientherapeutisch behandelten Familien mit durchschnittlich 14 Sitzungen in 8,7 Monaten, daß von den ehemaligen Patientinnen nach 2-9 Jahren nur 12% eindeutig untergewichtig waren, aber auch nur 38% ihr Gewicht normalisiert hatten; nebenher hatten aber 60% unter ihnen einen ansehnlichen Grad an Individuierung und 73% der Familien einen größeren Grad an Funktionalität erreicht. Schließlich muß auch beachtet werden, daß neuere Studien aus dem Unterschied der Konkordanzraten für Anorexia nervosa bei ein- und zweieiigen Zwillingen – 56% zu 5% – die Annahme einer gewissen genetischen Prädisposition nahelegen (zit. n. Wren u. Lask, 1993).

Einige ungünstige Vorannahmen. Die klinische Erfahrung mit Magersüchtigen hat uns gezeigt, daß viele Therapien durch Festhalten an ungünstigen Annahmen gescheitert sind. Einige dieser Vorannahmen seien hier ansatzweise erwähnt:

- Magersüchtige streben nach Macht über ihre Eltern, oder es sind die Eltern, die sich des Kindes bemächtigen und es daran hindern, erwachsen zu werden.

- Die Familie ist „verstrickt“, überfürsorglich, starr und konfliktscheu; die Ehe der Eltern ist „gestört“ und schuld an der Eßstörung des Kindes.
- Magersüchtige sind regredierte, narzißtisch bzw. „früh“ gestörte Menschen.
- Die Magersucht ist in der Hauptsache ein Familienproblem; die Liebe und Harmonie in Familien mit Magersucht ist unecht; sie stehe für die Abwehr aggressiver Impulse o.ä.
- Die Magersucht ist ein intrapsychisches Problem mit allenfalls biologischen Korrelaten.
- Stationäre Behandlung ist das therapeutische Mittel der Wahl.

Einige Folgen ungünstiger Vorannahmen. Das Festhalten an den genannten oder ähnlichen Vorannahmen kann u.a. zu folgenden, bedenklichen Verfahrensweisen in der Therapie führen:

- Differentielle Schuldzuweisungen, welche die enge Bezogenheit der Familiemitglieder verkennen, dabei unwillkürlich die Angst der Beteiligten vor Trennung und Schuld steigern und so „Widerstand“ auslösen.
- Die Überbetonung von Begleitphänomen (u.a. Abwehr der weiblichen Rolle, Eßphobie, Geschwisterrivalität, unterschwellige Koalitionen) verkennt den gesamten Zusammenhang und greift in der Regel zu kurz.
- Normative Setzungen über die Struktur dieser Familien im Vergleich zu „gesunden“ Familien verkennen die Besonderheit der jeweiligen Familie und greifen oft daneben.
- Der Rückgriff auf Konzepte wie narzißtische bzw. frühe Störung, „goldener Käfig“ usw. können leicht dazu verleiten, sich zu sehr an das eigene Störungskonzept anzubinden und sich dadurch den Blick für Alternativen zu versperren; nebenher läuft man Gefahr, die individuelle Besonderheit einer jeden Magersüchtigen zu mißachten.
- Massiv interventive Maßnahmen (Reizentzug, soziale Abstinenz, Zwangsernährung usw.) können helfen; allein eingesetzt können sie aber das Problem verschleiern und/oder verfestigen.
- Eine ausschließliche Fixierung auf psycho- oder familientherapeutische Maßnahmen kann zwar in einigen Fällen ausreichend sein.

Die weitgehende Mißachtung der auslösenden und, vor allem, der aufrechterhaltenden biologischen Faktoren kann aber zur Folge haben, daß der therapeutische Fortschritt trotz psycho- und familientherapeutischer Sternstunden stagniert.

- Unbedachte und zu lang dauernde stationäre Behandlungen können die Familien dazu verführen, sich mit dem status quo zu arrangieren und so das Potential der Familien, eigene dauerhafte Lösungen zu finden, schwächen.

Auf dem Wege zur Magersucht. Aus Erfolgen und Mißerfolgen in der klinischen Arbeit mit Magersüchtigen haben wir gelernt, die Schritte, die zur Magersucht führen, wie folgt aufzufassen:

Magersüchtiges Verhalten ist wie jedes Verhalten ein Versuch, eine Lebenslage zu meistern. Zwar folgt dieses Verhalten nicht zwangsläufig oder automatisch auf spezifische biographische oder sonstige Lebenserfahrungen, dennoch trägt es wie jedes andere Verhalten immer Merkmale in sich, die auf Besonderheiten der genetischen Ausstattung, der aktuellen Situation des Kindes und der Familie hinweisen. Magersüchtiges Verhalten entsteht meistens in Phasen des Übergangs von einem Entwicklungszustand zum anderen, und solche Übergänge wirken sich bekanntlich als Stress aus (vgl. z.B. Rothenberger u. Hüther, 1997). Denn, um diese Phasenübergänge zu bewältigen, kann in der Regel nicht auf Bewährtes zurückgegriffen, sondern müssen neue Erlebens- und Handlungsmuster aufgebaut werden, und gerade solche Aufbauprozesse, für die keine gesicherten „Baupläne“ vorliegen, können stark beanspruchend und beunruhigend sein. Auslöser der Lebenskrisen, die dem magersüchtigen Verhalten vorausgehen, sind meistens Ereignisse, die das bisherige Selbstverständnis erschüttern: tatsächlich drohende oder vollzogene Trennungen im familiären bzw. sonstigen Lebensmilieu, manchmal auch Ereignisse, die als Angriff auf das Selbstwertgefühl des Mädchens oder auf die Selbstverständlichkeit des Lebenszusammenhangs wahrgenommen werden und auf erschreckende Weise bewußt machen, daß die bisher meistens unbemerkt verlaufene, altersbedingte Individuierung vor der Tür steht oder sogar bereits begonnen hat. Im einzelnen:

Eine zunächst mehr oder weniger zufällig – etwa im Zusammenhang mit einer Schlankheitskur oder einer Darmverstimmung – entstandene, vorübergehende Nahrungsverweigerung erweist sich dem Mädchen und ihren Familien als potentes Mittel, die Probleme, welche die

Familie aktuell belasten, thematisch zu entschärfen und in den Hintergrund treten zu lassen. Aktuelle Gefährdungen des familiären Selbstverständnisses werden von der noch intensiveren Gefährdung, die aus der Abmagerung eines Kindes hervorgeht, überlagert und sehr effektiv gebannt. Die Essensverweigerung trifft gewissermaßen auf „günstige Bedingungen" und wird – nun funktionalisiert – fortgeführt. Nebenher etabliert sich schnell ein biologischer Kreislauf, der auf biochemischer und physiologischer Basis die Unterernährung mit konsolidiert und aufrechterhält. Der Wachstumsprozeß in biologischer, psychischer und sozialer Hinsicht kommt zum Stehen: das Kind findet sich mit seinen Eltern in einem Zustand regressiver, undifferenzierter Bindung wieder. Diese Verstärkung der Bindung mildert beim Kind zunächst die Ängste und Schuldgefühle, die bei seinem Versuch, die Auslöser der Lebenskrise zu bewältigen, aufgekommen waren. Die Eltern, die anfangs unschlüssig waren und nun aus einem erkennbaren Grund beunruhigt sind, gehen dazu über, alles zu tun, was dem Kind helfen kann. Dabei kommt es meistens zu einer sehr intensiven Beschäftigung des einen Elternteils oder beider Eltern mit dem Kind – besser gesagt: mit der Eßstörung des Kindes – und so zur Entstehung einer neuen Dynamik, die mit dazu beiträgt, die beginnende Magersucht unwillkürlich zu konsolidieren. Hierbei können sich die eheliche Elternbeziehung oder auch andere Besonderheiten familiärer Beziehungen als problemstabilisierend auswirken, etwa wenn ein Elternteil den anderen, vom Kind angebundenen Elternteil vernachlässigt und ihm keine schützende Alternative zur ausschließlichen Bindung mit dem Kind bietet.

Stabilisierende Bedingungen. In biologischer Hinsicht führt die Nahrungsverweigerung zu körperlichen Zuständen der Unterernährung und diese wiederum zu einem selbstperpetuierenden Kreislaufsprozeß, in dem die Mangelernährung schon aus physiologischen Gründen die Fortführung der Mangelernährung begünstigt (vgl. Ploog u. Pirke, 1987). Dieser physiologische Prozeß fördert die Entstehung einer regelrechten Sucht. Diese paart sich mit einem zusätzlichen psychischen Gewinn, der nicht zuletzt aus der großartigen Leistung, den Hunger bezwungen zu haben, resultiert. Dazu kommen familiäre Aspekte, die eine aufrechterhaltende Rolle spielen. Das magersüchtige Verhalten dominiert emotional das Familienleben und schränkt die Interaktionen derart thematisch ein, daß Alternativen kaum möglich werden: weder das Kind noch die Eltern finden aus dem Kreislauf von Sorge, Ärger und Schuld heraus. In prognostischer Hinsicht spielen zudem – wie bereits erwähnt – biologische, biographische und soziale Ressourcen in ihren jeweiligen individuellen Ausprägungen eine wichtige Rolle. Insofern als diese verschiedenen Aspekte an der Stabilisierung und Aufrechterhaltung der Magersucht beteiligt sind, kann hier berechtigterweise von einem bio-psycho-sozialen Phänomen bzw. von einem komplexen Phänomen struktureller Kopplung – und nicht bloß additiver Multifaktorialität – zwischen verschiedenen Systemtypen, also von einem geradezu paradigmatischen systemischen Problem, gesprochen werden.

Bausteine für ein systemisches Verständnis. Die nun folgenden Überlegungen zur dauerhaften Nahrungsverweigerung bei Adoleszenten setzen hinsichtlich psychischer und sozialer Momente an der Differenz Ich/Du an. Der Aufbau einer altersgemäßen Eigenständigkeit beim Kind, die üblicherweise im Verlauf eines interaktionellen Prozesses der „bezogenen Individuation" (Stierlin, 1978) vollzogen wird, geschieht auf Gegenseitigkeit und bezieht alle Beteiligten mit ein. Das Kind und die Erwachsenen müssen, um sich gegenseitig Autonomie zuschreiben und ihr Miteinander als Verbindung eigenständiger Individuen erleben zu können, Konzepte vom jeweils anderen synthetisieren. Der Verlauf dieses Differenzierungsprozesses wird hier unter Zurhilfenahme der Leitdifferenz von Lieben/Liebe betrachtet. Vor diesem Hintergrund läßt sich unsere klinische Erfahrung mit den Erkenntnissen psychologischer und psychiatrischer Forschung integrieren, zudem uns TherapeutInnen von Denkvoraussetzungen entlasten, die unsere Arbeit arg behindern können.

Lieben und Liebe: ein Exkurs. Die Unterscheidung von Lieben und Liebe betrifft die Grundemotionen, die zu menschlichen Beziehungen disponieren und so Kommunikation und Sozialisation ermöglichen. Im einzelnen läßt sich thesenartig behaupten, daß *Lieben* eine in der Natur des Menschen angelegte Emotion ist, also eine Bereitschaft, auf andere gerichtet zu empfinden und zu handeln. Lieben wird somit als ein spontanes, grundloses, unerlernbares, unstrategisches und unregelbares Ausgerichtetsein auf andere Menschen verstanden. So gesehen, stellt Lieben die Bedingung für menschliche Bindungen und menschliche Lebensweise schlechthin dar. Lieben liegt also an der Basis von Sozialisation und ist somit ein konstitutives Merkmal menschlicher Lebens- und Seinsweise. Unter dieser Annahme gilt es, daß Lieben geschehen muß, sonst gibt es keine Sozialisation. Dafür aber, daß Lieben geschehen kann, muß ein anderer da sein. Dabei ist die Eigenheit dieses anderen zunächst irrelevant; es genügt auf dieser primären Ebene des Erfahrens, daß der andere faktisch ankoppelbar ist. Lieben ist bekanntlich blind; der andere ist für dessen Verwirklichung notwendige Bedingung und kein autonomes Subjekt mit eigenem Recht. Lieben strebt Nähe an, Distanz tritt erst im Verlauf der Sozialisation auf.

Anders als das subjektbezogene Lieben wird hier *Liebe* als sozialisiertes Lieben verstanden. Sie beruht auf der erlernten Koordination des Liebens zwischen autonomen Menschen. Im Verlauf menschlicher Interaktionen, also auch jener des Menschwerdens, tritt die Individualität des jeweils anderen zunehmend in Erscheinung. Das andauernde Wechselspiel von Befriedigung und Frustration, geglückter und mißglückter Affektabstimmung begleitet und reguliert den Aufbau eines kognitiven Bereichs (vgl. Ciompi, 1997). In diesem sozialen Raum konstituieren sich das Kind und die relevanten Erwachsenen gegenseitig als Ich und Du. Die ersten Schritte der Sozialisation beinhalten die je besondere Art und Weise, wie Kind und Bezugspersonen lernen, die Individualität bzw. Autonomie des jeweils anderen zu bewältigen und aufeinander bezogene Handlungsstrategien zu entwickeln. Wieviel Zufälliges und Unerwartetes in ihrer Kommunikation toleriert bzw. ausgeschaltet oder wieviel Redundanz erzeugt wird, hängt nicht zuletzt von den Besonderheiten ihrer gemeinsamen Geschichte von Interaktionen ab. Selbstverständlich spielen dabei genetische, individuelle, kontextuelle und kulturelle Faktoren mit herein.

Lieben muß also „koordiniert" werden. Schon in dieser frühen Phase menschlicher Entwicklung muß eine Form des Miteinanders gefunden werden, die das Problem gegenseitiger Intransparenz zwischen Menschen löst und Distanz vom anderen ohne Verlustängste gestattet. Es muß eine Bindung 2. Ordnung aufgebaut werden, die Kind und Bezugspersonen ermöglicht, den jeweils anderen trotz Abwesenheit als virtuell anwesend zu erleben. Das erfordert die Synthetisierung aufeinander bezogener „Konzepte" von Ich und Du und so das Erleben von Einheit und Unterschied in einem differenzierten Wir. Im Verlauf dieses Prozesses entstehen jene operationalen Kohärenzen, deren Wiederholbarkeit als Identität erlebt wird. Gelingt es, den anderen trotz prinzipieller Undurchschaubarkeit als zuverlässig, d.h. als bei Bedarf faktisch ankoppelbar zu erleben, ist die Grundlage für „bezogene Individuation" geschaffen. Die Beziehung beider kann die Flexibilität und

Offenheit entfalten, die notwendig ist, um Zufall, Mißverständnis und Unerwartetes zu tolerieren. Die dialogische Weiterentwicklung ihrer Beziehung ist gewährleistet. Akzeptanz, Respekt und Vertrauen können entstehen. Erweist sich hingegen der Verzicht auf den anderen als unausgewogene, überwiegend leidvolle Erfahrung, kann es, statt zur „bezogenen Individuation", zu Rückzugstendenzen vom anderen bzw. zur Verleugnung der schmerzlich erlebten Andersartigkeit des anderen kommen. Dies drückt sich z.B. in sozialer Abkehr aus bzw. in unstillbarem Verlangen nach der Anwesenheit des anderen. In beiden Fällen läuft die Beziehung Gefahr, zu einer der gegenseitigen Kontrolle zu werden und so die Bedingungen für das Entstehen eines Problemsystems zu schaffen (vgl. Ludewig, 1992).

Die Art und Weise, wie Kind und Bezugsperson ihr Lieben aufeinander zu koordinieren lernen, hat entscheidenden Einfluß darauf, wie sie lernen, Trennung zu akzeptieren und zu überbrücken. Der zweite Sozialisationsschritt ist geleistet. Er ermöglicht die Erfahrung gegenseitigen Liebens auf der Grundlage jeweils gebilligter Eigenständigkeit. Der Weg für die Kommunikation mit anderen sowohl im inner- als auch im außerfamiliären Milieu ist gebahnt. Nun kann von Liebe die Rede sein, d.h. von einem sozialen Phänomen, das aus gegenseitiger Akzeptanz und aus der Koordination des Liebens zwischen autonomen Menschen resultiert. Anders als beim Lieben baut Liebe auf der Anerkennung und Akzeptanz der Eigenheit und Andersartigkeit des jeweils anderen auf. Liebe vollzieht sich in Freiheit und birgt daher Ungewißheit. Liebe kann weder „negative Gefühle" noch die Möglichkeit ihres eigenen Vergehens grundsätzlich ausschließen. Der Versuch nämlich, Liebe dauerhaft zu kontrollieren, läßt sie erstarren und kann eine „Sucht nach dem anderen" zur Folge haben, somit auch Grundlage sein für die Entwicklung vielfältiger Lebensprobleme.

Kurzum: Sozialisation, das Phänomen des Menschwerdens durch Anbindung an andere Menschen, vollzieht sich im dynamischen Wechselspiel von Lieben und Liebe. Ähnlich wie das Kind bei seinen ersten Gängen in der Welt Objekte in seinem Erfahrungsbereich aufbaut, die es als von sich unabhängig und als jeweils unterschiedlich beschaffen zu handhaben lernt, lernt es auch, den anderen in seinem Erfahrungsbereich als eigenständiges, sich autonom verhaltendes Wesen hervorzubringen. Trifft das Kind auf Bezugspersonen, die ihm sowohl Eigenständigkeit und Bezogenheit vorleben, lernt es, den anderen zu „sehen", d.h. zu respektieren und damit einhergehend sich selbst zu sehen und zu achten. In anderen Fällen lernt es, den anderen entweder zu meiden oder zu kontrollieren zu versuchen. Versöhnungsfähige Auseinandersetzungen zwischen Bezugsperson und Kind stellen daher günstige Bedingungen für die aufeinander bezogene Individuation der Beteiligten dar, d.h. sowohl des Kindes als auch seiner Bezugspersonen. Sozialisation, d.h. der Aufbau aufeinander bezogener flexibler „relationaler Kohärenzen", vollzieht sich im interaktionellen Wechselspiel zwischen Individualisierungsentwürfen. Dieser aufeinander bezogene Aufbau relationaler Identitäten steht im Einklang mit der systemwissenschaftlichen Forderung, daß die Elemente eines Systems simultan mit der Entstehung ihrer Relationen und so der System/Umwelt-Differenz entstehen. Das Kind, die Mutter, der Vater und eventuell andere relevante Bezugspersonen entstehen füreinander im Verlauf einer gemeinsamen Interaktionsgeschichte als Personen neu. Sie entstehen als soziale Funktionseinheiten – „Mitglieder" – im Verlauf ihrer Interaktionen simultan mit dem sozialen System, das sie kommunikativ tragen (vgl. Ludewig, 1992). Als aktiver interaktioneller Vorgang aller Beteiligten verstanden, läßt sich Sozialisation weder auf die einseitige Befriedigung bzw. Nicht-Befriedigung passiver Bedürfnisse des Kindes (nach Geliebtwerden, Fürsorge usw.) noch auf ein abstraktes Gesellschaftsspiel der Einpassung reduzieren.

Hungern aus Liebe. Aus dem bisher Gesagten läßt sich über Entstehung und Stabilisierung der Magersucht folgende Hypothese aufstellen: In Familien, in denen Magersucht vorkommt, herrscht meistens Harmonie, die Frustration des Liebens wird aus vielfältigen Gründen gering gehalten, die Einübung in Trennung findet selten statt. Der von der Geburt an einsetzende Individuationsprozeß bleibt unwillkürlich in engen Grenzen. Dazu kommt es, daß magersüchtigen Zuständen oft frühere Erfahrungen mit Störungen der Nahrungsaufnahme, zum Teil schon im Säuglingsalter, vorausgehen, so daß sowohl eine spezielle Neigung beim Kind als auch eine besondere Sensibilisierung der Familien für diese Art von Problemen angenommen werden kann. Im Zuge der (prä)puberalen Beschleunigung dieses Prozesses wirken sich die unvermeidlich damit einhergehenden Veränderungen und die darauf folgende Notwendigkeit, Neueinstellungen vorzunehmen, besonders belastend aus. Da bislang wenig erprobt, bewirken die ersten Individuierungsversuche Streß und lösen Gefühle der existentiellen Bedrohung aus. Gegen die bedrohliche Wirkung dieser Veränderungen wird versucht, mit vermehrter gegenseitiger Kontrolle gegenzuregulieren. Das Kind gerät in die schwierige Lage, herausfinden zu müssen, ob die geliebten anderen, die als Gegenstück für die eigene Individuierung dienen sollen, so weit selbst autonom sind und eigenständig leben können, daß es seine eigene Weiterentwicklung verantworten kann. Diese wegen der Undurchschaubarkeit des anderen rational unentscheidbare Lage kann nur in Form eines Wagnisses auf der Basis von Vertrauen entschieden werden, und dies erfordert wiederum Erfahrungen, auf die Kinder, die in großer Harmonie aufgewachsen sind, nicht unbedingt zurückgreifen können. Das Kind gerät also in ein existentielles Dilemma, das heißt, entscheiden zu müssen, ob es das Recht hat, ein eigenständiges Leben zu entfalten und dabei uneinschätzbare Risiken bezüglich des geliebten anderen, der sich selbst überlassen bleibt, in Kauf zu nehmen. Und dies stellt für ein liebendes Kind mit wenig Erfahrung im Umgang mit Trennung eine ängstigende und überfordernde Handlungsweise dar. Erst das Erleben des anderen als eigenständig und lebensfähig öffnet Wege für die eigene Verselbständigung. Im Hinblick auf das Grundthema „Individuierung" (bzw. Trennung) läßt sich die Situation der Magersüchtigen als eine der überlastenden Ungewißheit angesichts eines existentiellen Themas auffassen; ihre Sucht imponiert im übertragenen Sinne als eine fürsorglich motivierte „Sucht nach dem anderen".

Leitideen der Therapie. Eine Therapie der Magersucht muß die Erkenntnisse aus Biologie und Medizin berücksichtigen, die auf schwerwiegende Spätschäden bei in Entwicklung befindlichen jungen Menschen nach lang anhaltender Unterernährung hinweisen (vgl. z.B. Fosson et. al. 1993). Darüber hinaus sollte sie die hier erörterten Aspekte aus entwicklungspsychologischer und familiendynamischer Perspektive beachten. Eine Therapie der Magersucht muß also einen Rahmen schaffen, der a) die Beendigung der Unterernährung und b) eine erfolgreiche Erprobung unschädlicher Individuationsschritte begünstigt. Diese Prozesse können je nach Gewicht, körperlichem Zustand, Dauer der Unterernährung und Kooperationsbereitschaft der Familienmitglieder im ambulanten oder stationären Setting vollzogen werden. Die Abstimmung dieser Prozesse aufeinander erscheint unerläßlich, wenn eine anhaltende Besserung erreicht werden soll. Eine allein auf die Gewichtszunahme ausgerichtete Therapie erweist sich in der Regel als unzureichend. Therapien, die entweder intrapsychische oder familiäre Aspekte überbetonen und dabei den jeweils anderen Aspekt oder den Unterernährungszustand vernachlässigen, gehen das Risiko ein, entweder zu langwierig, indirekt suchterhaltend oder ganz und gar ineffektiv zu sein.

Klinische Erfahrungen. TherapeutInnen, die mit jugendlichen Magersüchtigen und ihren Angehörigen arbeiten, sind oft mit einem „doppelten Auftrag“ konfrontiert. Das Anliegen der Eltern an den Therapeuten heißt meistens, das Kind möge zur Wiederaufnahme des Essens bewegt werden, und sie seien zu jeder Mitarbeit bereit. Das Anliegen des Kindes heißt wiederum häufig, Hilfe zu bekommen, um die Kontrolle über das eigene Gewicht wieder zu erlangen, ohne aber zuzunehmen. Angesichts einer solchen Auftragslage, empfiehlt es sich, so rasch wie möglich einen für beide Parteien verbindlichen Auftrag auszuhandeln. Dazu ist eine eindeutige Positionsbestimmung des Therapeuten von Vorteil, etwa indem er durch aktives Eingreifen klare Rahmenbedingungen für die Therapie definiert. Dazu gehört unerläßlich die Bedingung, die eine stetige Gewichtszunahme bis zu einem vertretbaren Zielgewicht verlangt. Nebenher empfiehlt es sich, eine Kontextualisierung der Therapie zu erarbeiten, die für die Psychohygiene der TherapeutInnen und sonstigen KlinikmitarbeiterInnen sorgt. Denn diese werden leicht von den Irritationen erfaßt, die von diesen normalerweise klugen Mädchen ausgehen, die trotz aller therapeutischer Empathie und Zuwendung doch unverbesserlich bleiben und die Nahrung weiterhin verweigern. Ein wichtiger Teil mißglückter Therapien dürfte auf die Umsetzung ungünstiger Vorannahmen zurückgehen, die wiederum leichter bei frustrierten TherapeutInnen auf Akzeptanz stoßen dürften. Um die Komplexität dieser Therapien im Blick zu behalten, faßten wir unsere Erfahrungen zu folgendem Ansatz zusammen.

Der Kampf der Giganten: ein trifokaler Ansatz. Im Rahmen unserer stationären Arbeit an der Klinik für Kinder- und Jugendpsychiatrie der Universität Münster hat sich nach und nach ein *trifokaler Therapieansatz* etabliert. Dieser entspricht dem systemischen Verständnis, daß menschliche Zustände und Prozesse komplexe Phänomene biopsycho-sozialer Vernetzung sind; zudem trägt er der mittlerweile weitgehend unstrittigen Ansicht Rechnung, daß Zustände gewollter Abmagerung und Unterernährung nur unter Einbeziehung somatischer, psychischer und interaktioneller Aspekte befriedigend zu erklären und zu behandeln sind (vgl. u.a. Remschmidt, 1992). Die stationäre Behandlung auf unserer Station verläuft in drei Phasen. In der ersten kurzen Phase werden die somatischen Bedingungen und die der Lebenssituation der Patientinnen eingeschätzt und etwaige, darauf abgestimmte Akutmaßnahmen eingesetzt. Die zweite Phase wird im Kreis aller Beteiligten durch die Definition der Unterernährung als schwerwiegendes medizinisches Problem eingeleitet. Anders als bei erwachsenen Patientinnen, denen die volle Verantwortung für die Einhaltung der Therapiepläne belassen wird, lassen sich bei Minderjährigen die KlinikmitarbeiterInnen von den Eltern oder anderen sorgeberechtigten Bezugspersonen beauftragen, die Verantwortung für den körperlichen Zustand des Mädchens so lang wie nötig zu übernehmen. Dies erfolgt durch Unterschreibung einer vertraglichen Vereinbarung, die einen Essens- und Verhaltensplan enthält, der für alle an der Therapie Beteiligten – Kind, Eltern, Therapeut, BezugsbetreuerIn des Stationspersonals – verbindlich ist. Während dieser Phase werden nach Erreichen eines vereinbarten Gewichts (ca. 80-85% vom Zielgewicht) psycho- und familientherapeutische Maßnahmen begonnen. Diese haben u.a. zum Ziel, beim Mädchen ein angemesseneres Verständnis seiner Situation in der Familie und im sonstigen Lebensablauf, in der Familie einen passenderen Umgang mit der Ambivalenz von Bindung und Ablösung herbeizuführen. Die dritte Phase beginnt nach dem Erreichen des Zielgewichts und dauert nicht länger als 3-4 Wochen. Sie dient der Konsolidierung des erreichten Gewichts, der Fortführung psycho- und familientherapeutischer Maßnahmen sowie der Vorbereitung und Durchführung der Entlassung. Eine Weiterführung der Therapie nach der Entlassung wird nach Möglichkeit von der Klinik aus angestrebt, ansonsten mit ambulanten Praxen oder Diensten vereinbart. Nun zu den drei Fokussen der Behandlung:

Der somatische Fokus. Die biologisch ausgerichtete Forschung zeigt mit zunehmender Plausibilität, daß die physiologischen Prozesse, die mit andauernder Mangelernährung einhergehen, mit an der Aufrechterhaltung der Unterernährung beteiligt sind. Die Annahme eines biologisch begründeten, sich selbst erhaltenden Suchtverhaltens als eines der zentralen Aspekte der Magersucht erscheint zunehmend plausibler (vgl. u.a. Ploog u. Pirke, 1987). Daher gehört es zu der vertraglichen Vereinbarung aller Beteiligten, ein somatisch vertretbares Zielgewicht gemeinsam anzustreben und den zu diesem Zweck vereinbarten Plan einzuhalten. Diese beiden Bestimmungen – Zielgewicht und Plan – dienen als Richtschnur für die Behandlung; deren Einhaltung erfordert jedoch die tatkräftige Kooperation aller Beteiligten.

Bei der Bestimmung des **Zielgewichts** orientierten wir uns bis vor kurzem am sog. *Ideal-Körpergewicht* (IKG = Körpergröße in cm minus 100 minus 15-20%), zumal dieser Wert allgemein bekannt ist und häufig auch den betroffenen Mädchen als Orientierung dient. Das IKG ist jedoch nicht nur aus klinischer, sondern auch aus ernährungswissenschaftlicher Sicht unter Kritik geraten (vgl. Pudel, 1997). Dieser Wert entstammt älteren Ansichten, die von konstanten Körpergewichten ausgehen und ungesunden diätetischen Verhaltensweisen Vorschub leisten. Daher gehen wir zur Zeit dazu über, den moderneren Body-Mass-Index (BMI = Körpergewicht in kg geteilt durch das Quadrat der Körpergröße in m) unter Berücksichtigung der Altersperzentilen (vgl. Coners et al. 1996) zu verwenden. Letzteres ist insofern sinnvoll, als damit die Besonderheiten beachtet werden, die in der Gewichtsverteilung im Kindes- und Jugendlichenalter vorkommen. Da Magersüchtige in der Regel auch nach erfolgreicher Therapie unterhalb der 50. Perzentile bleiben, wird das Zielgewicht in Übereinstimmung mit Hebebrand et al. (1996) im Bereich der 10. Perzentile festgelegt, bei Mädchen sehr zarter Konstitution auch ein wenig darunter. Dieser Wert entspricht fast deckungsgleich einem Gewicht von 10% unter dem Ideal-Körpergewicht.

Beim **Plan** handelt es sich um eine Standardbehandlung bei Unterernährung, die in sechs Gewichtsstufen eingeteilt ist und von einem über 30%igen Untergewicht bis zum Zielgewicht (BMI bei der 10. Altersperzentile bzw. ca. 90% vom IKG) reichen. Diesen Stufen sind jeweils bestimmte Vorgaben, Einschränkungen und Vorteile des Lebensablaufs auf der Station zugeordnet, die mit ansteigendem Gewicht bis zum Erreichen des Zielgewichts immer mehr einer normalen Situation entsprechen. Die Patientinnen müssen mindestens 500 Gramm/ Woche und dürfen höchstens 2000 Gramm/Woche zunehmen. Schaffen sie zum wöchentlichen Stichtag die vorgesehene Gewichtszunahme nicht, tritt für eine ganze Woche eine verschärfte Version des Plans in Kraft. Der „Plan" entspricht mit wenigen an unsere Klinik angepaßten Modifikationen im großen und ganzen bewährten Verhaltens- und Essensplänen anderer Einrichtungen (vgl. u.a. Meermann u. Vandereycken, 1987, Beisel und Leibl, 1997). Er wird eingesetzt, nicht nur um dem Mädchen zu helfen, sich gegen die Magersucht durchzusetzen, sondern auch um die Eltern und das Stationspersonal von schwierigen Abwägungen und sonstigen Irritationen zu entlasten. Nach bisherigen Erfahrungen willigen die Mädchen und ihre Eltern relativ problemlos in die Durchführung des Plans ein: der Plan wird als zwar üble, jedoch tatkräftige Hilfestellung angenommen.

Der intrapsychische Fokus. Magersüchtige Mädchen befinden sich erlebnismäßig in einem sie lähmenden Ambivalenzdilemma. Dieses Dilemma hat direkt oder indirekt mit Verselbständigung und allen damit verbundenen Gefahren der Trennung und Ablösung zu tun. Ärger, Angst, Schuldgefühle und Gewissenskonflikte machen sich breit und bleiben bestimmend. Infolge dieser unlösbar erscheinenden intrapsychischen und intrafamiliären Konflikte wirkt die Abmagerung, wie weiter oben erwähnt, insofern „hilfreich“, als sie die vorhandene Spannung abbaut und durch eine andere, gewissermaßen sichtbarere ersetzt. Die klinische Erfahrung hat gezeigt, daß von außen vorgenommene Versuche, den unterbrochenen Ablösungsprozeß etwa durch Kontaktsperren zwischen Kind und Eltern voranzutreiben, meistens Widerstand bei den Familien auslösen und daran scheitern. Man erreicht eher das Gegenteil, nämlich die Familie im status quo zu stärken. Daher empfiehlt sich ein psychotherapeutischer Zugang, der die Widerstände gegen die Ablösung und die damit verbundenen Schuldgefühle zunächst vom Erleben distanziert. Hier bietet sich die von Michael White in die systemische Therapie eingeführte Technik der *Externalisierung* an (vgl. White, 1989; White & Epston, 1989). Externalisieren ermutigt Menschen, ihre Probleme zu verdinglichen bzw. zu „personalisieren“ und sie so von sich abzutrennen. Durch Zuschreibung von Eigenständigkeit wird das Problem für die Person oder das soziale System außenstehend, dadurch werden die bislang internalisierten Konflikte, Machtkämpfe und Schuldzuweisungen gemieden und die Versagensgefühle der Beteiligten umgangen. Nebenher vereint und entlastet es die Betroffenen im Umgang gegen das Problem, und es öffnet Optionen für den Blick auf Ressourcen und für die Rückbesinnung auf Alternativen.

Im Fall der Magersucht werden die zwei zentralen Figuren der Behandlung – die gigantisch mächtige Magersucht und ihr noch mächtigerer Gegenspieler, der Gigant „Plan“ – in einem gemeinsamen Gespräch mit der Patientin, ihren Bezugspersonen und den beteiligten KlinikmitarbeiterInnen als externale Figuren kreiert und eingeführt. Die Magersucht wird zum Beispiel zu einem ursprünglich guten Geist, den das Mädchen herbeirief, um seine Probleme zu lösen, dann aber störrisch wurde und nicht mehr bereit ist, sich wieder dahin zurückzuziehen, wo er herkam, etwa in seine Aladdinslampe. Um den befreiten Geist wieder zu bändigen, bedarf das Mädchen der fremden Hilfe. Dies gewährleistet die Etablierung einer Gegenfigur: der „Plan“. Diese

Vorgabe bietet in aller Regel einen günstigen Einstieg in einen gemeinsamen Kampf gegen die Gestalt „Magersucht“. Sie bindet zum einen die sonst unvermeidlichen Ambivalenzen aller Beteiligten konstruktiv ein und erlaubt, den Verlauf der Behandlung zu gestalten, ohne sich andauernd von den Sorgen um das Gewicht und den organischen Zustand des Mädchens lähmen zu lassen. Das Stationspersonal ist zudem von ohnehin unentscheidbaren Situationen und nicht zu erbringenden Leistungen – u.a. Bestimmung der Essensmenge und Gewährleistung der Gewichtszunahme – befreit und kann sich auf die Seite des Mädchens und der Familie schlagen, sie ermuntern und trösten.

Alle Beteiligten können sich auf den Plan verlassen und aufhören, eigene, oft gegenteilig wirkende Maßnahmen zu versuchen. Anders nämlich als die Magersucht, die bei aller Mächtigkeit eine doch affektive und hinterlistige Gestalt ist, erweist sich der Plan als nützlich, weil er eine kalte, rationale und emotionsfreie Figur symbolisiert, die unerbittlich und unbestechlich ist. Bedingung ist dabei, daß keiner im Therapeuten- oder Betreuerteam von sich aus die Macht hat, etwas am Plan zu verändern. Nur so kann der Plan seine Aufgabe erfüllen, die heißt, mächtiger als die Magersucht zu sein. Nebenher kann das Mädchen durch Einhaltung des Plans stetig an Gewicht zunehmen, dabei auf andere Gedanken kommen und sich wieder als kompetent und fähig erleben, um den eigenen Lebensablauf zu bestimmen. Die Externalisierung räumt zudem die Schuldfrage aus und das Mädchen kann wieder an Gewicht zunehmen, ohne selbst das Gesicht zu verlieren oder die Eltern indirekt anzuklagen. Die Externalisierung geht anfangs thematisch in die Psycho- und Familientherapie ein, sie verliert aber im weiteren Verlauf der Therapie langsam an Bedeutung und fällt schließlich ganz aus dem Blickpunkt.

Die Durchführung psycho- und familientherapeutischer Maßnahmen wird im stationären Bereich vom Einhalten der vereinbarten Bedingungen und vom Erreichen eines im voraus bestimmten Gewichts (ca. 80-85% vom Zielgewicht) abhängig gemacht. Bis dahin konzentrieren sich zwar alle Bemühungen auf die Stützung des Mädchens und der Familie beim Einhalten des Plans, indirekt fließt aber schon während dieser Phase in die Einzel- und Familiengespräche die Ankündigung thematisch ein, daß, sobald das vereinbarte Gewicht erreicht ist, mit der Arbeit zur Lösung der zugrundeliegenden Probleme begonnen wird. In späteren Stadien der Behandlung, also nach Erreichen des Zielgewichts, geht es somatisch nun um die Stabilisierung des Gewichts. Im Rahmen der Einzelpsychotherapie des Mädchens bekommt die Frage ihrer erfolgreichen und für die geliebten anderen „unschädlichen" Verselbständigung einen zentralen Stellenwert. Weitere individuelle Probleme, etwa Selbstwertprobleme, soziale Isolierung oder schulische Überforderung, finden ebenfalls Berücksichtigung. Die Familiengespräche finden im Abstand von 2-3 Wochen statt und zielen darauf, die intrafamiliären Beziehungen zu klären und die Beteiligten von überzogenen, selbstauferlegten Verantwortlichkeiten zu entlasten. Die psycho- und familientherapeutischen Maßnahmen werden in der Regel auch nach der Entlassung für eine Zeitlang fortgeführt.

Der interaktionelle Fokus. Durch die externalisierende Kontextualisierung der stationären Behandlung gelingt es leichter, daß Therapeuten und StationsmitarbeiterInnen zu Alliierten des Mädchens und seiner Familie im Kampf gegen die Übermacht der Magersucht werden. Unter dieser Vorgabe können sie es erfolgreich vermeiden, sich in die früher üblichen, bis zum Überdruß führenden Machtkämpfe gegen das Mädchen selbst und/oder gegen die ganze Familie zu verstricken. Die Eltern können auf dieser Basis leichter mit zur Kooperation gewonnen werden. Die Definition des Rahmens zu Anfang der Therapie schafft nicht nur von vornherein Klarheit, sondern sie gewährleistet darüber hinaus, daß die durch das Problem eingeschränkte Kommunikation in der Familie durch die Auseinandersetzung mit den Therapeuten und dem Stationspersonal erweitert wird. Die konsequente Definition des therapeutischen Kontextes setzt zudem Maßstäbe, die bei den auf Harmonie und Einheit eingestellten Familienmitgliedern Irritationen auslösen, deren Bewältigung aber der Beginn für eine hilfreiche Veränderung sein kann. Der Absolutheitscharakter, mit dem das Thema Magersucht die Kommunikation der Familie monopolisiert und das gemeinsame Leben beherrscht, wird durchbrochen. Die Familienmitglieder können entspannen und sich die Chance zu Neuem geben. Neben der zentral bewerteten Gewichtszunahme eröffnet die stationäre Aufnahme darüber hinaus Möglichkeiten, um Distanz und Trennung unter geschützten Bedingungen zu erproben. Man kann allmählich aus dem paralysierenden Entweder-Oder zwischen Zusammenhalt und Eigenständigkeit, zwischen Bindung und Ablösung herausfinden. Bei alledem empfiehlt es sich, nicht zu übersehen, daß allein das Mädchen in der Lage ist, ihre Magersucht aufzugeben. Dies dürfte umso nachhaltiger gelingen, wenn sie sowohl ihre Magersucht als auch deren Überwindung in einen zu ihrer Lebenswelt passenden Sinnzusammenhang bringen kann.

Erste Ergebnisse. In den zwei Jahren seit Beginn der Arbeit mit dem beschriebenen Therapieansatz im Sommer 1995, haben wir insgesamt 12 Mädchen mit Eßstörungen auf unserer Station behandelt. 10 davon zeigten nach dem ICD 10 das Bild einer regelrechten Anorexia nervosa, die anderen zwei zeigten bulimische und atypische Eßsymptome. Von den 10 Magersüchtigen befinden sich zur Zeit noch drei in unserer Behandlung. Die kursorische Darstellung der bisherigen Ergebnisse beschränkt sich daher auf die sieben bereits entlassenen Patientinnen; eine genauere und ausführlichere Darstellung dieser und der noch zu erwartenden Ergebnisse wird zu einem späteren Zeitpunkt erfolgen. Das Alter der sieben Mädchen variierte zwischen 13;4 und 18;6 Jahren; ihr IQ (HAWIK [HAWIE]) lag zwischen 95 und 132. Bei der stationären Aufnahme reichten die BMI-Werte von 13,3 bis 15,3, bei der Entlassung nach durchschnittlich 18 Wochen von 15,9 bis 18,6. Die mittlere Gewichtszunahme betrug 6,9 kg (4,8 – 8,6 kg). 6 der 7 Patientinnen hatten bei der Entlassung das vereinbarte Zielgewicht (90% vom IKG) übertroffen, das andere Mädchen konnte für die Durchführung der Therapie nicht gewonnen und mußte trotz einer passablen Gewichtszunahme gegen ärztlichen Rat entlassen werden. 5 der 6 mit akzeptablem Gewicht entlassenen Mädchen haben nach der Entlassung weiter zugenommen und sich psychisch und sozial weiter stabilisiert, ein Mädchen mußte nach ernsthafter Abmagerung wieder aufgenommen werden.

Zur Illustration der bisherigen Ergebnisse seien hier zwei Aspekte herausgegriffen und kurz angesprochen: Während der stationären Behandlung füllten in regelmäßigen Abständen alle an der Therapie Beteiligten – Patientin, Eltern, Einzeltherapeut, Familientherapeut, Gestaltungstherapeutin, BezugsbetreuerIn und LehrerIn – einen Fragebogen aus, in dem wir nach den drei Hauptproblemen, die zur Therapie geführt haben sowie nach den Zielen bzw. den Zuständen nach Überwindung dieser Probleme fragen. Man wird aufgefordert, den aktuellen Zustand der Patientin bzw. der Familie auf einer Skala, welche die in zehn Stufen eingeteilte Strecke vom Problem bis zur Überwindung symbolisiert, zu beurteilen (vgl. die Skalierungsfragen nach Steve de Shazer, 1991). Zu jedem Messungszeitpunkt erhalten wir so viele beantwortete Fragebögen, wie es in diesem Fall Beteiligte an der Therapie gibt. Mittelt man alle Beurteilungen über alle genannten

Probleme zum Zeitpunkt der stationären Aufnahme und zum Zeitpunkt der Entlassung, erhält man zwei Werte, die – ungeachtet der genannten Probleme – einen globalen Hinweis auf den Zustand der Patientin und ihrer Familie zu diesen Zeitpunkten geben. Die Differenz zwischen diesen Werten gibt ebenfalls Hinweise auf erlebte und beobachtete Veränderungen im Zeitraum der stationären Therapie. Korreliert man schließlich – etwa über Rangkorrelationen – diese gemittelten Beurteilungsdifferenzen mit der Gewichtszunahme, erhält man Hinweise auf den Zusammenhang zwischen Veränderungen des Gewichts und der erlebten/beobachteten Überwindung vorhandener Probleme. Ein erstes Ergebnis bei dieser Analyse war eine signifikante positive Korrelation zwischen der Gewichtszunahme und einer Besserung bei der Problembeurteilung. Dieses Ergebnis deutet darauf hin, daß der Gewichtszunahme von allen Beteiligten eine vergleichbar zentrale Bedeutung wie der sonstigen Problemüberwindung zugemessen wird: ein Grund mehr für die Übernahme eines trifokal konzipierten Behandlungsprogramms, das dem Umstand Rechnung trägt, daß bei Magersüchtigen Gewicht, subjektive Befindlichkeit und soziale Anpassung unentrinnbar miteinander verbunden sind. Weitere Analysen werden zu zeigen haben, ob die externalisierende Einbettung der Therapie die Überwindung der Unterernährung ohne exzessive Reibungsverluste erleichtert.

Ein zweites Ergebnis aus den bisherigen Daten betrifft einen eminent systemtheoretischen Aspekt, nämlich das Prinzip der Äquifinalität, das besagt, daß die Anfangszustände weder den Verlauf noch den Endzustand systemischer Prozesse bestimmen. Bei aller Vorsicht, die eine so kleine Stichprobe nahelegt, erschien es interessant festzustellen, daß die Gewichtszunahme weder mit dem Aufnahmegewicht (% vom IKG) noch mit der Behandlungsdauer (in Tagen) korreliert war, und daß es auch keine Korrelation zwischen dem Aufnahmegewicht und der Behandlungsdauer gab. Bei der Behandlung magersüchtiger Mädchen handelt es sich – wieder einmal – um keine triviale Angelegenheit!

Zusammenfassung

Die Adoleszenz-Magersucht ist ‚wie jedes Lebensproblem, einmalig, also nur auf einer hohen Abstraktionsebene konzeptionell und therapeutisch generalisierbar. Es spricht vieles dafür, daß die Zustände von

Untererernährung bei Magersüchtigen eine durchaus vergleichbare Eigendynamik aufweisen. Dennoch sind die prämorbiden Bedingungen sowie die Ressourcenvielfalt der Betroffenen und ihrer Familien sehr verschieden, so daß behauptet werden kann, daß Magersucht zwar gleich Magersucht ist, aber daß keine Magersüchtige einer anderen gleicht. Der hier beschriebene trifokale Behandlungsansatz beachtet die Ergebnisse somatischer Forschung und schreibt dem Körpergewicht eine zentrale Rolle zu. Mit Blick auf die psychischen und interaktionellen Aspekte der Magersucht setzt unser Ansatz an die Differenz von Lieben und Liebe an und erarbeitet eine „klinische Konstellation“ (vgl. Reiter, 1990), die geeignet erscheint, um die Aufmerksamkeit der Therapeuten auf anerkennungswerte Aspekte der Familie zu lenken und sie so vor übereilten und ungünstigen Vorannahmen zu bewahren. Der hier vorgestellte Ansatz knüpft an das gegenwärtige Wissen über die Magersucht an und nimmt im wesentlichen zwei kontextualisierende Maßnahmen zur Erleichterung der Therapie vor: die Externalisierung von Magersucht und Plan sowie die Umdeutung der auslösenden Lebenskrise zu einem „Liebesproblem“ bzw. zu einem Hungern aus Liebe. Beide Maßnahmen verfolgen das Ziel, alle an der Therapie Beteiligten von ungünstigen Vorannahmen und darauf abgestellten, nutzlosen Aktivitäten zu entlasten. Denn sowohl die Maßnahmen zur Gewichtsregulierung als auch die psycho- und familientherapeutischen Maßnahmen dürften umso eher greifen, wenn die Therapie insgesamt in einen interaktionellen Kontext gesetzt wird, der auf die Kooperation aller Beteiligten angelegt ist, Schuldzuweisungen vermeidet, die liebevolle Bezogenheit der Betroffenen respektiert und die Aktivierung der Ressourcen und Möglichkeiten der Familien anstrebt.

Literatur

Beisel, S., C. Leibl (1997): Stationäre Verhaltenstherapie bei Eßstörungen. In: Reich, G., M. Cierpka (Hrsg.), S. 108-126.

Ciompi, L. (1997): *Die emotionalen Grundlagen des Denkens.* Göttingen: Vandenhoeck & Ruprecht.

Coners, H., G.W. Himmelmann, J. Hebebrand, H. Heseker, H. Remschmidt, H. Schäfer (1996): Perzentilenkurven für den Body-Mass-Index zur Gewichtsbeurteilung bei Kindern und Jugendlichen ab einem Alter von zehn Jahren. *Kinderarzt* 27: 1002-1007.

de Shazer, S. (1991): *Putting Difference to Work.* New York (Norton).

Dornes, M. (1993): *Der kompetente Säugling.* Frankfurt (Fischer).

Dornes, M. (1997): *Die frühe Kindheit.* Frankfurt (Fischer).

Foerster, H.v. (1987): *Sicht und Einsicht.* Braunschweig (Vieweg).

Fosson, A., R. de Bruyn, S. Thomas (1993): Physical Aspects. In: Lask, B., R. Bryant-Waugh (eds.), S. 31-53.

Hebebrand, J., G.W. Himmelmann, H. Coners, N. Barth, H. Heseker, C. Wewetzer, B.M. Herpertz-Dahlmann, H. Schäfer, H. Remschmidt (1996): Zur Problematik des „Zielgewichts" bei der Behandlung der Anorexia nervosa. *Z. Kinder- u. Jugendpsychiatrie* 24: 92-104.

Krüger, C., G. Reich, P. Buchheim, M. Cierpka (1997): Eßstörungen: Diagnostik – Epidemiologie – Verläufe. In: Reich, G., M. Cierpka (Hrsg.), S. 26-43.

Laessle R.G., H. Wurmser, K.M. Pirke (1996): Eßstörungen. In: Margraf, J. (Hrsg.): *Lehrbuch der Verhaltenstherapie.* Band II. Berlin (Springer), S. 191-214.

Lask, B., R. Bryant-Waugh (eds.)(1993): *Childhood Onset Anorexia Nervosa and Related Eating Disorders.* Hove (Erlbaum Ass.)

Ludewig, K. (1992): *Systemische Therapie. Grundlagen klinischer Theorie und Praxis.* Stuttgart (Klett-Cotta).

Ludewig, K. (1991): Gedanken zur Magersucht. In: Reiter, L., C. Ahlers (Hrsg.): *Systemisches Denken und therapeutischer Prozeß.* Berlin (Springer), S. 197-211.

Ludewig, K. (1997): Problem als „Bindeglied" klinischer Systeme In: Reiter L, EJ Brunner, S Reiter-Theil (Hrsg): *Von der Familientherapie zur systemischen Perspektive.* Berlin (Springer), 2. überarb. Auflage, S. 305-329

Ludewig, K. (1998) Therapieziele in der systemischen Therapie. In: Ambühl, H., B. Strauß (Hrsg.): *Therapieziele in der Psychotherapie.* Göttingen (Hogrefe).

Ludewig, K. (im Druck): Psychosoziale Versorgung zwischen Expertentum und Nicht-Wissen – eine systemische Sicht. In: Karlinger H (Hrsg): *Soziale Empfindsamkeit – (k)eine wichtige Dimension von Therapie und Beratung?* Linz.

Luhmann, N. (1984): *Soziale Systeme. Grundriß einer allgemeinen Theorie.* Frankfurt (Suhrkamp).

Lumann, N. (1997): *Die Gesellschaft der Gesellschaft.* Frankfurt (Suhrkamp).

Maturana, H.R. (Hrsg) (1982): Erkennen: *Die Organisation und Verkörperung von Wirklichkeit.* Braunschweig (Vieweg).

Maturana, H.R. (1994). *Was ist Erkennen?* München (Piper).

Maturana, H.R., F.J. Varela (1987): *Der Baum der Erkenntnis.* München (Scherz).

Meermann, R., W. Vandereycken (1987): *Therapie der Magersucht und Bulimia nervosa.* Berlin (de Gruyter).

Ploog, D.W., K.M. Pirke (1987): Psychobiology of anorexia nervosa. *Psychological Medicine* 17: 843-859.

Pudel, V. (1997): Ernährung – Gewicht – Diät. Die Mythen und die Fakten. In: Reich, G., M. Cierpka (Hrsg.), S. 1-25.

Reich, G., M. Cierpka (Hrsg.)(1997): *Psychotherapie der Eßstörungen.* Stuttgart (Thieme).

Reiter L (1990): Die depressive Konstellation. Eine integrative therapeutische Metapher. *System Familie* 3: 130-147.

Remschmidt, H. (1992): *Psychiatrie der Adoleszenz.* Stuttgart (Thieme).

Rothenberger, A., G. Hüther (1997): Die Bedeutung von psychosozialem Streß im Kindesalter für die strukturelle und funktionelle Hirnreifung: neurobiologische Grundlagen der Entwicklungspsychopathologie. *Praxis Kinderpsychologie u. Kinderpsychiat*rie 46: 623-644.

Schiepek, G. (1991): Systemtheorie der Klinischen Psychologie. Braunschweig (Vieweg).

Schulze, U., A. Neudörfl, A. Krill, A. Warnke, H. Remschmidt, B. Herpertz-Dahlmann (1997): Verlauf und Heilungserfolg der frühen Anorexia nervosa. *Z. Kinder- u. Jugendpsychiatrie* 25: 5-16.

Spangler, G., P. Zimmermann (Hrsg.)(1995): Die Bindungstheorie. Grundlagen, Forschung und Anwendung. Stuttgart (Klett-Cotta).

Steinhausen, H.C. (1997): Anotation: Outcome of Anorexia Nervosa in the Younger Patient. *J. Child Psychology &. Psychiatry* 38: 271-276.

Stern, D. (1992): *Die Lebenserfahrung des Säuglings.* Stuttgart (Klett-Cotta).

Stierlin, H. (1978): Delegation und Familie. Frankfurt (Suhrkamp).

Weber, G., H. Stierlin (1989): *In Liebe entzweit.* Reinbek (Rowohlt).

White, M. (1989): *Selected Papers.* Adelaide (Dulwich Centre Publ.)

White, M., D. Epston (1989): *Die Zähmung der Monster.* Heidelberg (Auer-Systeme).

Wren, B., B. Lask (1993): Aetiology. In: Lask, B., R. Bryant-Waugh (eds.), S. 67-89.

Susy Signer-Fischer

Magie und Realismus in der Angstbehandlung

Hypnotherapeutische Methoden mit Kindern und Jugendlichen

Einleitung

Die Methode der Hypnose wird oft mit etwas Geheimnisvollem, Magischem verbunden. Das Magische der Hypnose kann auch angstbesetzt sein, da Geheimnisvolles nicht kontrolliert und durchschaut werden kann. Diese Zusammenhänge und Zuschreibungen können für die Therapie genutzt werden. Und Nutzen, **Utilisation,** ist ein zentraler Begriff der modernen Hypnotherapie. Es geht in dieser Therapieform darum, wie Erickson sagte, die inneren Wirklichkeiten des Patienten und die äußeren Umstände für die Psychotherapie zu nutzen (Erickson, Rossi und Rossi, 1978).
Was ist **Hypnose**? fragt Bongartz in seinem Artikel 1985 und antwortet: „Hypnose ist (vielmehr) eine aktive Leistung des Probanden, die durch besondere „geistige" Fertigkeiten erleichtert wird (Vorstellungsfähigkeit, Konzentration der Aufmerksamkeit, Kreativität), wobei die Leistung nicht als ein mit Mühe verbundener Vorgang zu verstehen ist. In Hypnose ist man bei vollem Bewußtsein, hat aber die Aufmerksamkeit eingeengt auf bestimmte Vorstellungen bzw. Aspekte der Umwelt, was in der Regel begleitet wird von körperlicher Entspannung. Die im Alltag übliche verbal-rationale Denkweise weicht einem bildhaften Denken mit Toleranz gegenüber logischen Widersprüchen. Hypnose ist kein einzigartiger Zustand, der sich physiologisch gegen andere Bewußtseinszustände abgrenzen ließe, sondern gehört zur Familie der Verfahren, die „trophotrope Reaktion" hervorrufen, die als eine den Organismus vor Überbelastung schützende Reaktion verstanden wird." (Bongartz, 1985).

In den meisten Psychotherapieformen, wie auch in der Erziehung werden **hypnotische Methoden** spontan eingesetzt. Meist werden sie entweder anders benannt oder nicht bewußt als hypnotische Methoden verwendet. In der Hypnotherapie stehen uns neben der formalen, induzierten Form noch weitere hypnotherapeutische Methoden zur Verfügung wie das Nutzen von spontaner Trance, das Erklären, das Informieren und das Abfassen von Schlußstatements im Elterngespräch oder in der Familientherapie, das Spiel, das Arbeiten mit Geschichten und Metaphern, das Handeln, das Verschreiben und Durchführen von Aufgaben, Experimenten und Ritualen und das Verwenden von direkten und indirekten Suggestionen im Gespräch (Signer-Fischer, 1993c). Hypnotherapeutische Methoden und das gezielte Einsetzen der Trance kann eine Behandlung manchmal erst ermöglichen oder mindestens deren Wirkung erhöhen.

Mit dem Kind kann schon zu Beginn über das Phänomen der **Trance** gesprochen werden: Wir alle gehen mehrere Male im Tag in Trance: z.B. vor dem Einschlafen, beim Warten auf die Straßenbahn, in einer langweiligen Schulstunde oder wenn wir während einer Zugfahrt aus dem Fenster schauen. Auf die Frage: „Wann und wie gehst du jeweils in Trance?“ erzählte ein achtjähriger Knabe, wie er jeweils in seinem Zimmer am Schreibtisch sitze, auf einen dunkelblauen Punkt im Muster des Vorhangs starre, das Flimmern des Sonnenlichts wahrnehme und sich auf diese Weise selbst hypnotisiere. Bei diesem Jungen wurde zur Induktion, zur Einleitung der Trance, eine Augenfixationsmethode angewendet: Er sollte sich auf Augenhöhe einen Punkt aussuchen und diesen anstarren. Dabei sollte er auf die Veränderungen und das besondere Gefühl in seinem Körper achten, das sich mit seinem Atem im ganzen Körper verteilt. Manche gehen besser mit Bewegung (z.B. Tanzen) und Leichtigkeitsgefühl in Trance. Auf diese Weise wird dem Kind oder Jugendlichen klar, was Trance ist und es lernt den Trancezustand vom aktiven Wachzustand zu unterscheiden.

Hypnotische Methoden können wirksam für die Angstbehandlung angewendet werden. Kinder und Jugendliche (und auch Erwachsene) wenden spontan oft negative Selbsthypnose an, um sich in Angst zu versetzen, die Angst zu vergrößern oder aufrechtzuerhalten, beispielsweise, indem sich ein 11jähriges Mädchen vor der Mathematikprüfung immer wieder sagt, ich habe die letzte Prüfung vermasselt, ich kann Mathematik sowieso nicht, oder der 5jährige Junge, der im Bett liegt, jedes Geräusch übergenau wahrnimmt und die Geräusche umdeutet: der Wind in den Blättern des Baumes ist ein Räuber, der sich dem Fenster nähert, das 16jährige Mädchen, das die von links kommende schwarze Katze als schlechtes Omen auffaßt für das Rendezvous mit seinem Freund. Suggestionen, Trancezustände, magische Methoden und andere hypnotherapeutische Methoden, die in negativer Form zur Angstbildung und -vergrößerung spontan gebraucht werden, können für die Angstbehandlung im positiven Sinn genutzt werden.

Immer wieder beobachte ich, daß an die Hypnosetherapie magische Erwartungen gestellt werden, was bei unsorgfältigem Umgang gefährlich sein, aber mit fachgerechtem Handeln für die Therapie genutzt werden kann.

Magie wird im dtv-Lexikon beschrieben als „Inbegriff eines Typs von menschlichen Handlungen, die auf gleichnishafte Weise ein gewünschtes Ziel zu erreichen suchen". Das magische Denken erlaubt die Unterscheidung zwischen Ähnlichkeit und Gleichheit der Dinge aufzuheben, und Kausalität wird ersetzt durch Sympathie, d.h. eine geheimnisvolle symbolische Ähnlichkeit zwischen Ursache und Wirkung. In Afrika glaubt man z.B., daß die Substanz der Hörner der Nashörner sich positiv auf die männliche Potenz auswirke. Dies ist auf die Ähnlichkeit der Form zurückzuführen.

Allgemeines über Angst

Angst und Sicherheit müssen in einem für das Kind sinnvollen Gleichgewicht sein (Signer-Fischer, 1992).

Zu große Sicherheit kann bewirken, daß Gefahren nicht gesehen werden; das Kind kann deswegen sozial auffallen oder zu wenig beweglich sein.

Zu große Angst kann bewirken, daß das Kind zu wenig Boden unter den Füßen spürt. Die Angst kann die Sicht auf Lösungen verdecken, und das Kind fühlt sich im Handeln eingeschränkt. Z.B. wird ein Kind auf dem Schulweg von einer schwarzen Gestalt stark bedroht, kann es daran gehindert werden, in die Schule zu gehen oder gut auf den Verkehr aufzupassen.

Ziel der Therapie ist es, Angst und Sicherheit in ein sinnvolles Gleichgewicht zu bringen, nicht Angst wegzutherapieren. Angst kann wie jedes entwickelte Symptom Schutz bedeuten. Ein gewisses Maß an Angst kann Spannung und Abenteuer bringen. In Krisensituationen wird der Blickwinkel oft eingeschränkt, so daß man nur eine einzige Handlungsmöglichkeit sieht. Sobald das Kind mehrere Handlungsmöglichkeiten zur Verfügung hat, seinen Handlungsspielraum vergrößert, nimmt seine Angst ab.

Das Symptom Angst hat oft sowohl für das Individuum, für das Familiensystem oder auch für andere Systeme (Klasse, Fußballclub) eine bestimmte Funktion und Bedeutung. Es gilt abzuwägen, ob das Schwergewicht der Therapie auf der Familienbehandlung oder Interventionen in der Gruppe oder auf der Behandlung des einzelnen Kindes liegen soll. Meist ist irgendeine Form von Kombination sinnvoll.

Es ist Aufgabe des Therapeuten oder der Therapeutin abzuklären, wie stark ein Kind gefährdet ist, um je nachdem noch andere Maßnahmen für seine Sicherheit zu treffen. Z.B.: ein Kind wird auf dem Schulweg von einer Gestalt bedroht. Lauert ihm vielleicht wirklich jemand auf, oder handelt es sich eher um eine symbolische Angst? Nicht immer kann die Gefahr sicher abgeklärt werden. In gewissen Fällen hilft es dem Kind bereits, wenn es mehr innere Sicherheit gewinnt.
Angst kann diffus sein oder sich auf etwas oder jemanden ganz Bestimmtes richten. Auch wir Erwachsenen haben manchmal lieber eine kleine Angst und stecken unsere Energie da hinein, als uns der großen Angst bewußt zu werden.

Die Entwicklung des magischen Denkens

Nach Piaget (1926) findet die Entwicklung des magischen Denkens im Vorschulalter (ca. 2-5J.), in der magisch-animistischen Entwicklungsphase, statt.

Magisches Denken kann eine sinnvolle Hilfe sein, wenn sorgfältig eingesetzt, für die Stärkung des Selbstvertrauens. Dies gilt nicht nur für das kleine Kind, sondern auch für ältere Kinder und Erwachsene. So kann Magie wie eine Brücke oder eine Krücke wirken, die genug in der Wirklichkeit abgestützt ist und die später dazu verhelfen soll, ohne Krücke zu gehen oder genug Selbstvertrauen zu haben für die Bewältigung des Alltags.
In der Zeit der magisch-animistischen Phase entwickeln sich im Kind zwei Denksysteme fast gleichzeitig (Resch, 1994).

- Die erste Denkform, die magische, die mehr bildhaft ist und mit visuell-räumlich angeordneter Semantik durch simultane Beziehungen Bedeutung erlangt. Sie gehorcht dem Gesetz der Ähnlichkeitsbeziehungen und ist der Kern der magischen Denkvorgänge mit einem starken emotionalen Bezug.
- Die zweite Denkform, die realistische, auditiv-sequentielle Form der Semantik, beinhaltet Regeln, Gesetze der Sprache, Logik und setzt

eine Abkoppelung des Erfahrungswissens vom Gefühl voraus, sie verwirft Informationen des Affektsystems.

Für das Kind sind viele emotional gefärbte Erlebnisse unverarbeitbar und stellen eine Gefahr dar, den kognitiven Fortschritt zu gefährden.

Aus folgenden Gründen hilft das magische Denken dem Kind für die Aufrechterhaltung seines Weltbildes:

1. Uneinheitliche Welterfahrungen lassen sich über die Betonung von Ähnlichkeiten vereinheitlichen.
2. Typologische Objektschemata, wie im Märchen, wo das Gute, obwohl schwach, gewinnt, helfen dem Kind, später eine differenzierte Weltanschauung zu entwickeln. Das Kind erfährt, daß Gut- und Liebsein oft mit Ohnmacht verbunden ist, was zu sozialen Schwierigkeiten führen könnte. Durch Magie kann das Gute auch gegen reale Übermacht gewinnen.
3. Das magische Denken hält den bedrohten Willen des Kindes aufrecht, trotz Verhöhnung, Mißerfolgen und Elternwillkür.
4. Das magische Denken dient der Aufrechterhaltung des positiven Selbstwertes, trotz der erlebten Ohnmacht gegenüber der Außenwelt. Die magische Weltinterpretation dient dem Offenhalten von Handlungsspielräumen und dem Gefühl von Handlungsfähigkeit.

Wie schon gesagt, erlaubt das magische Denken die Unterscheidung zwischen Ähnlichkeit und Gleichheit der Dinge aufzuheben und Kausalität durch Sympathie zu ersetzen. Auch im kreativen Erwachsenen kommen prälogische Mechanismen wieder zur Entfaltung, aber in veredelter Form. Denn auch in unserem Jahrhundert hat das Irrationale seinen Platz.

Kontrolle und Kontrollmeinung

Der Mensch hat allgemein das Bedürfnis, Kontrolle über sein Leben zu haben. Das Ausmaß dieses Bedürfnisses und die Art, wie er die Kontrolle dann ausübt, ist individuell verschieden.

Flammer (1990, S. 20) definiert Kontrolle folgendermaßen: „Kontrollieren ist eine Handlung oder eine Prozedur. Kontrolliert werden Zustände und Vorgänge. Die Kontrolle besteht darin, geeignete Prozeduren bereitzuhalten und im Bedarfsfall einzusetzen, damit ein Zustand sich in einen angestrebten anderen verändert oder daß Veränderungen an einem Zustand kompensiert werden, wenn Nicht-Veränderung angestrebt wird.“ Kontrolle enthält eine objektive und eine subjektive Seite, nämlich die objektive Kontrolle, die tatsächliche und von außen oft feststellbare Wirkungen bezeichnet, und die subjektive Kontrolle oder Kontrollmeinung, womit die Kontrolle gemeint ist, die die Person glaubt auszuüben, unabhängig davon, ob sie wirklich Kontrolle ausübt oder nicht. Flammer (1990) weist darauf hin, daß die Leute zufriedener sind je höher ihre Kontrollmeinung ist, d.h., je mehr sie glauben, Ereignisse ihrer Lebenswelt bestimmen zu können. Umgekehrt gilt, daß je mehr Personen glauben, andere Personen oder Zufälle bestimmten ihr Leben, desto weniger zufrieden sind sie mit ihrer Situation. Entscheidend für das persönliche Wohlbefinden und die Entscheidung über die Einleitung einer Handlung ist die Kontrollmeinung.

Eng in Zusammenhang mit dem Kontrollbedürfnis steht das kausale Denken. Menschen haben die Tendenz, unerwartete Ereignisse kausal zu erklären. Lau u. Russell (1980; nach Flammer, 1990) untersuchten 107 Zeitungsberichte über Sportereignisse: Siege wurden gleich häufig wie Niederlagen kausal erklärt. Nicht erwartete Ausgänge wurden häufiger mit Kausalaussagen interpretiert als erwartete Ausgänge.
Es ist einfacher, in Ketten, d.h. in „Wenn-dann"-Beziehungen, als in Netzen zu denken. Das Netzdenken bezieht ein, daß eine Wirkung auf den Einfluß mehrerer Faktoren und Einflüssen zurückzuführen ist. In kritischen Situationen greift man eher zur einfacheren erstgenannten Denkform. Einer Wirkung (Umstand, Situation, Zustand, Symptom) liegt eine Ursache zu Grunde. Zuerst muß diese Ursache gefunden, dann behoben oder unschädlich gemacht werden. Beispielsweise hat ein Kind Angst vor Hunden. Problemlösungen könnten dann so aussehen, daß Hunde aus dem Feld geräumt werden, oder man erklärt, daß das Kind früher ein schlimmes Erlebnis mit einem Hund hatte, was dann die Lösung eines Problems enorm erschwert.
In Wirklichkeit hat eine Wirkung meist viele Ursachen, d.h. viele Faktoren führen zu einem bestimmten Umstand. Einige dieser Faktoren können bestimmt werden, andere nicht. Nur auf einige der bestimmbaren Faktoren kann Einfluß genommen werden. Oft können über die verursachenden Faktoren nur Hypothesen gebildet werden.

Ein magischer Aspekt der Kontrolle ist der Glaube an eine gerechte Welt. Für alles Gute und Böse ist jemand verantwortlich und kann zur Verantwortung gezogen werden. Auch hier wird meist mit einfachen „wenn – dann" – Argumentationen und Kettendenken operiert. Je größer der Schaden, desto größer die Schuld und die Wiedergutmachung, desto mehr Faktoren (Personen) sind dafür verantwortlich zu machen. Wenn kein Verursacher gefunden werden kann, ist das Opfer nicht ganz unschuldig. Leidet die Nachbarin an Krebs, so hat das wohl damit zu tun, daß sie sich nicht richtig ernährt. Somit ist Gefahr von mir abgewendet, da ich mich richtig ernähre. Dem Wissen um diese Denkart sollte in der Behandlung Rechnung getragen werden, z.B. für eine große, langandauernde Angst sollten große Mittel eingesetzt werden: genug Zeit, Ritual, langer Anfahrtsweg zur Therapie, beeindrukkende Behandlung.

Die Angstbehandlung

Um eine Handlung erfolgreich durchführen zu können, müssen drei Bedingungen erfüllt sein, nämlich:

1. Die Person muß über objektive Handlungsmöglichkeiten, über Wissen, Fertigkeiten, Fähigkeiten und Können verfügen
2. Sie muß über subjektive Handlungsmöglichkeiten, über genug Kontrollmeinung, Wissen, daß sie es kann, verfügen und
3. Glück haben.

Die ersten zwei Faktoren können beeinflußt werden, der dritte nicht.

Es ist sinnvoll, den Kindern diesen Umstand altersgemäß zu erklären.

Die Angst enthält meistens Anteile der Angst vor realen Gefahren und von unrealistischen Befürchtungen. Die Größe der beiden Anteile variiert. Sie gehen von einer Angst mit kleiner realistischer und großer unrealistischer Angst – beispielsweise bei der Angst vor Gespenstern – aus bis zu großer realistischer und kleiner unrealistischen Angst – z.B. bei einem todkranken tumorkranken Kind, das Angst vor dem Tod hat –.

Aus Untersuchungen wissen wir, daß nicht-depressive Personen ihre Kontrolle leicht überschätzen. Es ist wohl so, daß der Mensch es nötig hat, seine Kontrolle leicht zu überschätzen. Eine zu realistische Einschätzung kann sich aber schädlich auswirken, denn auch dieses todkranke Kind braucht noch Hoffnung.

Überwiegende Angst vor unrealistischen Gefahren

Je größer der Anteil der unrealistischen Gefahr ist, desto wichtiger ist zu Beginn der magische Anteil der Therapie, um anschließend den realistischen Teil einführen zu können, so daß am Schluß ein sinnvolles Gleichgewicht zwischen realistischer und magischer Angstbewältigung entsteht.

Fallbeispiele: Einsatz magischer Methoden in der Therapie

Die 6 j. Marion, die Angst hat, allein zur Schule zu gehen

M. ist im kognitiven, sozialen und emotionalen Bereich eigentlich schon über die magische Phase hinaus. Sie beherrscht die Fähigkeit, die stark befahrene Straße auf ihrem Schulweg zu überqueren, verfügt über die objektive Handlungsmöglichkeit. Darum wird das Augenmerk auf die subjektive Handlungsmöglichkeit gelegt mit einer magischen Methode. Die Therapeutin erzählt ihr von den Indianern, die Krafttiere kennen, die sie in kritischen Situationen unterstützen. Sie wählt sich einen Bären mit blauen Augen aus, nennt ihn Leo und stellt sich in Trance vor, wie er neben ihr liegt, so daß M. ihn streicheln kann, seine Kraft spürt. Dann stellt sie sich in Trance den Beginn des Schulwegs vor, beurteilt in jeder Phase, wie groß ihre Angst ist, ruft, als es nötig ist, den Bären Leo, der ihr beim Überqueren der Straße und dem ersten Kontakt mit Kameraden beisteht. Vor dem Schulzimmer verabschiedet sich M. von Leo. Bei der nächsten Konsultation, zwei Wochen später, berichten Mutter und Tochter übereinstimmend, daß M. allein zur Schule geht. M. ruft jetzt nicht mehr auf jedem Schulweg Leo; mit der Zeit wird dies nur noch in speziellen Situationen nötig sein, so daß die magische Methode nur vorübergehend und begrenzt (in Zeit und Raum) gebraucht wird, also M. nicht abhängig ist.

In diesem Fallbeispiel wird ersichtlich, wie der Unterschied zwischen Gleichheit und Ähnlichkeit aufgehoben wird: Der Bär ist bärenstark, in der Realität im physischen Sinne. Es gäbe aber wohl Probleme, wenn M. von einem realen Bären begleitet würde. Der vorgestellte Bär verleiht ihr nicht nur physische sondern vor allem psychische Kräfte.

Angewendete hypnotische Methoden:

- sich in Trance den Schulweg vergegenwärtigen
- sich in Trance das Krafttier vorstellen, dann in den Schulweg „einbauen“

Bekanntlich können diese und ähnliche Methoden auch bei Erwachsenen eingesetzt werden.

Claudia, 27 J., die die Meisterprüfung bestehen möchte. Diese Methode ist auch in der späten Adoleszenz anwendbar.

C. hat in vielen Bereichen ein starkes Selbstvertrauen: sie weiß, daß sie gut mit anderen Menschen, vor allem mit schwierigen Kunden, umgehen kann, daß sie sich gut mit ihrem Freund und ihrer Familie versteht und weiß, daß sie hübsch ist. Ihre Leistungen im beruflichen Bereich schätzt sie niedriger ein, als sie sind. Die Methode zur Verbesserung der Selbst- und Fremdwahrnehmung wird in Trance bearbeitet. Für die nächste Zwischenprüfung übt sie in Trance, wie sie ins Prüfungszimmer kommt und sich einen guten Platz für die Prüfung aussucht. Der kritische Moment ist für sie das Verteilen der Prüfungsblätter. Hier nimmt sie die Magie zur Hilfe. Sie berührt das Medaillon, das sie von ihrer Großmutter bekommen hatte und stellt sich vor, die Großmutter stände neben ihr und mache ihr Mut (Du kannst das, das traue ich dir zu). Sie bestand die Vorprüfung.

Angewendete hypnotische Methoden:

- sich in Trance Situationen vorstellen, in denen sie sich sicher fühlt, dieses Sicherheitsgefühl genau wahrnehmen
- sich in Trance die Großmutter vorstellen und zuhören, was sie zu ihr sagen würde, ihr raten würde
- in Trance die Prüfungssituation vorstellen, mittels Medaillon die Ratschläge der Großmutter „einbauen"

Auch Claudia verfügt über die objektiven Handlungsmöglichkeiten. Die subjektiven Handlungsmöglichkeiten werden erhöht durch konkretes Vorbereiten auf die Situation und gefestigt und verstärkt auf der subjektiven Handlungsebene durch eine magische Methode.

Angst vor realen Gefahren

Auch die Ängste vor realen Gefahren enthalten magische Aspekte. Es geht darum, ein vernünftiges Gleichgewicht zwischen realistischen und magischen Methoden zu finden. Zuerst sollten die objektiven Handlungsmöglichkeiten erhöht werden. Dafür ist es notwendig, die Situation zu analysieren und so herauszufinden, was auf der konkreten Ebene getan werden muß.

Im folgenden möchte ich Ihnen eine Methode vorstellen, die in dieser Situation angewendet werden kann, nämlich die **Horoskopmethode.**
Eines Tages kam eine psychosomatische Patientin, die sehr intelligent und beruflich erfolgreich ist, ganz niedergeschlagen und voller Angst in die Therapiestunde. Sie hatte sich durch ein renommiertes

Institut ein differenziertes Horoskop für das nächste Jahr machen lassen. Es enthielt Angaben über ihre Persönlichkeit, und zwar mögliche, aber schlimme, ihre Gesundheit und ihr Beziehungsleben betreffende Voraussagen für das nächste Jahr. Die Persönlichkeitsbeschreibung enthielt Aspekte, die ihrer Ansicht nach genau zutrafen. Daraus schloß sie, daß auch die anderen Teile stimmen müßten und, wenn die Persönlichkeitsangaben stimmten, dann müßten wohl auch die schlimmen Voraussagen der Wahrheit entsprechen, was sie natürlich in große Angst versetzte. Sie hob also den Unterschied zwischen Ähnlichkeit und Gleichheit auf und errichtete eine Kausalitätskette, die nicht logisch war, was ein Merkmal des magischen Denkens ist.

Wenn bei realen Gefahren zu viel magisches Denken eingesetzt wird, ist das gefährlich. Das kann dazu führen, daß notwendiges Handeln nicht erfolgt und an dessen Stelle magisches Denken gesetzt wird. Die Verantwortung für die Kontrolle wird nicht wahrgenommen und mit Kontrollillusion ersetzt. Darum sollte am Anfang die Situation analysiert werden, welche Anteile sind magisches, welche realistisches Denken.

In diesem Fall erzählte die Frau mir im ersten Schritt, was sie vom Horoskop im Kopf behalten hatte und verglich es mit dem wirklichen Text, so daß sie ihre Interpretationen entdecken konnte und anschließend den Mechanismus der Verallgemeinerung aufdeckte. Sie analysierte, wie solche Horoskope wirksam konstruiert und formuliert werden müssen. Sie kam zum Schluß, daß sie eigentlich die geeignetste Person wäre, ihr eigenes Horoskop zu schreiben, da sie sich am besten kennt. So erstellte sie sich ein Wunschhoroskop für das nächste Jahr, das sie in geschriebener Form nach Hause nahm, um es immer wieder nachlesen zu können. Das fremde Horoskop ließ sie bei der Therapeutin verschlossen liegen. Dies kam dann auch ihrem magischen Denken entgegen. Am Ende des Jahres fand sie heraus, welche von ihren eigenen Voraussagen eingetroffen waren. Daraufhin verglichen wir die Vorkommnisse kurz mit dem fremden Horoskop, bei dem zum Glück keine der schlechten Voraussagen eingetroffen waren. Natürlich diskutierten wir darüber, warum ihr eigenes Horoskop so gut eingetroffen war, was sie voraussehen konnte und was vielleicht durch das wiederholte Lesen sich selbsterfüllende Prophezeiungen waren.

Die Horoskopmethode enthält ein Analysieren und Unterscheiden von magischen und realistischen Anteilen des Denkens und in der Folge eine Mischung von beiden Denkformen.

Diese Horoskopmethode kann auch bei Kindern ab ca. 9 Jahren und Jugendlichen angewendet werden. Geeignete Zeitpunkte dafür sind die Zeit zwischen Weihnachten und dem 6. Januar (12 Rauhnächte, jede Nacht entspricht einem Monat, Jahreswechsel) und der Geburtstag.

Fallbeispiel: Die 8jährige Alexandra mit der Angst vor der Zukunft

Ein 8jähriges Mädchen, Alexandra, war schon einige Monate in Therapie wegen verschiedener Ängste, auch Angst vor der Zukunft. Die Ängste waren realistisch: Der Vater war sehr depressiv und sein Geschäft lief schlecht; die Mutter war am Ende ihrer Kräfte; eines der Geschwister litt an Tuberkulose, eines war geistig behindert und alle 5 Kinder litten an massiven Allergien. In der Zeit zwischen Weihnachten und Neujahr, der Zeit für Rückblicke und Blick in die Zukunft, war auch bei ihr der richtige Zeitpunkt für die Horoskopmethode. Die Eltern standen vor der Trennung und ein Umzug, verbunden mit Schulwechsel für Alexandra, stand bevor. Zuerst erlebte sie in einer Tranceübung mit Altersregression das letzte Jahr in Stationen, die sie selbst bestimmte, durch. Sie zeichnete das Jahr auf einem Papierstreifen, den Jahresfluß darstellend, auf. Im nächsten Schritt besprachen wir ihre Wünsche für das nächste Jahr, stellten auch eine Prioritätenliste dazu auf. Sie wollte es gut haben mit ihrer Mutter und den Geschwistern, neue Freundinnen in der Schule und im Quartier finden, noch einen gewissen Kontakt zum Vater aufrechterhalten und sie wußte, daß es schön wäre, aber nur ein Wunsch war, weiter Reitstunden zu nehmen. All dies erlebte sie möglichst konkret in Trance, in einer Altersprogression, durch. Anschließend hielt sie ihr Jahreshoroskop für das folgende Jahr mit Zeitraster auf einem anderen Papierstreifen fest. Sie entschied sich, das alte Horoskop im Therapiezimmer zu lassen, das neue mitzunehmen, um es immer wieder anschauen zu können. Es wurde genau über das Wünschen gesprochen und die Wahrscheinlichkeit der Erfüllung der Wünsche. Sie hat selbst herausgefunden, daß sie die Wahrscheinlichkeit der Erfüllung eines Wunsches mit Daranglauben (subjektive Handlungsmöglichkeit) und konkreten Handlungen (objektive Handlungsmöglichkeit) erhöhen kann. Kinder haben große Erfahrungen mit Wünschen und deren Eintreffenswahrscheinlichkeit schon von ihren Weihnachtswünschen her.

Prüfungen

Prüfungen sind Situationen, in denen sich meist magische und realistische Gefahren die Waage halten. Sie sind gute Übungsfelder für weiteres Meistern von gefährlichen Situationen. Schon im Märchen begegnen die Menschen bekanntlich immer wieder Prüfungssituationen.

Häufig melden sich Kinder und Jugendliche oder deren Eltern für das obengenannte Problem kurz vor einer Prüfung.
Wie gesagt, werden die Klienten jeweils daran erinnert, daß es für das Bestehen einer Prüfung mindestens drei Voraussetzungen gibt, nämlich 1. Wissen und Können (objektive Handlungsmöglichkeit) 2. Selbstvertrauen, innere Sicherheit, ein Wissen, daß man die Prüfung meistern wird (subjektive Handlungsmöglichkeit) und 3. das Glück.

Fallbeispiel: 17jährige Gymnasiastin, Frau M.

> Zweieinhalb Wochen vor Notenabgabetermin meldete sich die junge Frau auf Anraten des Familientherapeuten wegen großer Prüfungsangst und ungenügendem Notendurchschnitt, der die Promotion gefährdete.
> Die junge Frau schien sehr unter Druck zu stehen und zählte folgende Probleme auf: Prüfungsangst, Schlafstörungen, Arbeits- und Konzentrationsstörungen, zu viel essen, Probleme mit ihrem Freund.
> M. lebt mit ihrer Mutter und dem achtjährigen Bruder in einer kleinen 3-Zimmer-Wohnung, der Vater ist vorübergehend verschwunden, aber es bestehen gute Anzeichen dafür, daß er Weihnachten zurückkehrt.

Als realistische Gefahren erkennt sie, daß
- sie sich um die Schule, die ihre eigene Angelegenheit ist, nicht genug kümmern kann, weil sie von den systemischen Aufgaben, beispielsweise Haushaltsführung, Stützung der Mutter, Erziehung des Bruders, zu stark belastet ist
- zu viele Prüfungen und Quartalsarbeitsabgaben vor der Notenabgabe hat
- eine schlechte Arbeitstechnik und -einteilung bei den Hausaufgaben anwendet
- keine Zeitstruktur im Alltag hat
- zu wenig schläft
- sich schlecht konzentriert in der Schule wegen Übermüdung.

Magische Vorstellungen macht sie sich folgendermaßen:
- sie wird bestraft werden, weil sie eine schlechte Tochter ist
- sie ist wohl dumm, wenn die letzte Prüfung nicht gut ausgefallen ist
- sie fühlt sich nicht so wohl; das ist ein Zeichen dafür, daß es nicht sein soll
- sie hatte einen schlechten Traum

Für Frau M. ist eine **Strukturierung** ihres Erlebens wichtig. Sie ordnet die magischen und realistischen Anteile ihres Denkens und findet heraus, was sie für die objektiven und subjektiven Handlungsmöglichkeiten unternehmen muß.
Sie arbeitet an ihren Arbeitstechniken und -einteilung und setzt mehr Zeit fürs Lernen ein, um ihre objektiven Handlungsmöglichkeiten zu vergrößern.
Für die objektive und subjektive Handlungsmöglichkeit wird **Selbsthypnose** eingesetzt, damit sich Frau M. besser konzentrieren kann und besser schläft und um ihr zu einer Möglichkeit zu verhelfen, sich selber zu kontrollieren oder zu beeinflussen. Dafür bauen wir gemeinsam eine genau auf Frau M. abgestimmte Form auf.

Frau M. hat in vielen Bereichen ein gutes Selbstvertrauen. Ihre Intelligenz und die schulischen Leistungen schätzt sie niedriger ein, als sie sind. Die Methode zur **Verbesserung der Selbst- und Fremdwahrnehmung** wird in Trance bearbeitet, was sich dann gut auf ihre subjektiven Handlungsmöglichkeiten auswirkt.
Für die nächste Prüfung übt sie in Trance, wie sie ins Schulzimmer kommt und sich einen guten Platz für die Prüfung aussucht. Der kritische Moment ist für sie das Verteilen der Prüfungsblätter, das für sie das Auslösemoment für das Einsetzen der Panik war. Jetzt dient es als Auslöser für das Wahrnehmen des ruhigen, konzentrierten und sicheren Gefühls, das sie sonst beim Kochen empfindet und genau wahrgenommen hat. Außerdem ist es das Startzeichen dafür, daß alle unnötigen Reize, d.h. das, was im Schulzimmer vor sich geht, in den Hintergrund, die Prüfung klar in den Vordergrund tritt. Nach vorbesprochener, in Trance eingeübter Strategie löst sie die Aufgaben des Prüfungsblattes. Sie benutzt das Einsammeln der Prüfungsblätter als Auslösereiz und Zeichen zum Beenden der Prüfung, so daß sie wieder in den Alltag tauchen kann. Die Auslösemomente, das Start- und das Beendigungszeichen wirken wie magisch, als Knopfdruck für den Beginn und den Abschluß der kritischen Zeit, für das Einsetzen des sicheren Gefühls.

In der dritten Konsultationsstunde berichtet sie, daß sie die letzten 17 Prüfungen und 4 Arbeiten der letzten 14 Tage so gut absolviert hat, daß sie promoviert wird und sogar einen Notenvorsprung erreichte. So können wir uns jetzt den Themen zuwenden, die wir in der ersten Stunde aufgezählt und in den Hintergrund gestellt haben.

Angewendete hypnotische Methoden:
- Selbsthypnose
- Sicherheitsgefühl genau wahrnehmen
- Einüben der Arbeitsstrategie für die Prüfung
- Strukturieren des Alltags
- Vorbereiten der Prüfungssituation in Trance
- Ersetzen des Problemverhaltens durch Konzentriertheit und innere Sicherheit beim Auslösereiz

Zusammenfassung

Da Angst meist sowohl magische als auch realistische Aspekte enthält, ist es sinnvoll, auch in der Psychotherapie beide Methoden anzuwenden. Für jede Situation sollten sowohl objektive als auch subjektive Handlungsmöglichkeiten bereitstehen, d.h. das, was man für die Verbesserung einer Situation tun kann, sollte unternommen werden. Die magischen Methoden sollen sorgfältig eingesetzt werden. Im Alltag wirkt viel Magie im negativen Sinne. So dürfen Therapeuten und Therapeutinnen schon ein wenig im guten Sinne zaubern.

Literatur

Boesch, E.E. (1991): Symbolic Action Theory and Cultural Psychology. Heidelberg. Springer.

Eco, U. (1972/91): Einführung in die Semiotik. München.

Ellis, A. (1962). Reason and Emotion. Secausus, N.J., The Citadel Press.

Ellis, A., Harper, R.A. (1979). A New Guide to Rational Living. Hollywood, Wilshire Book Company.

Flammer, A. (1990): Erfahrung der eigenen Wirksamkeit. Einführung in die Psychologie der Kontrollmeinung. Bern, Huber.

Frick, F. (1995). Menschliches Denken: Genaue Urteile im Ungewissen. Psychologie Heute Dez, 64-69.

Goldner, C. (1995). Bach-Blüten Therapie: „Mischung aus Scharlatanerie, Aberglaube und Geschäftemacherei". Psychologie Heute Dez, 9-10.

Mills, J.C., Crowley, R.J. (1986): Therapeutic Metaphors for Children and Child Within. Brunner/Mazel, New York.

Oaklander, V. (1981): Gestalttherapie mit Kindern und Jugendlichen. Stuttgart, Klett.

Olness, K. (1986): Hypnosis and Hypnotherapy with Children. Philadelphia, Grune & Stratton.

Resch, F. (1994). Magisches Denken und Selbstentwicklung. Prax. Kinderpsychol. Kinderpsychiat., 43, 152-156.

Signer-Fischer, S. (1987): Nicht nur zur Weihnachtszeit. In: 22 Jahre Kantonale Erziehungsberatung Burgdorf.

Signer-Fischer, S. (1992): Schwimmweste und Sicherheitsgurt: Die Behandlung von Ängsten bei Kindern und Jugendlichen mittels hypnotischer Techniken. In: Peter, B. & Schmidt, G. (Hrg.): Erickson in Europa. Heidelberg, Auer.

*Signer-Fischer, S. (*1993a): Symbolhandlungen: Ritus oder Zwang? Hypnotische Techniken zur Behandlung von Kindern mit einschränkenden, zwangsartigen Handlungen und Gedanken. In: Mrochen, S.; Holtz, K.-L.; Trenkle, B.: Die Pupille des Bettnässers. Heidelberg, Auer.

Signer-Fischer, S. (1993b): Der Wachhund und der Schlafhund. Hypnotische Techniken zur Behandlung von Schlafstörungen bei Kindern. In: Mrochen, S.; Holtz, K.-L.; Trenkle, B.: Die Pupille des Bettnässers. Heidelberg, Auer.

Signer-Fischer, S. (1993c): Hypnotherapeutische Methoden in der Erziehungsberatung. In: Hahn, K.; Müller, F.W.: Systemische Erziehungs- und Familienberatung. Grünewaldverlag.

van der Hart, O. (1983): Rituals in Psychotherapy. New York, Irvington.

Wendt, W.R. (1994): Ritual und rechtes Leben. Stuttgart, Enke Verlag.

Wilhelm Rotthaus

Kundenorientierung in der stationären systemischen Psychotherapie. Vom Kontext des Versagens zum Kontext der Kompetenz

Die systemische Perspektive als rahmengebende Sichtweise

Als ärztlicher Leiter einer großen Kinder- und Jugendpsychiatrischen Klinik, die seit Beginn der 80er Jahre nach einem systemtherapeutischen Konzept arbeitet, werde ich häufig danach gefragt, ob es denn richtig sein könne, auf alle Probleme, Krisen, Auffälligkeiten, Störungen und Erkrankungen, derentwegen Kinder oder Jugendliche vorgestellt werden, systemische Psychotherapie anzuwenden. Die Antwort hängt meist davon ab, wie sehr ich mein Gegenüber gerade provozieren möchte. Denn tatsächlich müßte ich beides sagen: Ja und Nein. Ja müßte ich antworten, weil ich die systemische Perspektive als rahmengebende Sichtweise auf die Klient/Patient-Therapeuten-Beziehung für wichtig halte und aus ihr einige grundlegende Annahmen und Vorstellungen abzuleiten sind, die einen fruchtbaren Kontext für stationäres Arbeiten darstellen. Nein müßte ich sagen, weil innerhalb dieses Rahmens, innerhalb dieses Kontextes durchaus unterschiedliche Vorgehensweisen möglich und auch sinnvoll sind: So sollte man beispielsweise zur Kenntnis nehmen, welche verhaltenstherapeutischen Behandlungsweisen sich bei Zwangsstörungen oder auch bei der Behandlung von Anorexien bewährt haben, und sollte auch medikamentöse Behandlungen nicht ausschließen, wenn sich ein Jugendlicher psychotisch verhält und seine ängstliche Getriebenheit momentan auf andere Weise nicht zu beeinflussen ist.

Diese rahmengebende Bedeutung des systemtherapeutischen Ansatzes erscheint mir von hoher Wichtigkeit. Denn: Man kann noch so gut arbeiten. Man wird wenig Erfolg haben, wenn man den Kontext nicht beachtet. Es würde demjenigen so gehen wie dem Theaterbesucher,

---

Herrn Prof. Dr. Gerhard Bosch zum 80. Geburtstag gewidmet.

der in dem Augenblick, da Othello Desdemona würgt, laut nach der Polizei ruft.

Versagen als traditionelles Thema für Therapie

Nun ist der Kontext für Psychotherapie heutzutage nicht zuletzt das Wissenschaftsverständnis unserer Zeit. Und wie Sie wissen, hat die Entwicklung der Wissenschaften in den letzten Jahrhunderten dazu geführt, das Objekt aus dem Kontext herauszulösen und isoliert zu betrachten. Dieses Denken ist uns allen sehr vertraut, und wir handeln alle immer wieder danach. Das ist auch durchaus angemessen und erfolgreich, wenn wir z.B. unser Auto in die Reparaturwerkstatt bringen. Wir sind hoch zufrieden, wenn der Mechaniker mehr von dem Auto versteht als wir, haben überhaupt nicht die Absicht – so geht es zumindest mir –, das Automechanikerhandwerk zu lernen, und freuen uns, wenn das Auto nach der Reparatur problemlos läuft.

Mit ganz entsprechender Einstellung, wenn auch etwas beklommener, bringen wir unsere Zähne, unser stolperndes Herz oder sonstige Körperteile zu einer dafür ausgebildeten ÄrztIn. So braucht es uns nicht zu wundern, daß viele Eltern, JugendamtsmitarbeiterInnen, HeimerzieherInnen oder sonst für Kinder Zuständige dasselbe Modell im Kopf haben, wenn sie uns wegen des Problemverhaltens eines Kindes oder Jugendlichen aufsuchen. Allerdings ist dieses Modell unter den verschiedensten Gesichtspunkten für menschliches Verhalten gänzlich unangemessen. Menschliches Verhalten gehorcht ganz offensichtlich eher nicht-linearen Gesetzmäßigkeiten als linear-kausalen. Eltern, ErzieherInnen und sonst Zuständige haben zudem keinesfalls die Idee, keinerlei Kompetenz in erzieherischen Fragen zu besitzen, und haben auch keinesfalls von Seiten der Gesellschaft die Erlaubnis, so wie ich bezüglich der Autoreparatur zu sagen, daß sie gar nicht das Bedürfnis und den Wunsch haben, von Erziehung irgendetwas zu verstehen. Weiter kommt hinzu, daß es sehr schwierig ist, ein Problemverhalten zu behandeln, das aus dem zugehörigen Kontext herausgelöst wurde; denn dadurch wird dieses Problem eine Entität sui generis und erhält ein entsprechendes Eigenleben. Und selbst wenn die Lösung eines solchen Problems gelingt, dann ist die Rückfallgefahr groß, sobald das Kind wieder in seine Lebensumwelt zurückkehrt.

Schließlich folgt noch eine wesentliche Konsequenz, wenn wir dieses Reparaturwerkstattmodell für psychotherapeutisches Arbeiten akzeptieren und dem Wunsch vieler Eltern oder sonstiger Angehöriger nach einer erfolgreichen Reparatur ihres fehlerhaften Kindes zu entsprechen suchen: Wir bestätigen sie in ihrem Erleben des Versagens und der Idee eigener erzieherischer Inkompetenz – wo doch das einzig sinnvolle Behandlungsziel Entdecken und Erweitern der erzieherischen Kompetenz lauten sollte. Diese Tatsache hat Langsley schon Anfang der 70er Jahre in einer Studie nachgewiesen, in der er zwei parallelisierte Gruppen verglich, die ambulant bzw. stationär familientherapeutisch behandelt wurden (nach Byng-Hall und Bruggen, 1974: 444 ff, auch Rotthaus, 1990: 114 f): Die Annahme, angesichts des eigenen Versagens sei der Experte tätig geworden und habe das Problem gelöst, führt in der nächsten Krise rasch zu der Überzeugung, sie sei erneut Folge des eigenen Versagens und der Experte müsse wiederum in Anspruch genommen werden.

Für die Kinder und Jugendlichen hat ein solches Vorgehen ebenso nachteilige Folgen: Das Problemverhalten droht zum Thema der Therapie, z.B. des stationären Aufenthaltes, zu werden. Das Versagen, das zur Aufnahme führt, ist der Kontext, der dunkle Schatten, der über allem liegt, was während des Aufenthaltes geschieht. Dieses Versagen ist das Maß, an dem alles, was das Kind oder der Jugendliche tut, gemessen wird.

Kundenorientierung als Kontext

Dem Kontext für die eigene Arbeit Aufmerksamkeit zu widmen, ist in der stationären Therapie wahrscheinlich noch wichtiger als in der ambulanten. Die Problematik des o.g. Reparaturwerkstattmodells beispielsweise ist jedem, der mit Kindern und Jugendlichen stationär arbeitet, wohl bekannt. Eine Möglichkeit, dem zu begegnen, liegt darin, von Anfang an der Beziehungsgestaltung zwischen unseren Auftraggebern (Pleyer, 1983) bzw. unseren Kunden (Rotthaus, 1990: 57 ff) und uns große Aufmerksamkeit zu schenken – und dies, bevor die stationäre Aufnahme durchgeführt wird. Als Voraussetzung für effektive Therapie ist dabei eine Klarheit der Patient/Klient-Therapeut-Beziehung anzustreben, die nur durch eine deutliche Trennung der Verantwortungsbereiche zu erreichen ist: Die Familie ist verantwortlich für ihr Familienleben; die TherapeutIn verantwortet ihr therapeutisches Handeln. Der Klient ist Fachmann bzw. Fachfrau für das eigene Wohlergehen (auch wenn er derzeit Hilfe von außen zu benötigen glaubt), die TherapeutIn SpezialistIn für Konsultationen, Beratungen und Therapien. Der Klient – ob als Einzelner oder als Familie – ist also der Kunde, der die Dienstleistung „Therapie“ oder „Beratung“ in Anspruch nehmen möchte bzw. in Anspruch nimmt. Die TherapeutIn bzw. in der stationären Therapie die Mitglieder des pädagogisch-therapeutischen Teams stellen sich mit ihrem pädagogisch-therapeutischen Angebot dem problemdeterminierten System zur Verfügung. Ihre therapeutischen Schritte können hilfreicher oder weniger hilfreich sein in Abhängigkeit von ihrer therapeutischen Kompetenz; wie die Mitglieder des problemdeterminierten Systems jedoch ihr therapeutisches Angebot letztlich nutzen, steht nicht in ihrer Entscheidung.

Eltern oder sonstige Zuständige mit ihren Kindern oder Jugendlichen als Kunden und zugleich als Kundige in den für sie richtigen Lösungen zu betrachten, ist nun heutzutage keineswegs mehr revolutionär, zumal viele TherapeutInnen den Nutzen wahrgenommen haben, im Sinne Steve de Shazers zwischen Kunden, Klagenden und Besucher-Beziehungen zu unterscheiden. Allerdings wird diese Anregung Steve de Shazers häufig zu einseitig nur klientenbezogen und auch zu statisch aufgefaßt und dabei übersehen, daß diese Begriffe nicht Klienten oder Kliententypen, sondern eben Beziehungen beschreiben, die von beiden Seiten definiert werden und die sich im Laufe des Therapieprozesses ändern können und deshalb ständig neu ausgehandelt bzw. bestätigt werden müssen.

Als Zwischenbilanz ist zu formulieren: Kundenorientierung ist der Kontext, in dem der pädagogischen und therapeutischen Arbeit innerhalb einer stationären Einrichtung Sinn gegeben wird. Der Sinn lautet: „Jede Familie hat ihre eigenen Wege aus der Krise und ihre eigenen Lösungen. Die Familienmitglieder werden das während des Aufenthaltes herausfinden.“ Dabei darf allerdings die Seite der Verantwortlichkeit der Mitglieder des pädagogisch-therapeutischen Teams nicht vergessen werden, die nicht zuletzt darin besteht, verzweifelten und hoffnungslosen Kunden Sicherheit, Mut und Zuversicht zu vermitteln, beispielsweise in der Art: „Wir bieten Ihnen ein therapeutisches Konzept an, das sich in vielen ähnlichen Fällen sehr bewährt hat und Ihnen eine Fülle an Anregungen geben wird, die es Ihnen ermöglichen, Ihren Weg aus der Krise zu finden.“

Stationäres psychotherapeutisches Arbeiten kann durch diesen Kontext – so unsere Erfahrung – sehr viel erfolgreicher werden. Die Kinder profitieren, weil sie nicht mehr zwischen zwei rivalisierenden Parteien trianguliert werden. Vor allem aber profitieren die Eltern bzw. die sonst für das Kind Zuständigen, weil sie ernst genommen werden, sich in ihrer Verantwortlichkeit bestärkt sehen und nicht auf ihr Versagen, sondern auf ihre Kompetenz angesprochen werden. Daß Eltern dies tatsächlich auch so wahrnehmen, läßt sich an dem bewundernswert hohen Engagement ablesen, das sie in die Arbeit einbringen, wenn sie beispielsweise ihre Kinder jeden Samstag abholen und am Sonntag zurückbringen – teils über je 100 km –, wenn sie zusätzlich alle 14 Tage zu einem Familiengespräch erscheinen und diesen zeitlichen und finanziellen Aufwand mit erstaunlich hoher Bereitschaft tragen.

Trotzdem muß ich Kurt Ludewig Recht geben, der wiederholt im Gespräch Vorbehalte gegenüber dem Kunden-Modell in der stationären Psychotherapie mit Kindern und Jugendlichen geäußert hat. Zwar gelingt es in den meisten Fällen relativ gut, eine Kundenbeziehung zu den Eltern oder sonstigen Zuständigen aufzubauen, die Kinder oder Jugendlichen zeigen sich häufig aber eher als Besucher. Während Kinder eher noch zumindest Kunden in Anführungsstrichen werden, d.h. sich ihren Eltern zuliebe entschließen, tatsächlich etwas gegen ihr Problem zu unternehmen, verharren gerade Jugendliche häufig in einem mehr passiven Widerstand, ohne direkte Auflehnung, aber auch ohne aktive Mitarbeit. Das macht die Arbeit mühselig und vor allem wenig befriedigend.

Der stationäre Aufenthalt als Übergangsritual

Hier nun brachte Michael Durrant (1996) neue Anregungen, der bei seinem Versuch, einen förderlichen Rahmen für die Arbeit mit Kindern und Jugendlichen und ihren Familien oder sonstigen Zuständigen zu finden, auf eine Arbeit von Rogers R. Kobak und David B. Waters zurückgriff, die bereits 1984 in Family Process erschien und viel zuwenig Beachtung gefunden hat. Kobak und Waters diskutieren in dieser Arbeit, daß ihrer Meinung nach zwar viel über das Wesen der Familienprobleme und die Techniken, mit denen man Änderungen anregt, geschrieben wurde, daß aber zu wenig über die Gestaltung eines Kontextes nachgedacht wurde, in dem therapeutische Arbeit über den gesamten Therapieprozeß hinweg lebendig gehalten werden kann. Sie schlagen vor, als Interpretationskontext für den Therapieprozeß das Übergangsritual zu wählen, wie es beispielsweise in vielen Gesellschaften beim Übergang vom Kind zum Erwachsenen – ähnlich in Zeiten der Verlobung, der Schwangerschaft oder der Trauer – praktiziert werde.

Nach Kobak und Waters verdeutlicht die Metapher des Übergangsrituals die Verantwortlichkeit der einzelnen Beteiligten auf Seiten der Familie und auf Seiten der TherapeutIn. Das, was die Autoren meinen, ließe sich beispielsweise formulieren: Aufgabe der TherapeutIn ist es, sich in bestimmten therapeutischen Ritualen auszukennen und diese mit hynotisierender Überzeugtheit durchzuführen. Der Part der Familienmitglieder bzw. der Mitglieder des Problemsystems besteht darin, sich darauf zu konzentrieren, nach Beendigung des Übergangsrituals in einem neuen Status mit neuen Ideen und Verhaltensweisen wieder ins Leben zu treten. Das Übergangsritual – so Kobak und Waters weiter – sei geeignet, Offenheit für Neuigkeit, Bewegung und Änderungschancen zu erhalten angesichts der naheliegenden Tendenz der Familie, sich im Verlauf des Therapieprozesses auf alte Muster wieder einzupendeln. Das Übergangsritual sei zukunftsorientiert, auf neue Kompetenzen gerichtet und beinhalte, daß die alten Muster zwangsläufig aufgegeben werden müssen.

Kobak und Waters orientieren sich in ihrer Arbeit vor allem an anthropologischen Studien von van Gennep (1986), der drei Stadien des Übergangsrituals unterscheidet, nämlich 1. die Trennungsphase, die die Loslösung vom früheren Zustand markiert, 2. die Schwellen- oder Umwandlungsphase, in der sich die Betroffenen gleichsam zwischen zwei Welten befinden, und schließlich 3. die Angliederungsphase, in der die Integration in den neuen Zustand stattfindet, der Schritt, der auch zu kennzeichnen wäre als der Neuanfang.

Der erste Schritt, die Trennung, könnte bei stationärer Therapie leicht mißverstanden werden als das Heraustreten des Jugendlichen aus seinem Zuhause – wo dies auch immer ist. Die Metapher des Übergangsrituals sollte aber für alle Beteiligten gelten, beispielsweise für alle Familienmitglieder. Und für alle heißt der Schritt der Trennung, Abschied zu nehmen von alten Gewohnheiten und problematisch erlebten Verhaltensweisen. Trennung heißt für alle Beteiligten aber auch, daß es kein Zurück zu der Zeit geben wird, in der das Problemverhalten noch nicht bestand, wie dies insbesondere viele Eltern oft wünschen. Der Schritt der Trennung bedeutet für alle Abschied von alten Mustern sowie liebgewonnenen Vorstellungen und die Notwendigkeit, etwas Neues zu suchen und zu finden.

Die Trennung zieht einen Schlußstrich unter das Alte und leitet die Umwandlungs- oder Schwellenphase ein, in der sich alle Beteiligten auf den Neuanfang vorbereiten. Das Neue ist noch nicht da, man kennt es auch noch nicht genau. Somit ist die Umwandlungsphase eine Zeit des Suchens und des Experimentierens, des Erprobens neuer Ideen und neuer Identitäten. „Bei sozialen Ritualen" – so der Hinweis von J. Roberts (Imber-Black, Roberts, Whiting, 1993, 67) – „haben die Initiierten den 'Status, keinen Status zu haben' – sie sind weder Mädchen noch Frau, weder Junge noch Mann." Und van Gennep weist darauf hin, daß in vielen Gesellschaften „ das Außerkrafttreten der Regeln des normalen Lebens ... ein wesentliches Element der Übergangszeit" (1986, 113) darstellt. In der Umwandlungs- oder Schwellenphase ist das Alte abgelegt worden, das Neue aber wird teilweise noch nicht gekannt und sicherlich noch nicht gekonnt. So ist es logisch, daß vieles noch nicht klappt. In der Umwandlungsphase ist Mißlingen normal, deshalb keineswegs eine Katastrophe, sondern vielmehr selbstverständlicher Teil des Lernens.

Die Umwandlungsphase signalisiert als Kontext zudem, daß spielendes Erproben nicht nur erlaubt, sondern erwünscht ist. Kobak und Waters verweisen in diesem Zusammenhang auf die Kontextbeschreibung, die Bateson bei Ottern beobachtete. Sie metakommunizieren, um zu signalisieren, wann ein Sich-Jagen der ernsthaften Auseinandersetzung um die Vormachtstellung dient und wann es Spiel ist. Knabbern am Ohr signalisiert: Jetzt machen wir dasselbe als Spiel. In ähnlicher Weise kontextualisiert die Umwandlungsphase eine Zeit, in der die Jugendlichen und die Familienmitglieder viele Freiheiten haben, um Neues auszuprobieren, mit manchem zu scheitern und mit manchem sich einer Lösung zu nähern. Die Aufgabe der TherapeutIn ist es, die Nutzung dieses Freiraumes zu ermutigen und damit Bewegung aufrechtzuerhalten, die zum Erkennen der richtigen Entwicklungsschritte führt.

Entwicklungsschritte werden dem am ehesten möglich, der Entwicklungsziele vor Augen hat. Wer demgegenüber keine Vorstellung darüber hat, in welche Richtung er sich verändern möchte, wird kaum an Veränderung arbeiten können. So hat es sich bewährt, schon vor der Aufnahme konkrete, positiv formulierte Aufenthaltsziele zu erarbeiten. Sie führen weg vom Versagen und konzentrieren – in durchaus hypnotherapeutischer Weise – auf den Zustand der Kompetenz. Sie übernehmen Katalysatorfunktionen, bieten Perspektiven und damit motivationalen Anreiz. Selbstverständlich sind diese Ziele nicht als ewige Wahrheiten anzusehen, sondern vielmehr als Orientierungen, die im Laufe des Therapieprozesses immer wieder neu verhandelt und auch geändert werden.

Aber auch bei der Formulierung der Aufenthaltsziele zeigt sich in der therapeutischen Arbeit mit Kindern und Jugendlichen ein Problem: Auch die Ziele sind oft eher die der Eltern und nicht die der Jugendlichen. Dies ist nicht schlimm, solange die Jugendlichen dagegen opponieren und andere Vorstellungen entwickeln – das führt dann zu einem lebendigen Prozeß. Das Problem jedoch liegt darin, daß die Ziele der Eltern ja meist vernünftig und sinnvoll sind, und das macht es schwer, dagegen zu opponieren. Aber trotzdem sind es nicht die Ziele der Jugendlichen, sondern die der Erwachsenen. Damit aber sind sie für den Jugendlichen etwas Fremdes in einer Zeit, wo Jugendliche Eigenes entwickeln müssen. Sie sind etwas von Erwachsenen in einer Zeit, wo Jugendliche Unabhängigkeit von Erwachsenen entwickeln müssen.

Die Idee des Übergangsrituals legte es nun nahe, den Prozeß stärker zu öffnen und statt konkreter Zielvorstellungen ein übergreifendes Thema zu formulieren, das den gedanklichen Rahmen kennzeichnet, in dem alle Beteiligten nach eigenen Zielideen suchen. Solche Themen können z.B. lauten: „Herausfinden, was jedes Familienmitglied tun kann, damit wieder Farbe in Sandras Leben kommt" – bei einem Mädchen mit depressiv-zwanghaftem Verhalten. Oder: „Herausfinden, wie die Familienmitglieder wieder glückliche Stunden haben können." Oder: „Herausfinden, wie ein Zusammenleben wieder möglich ist. Was muß jeder einzelne tun, damit alle Familienmitglieder wieder miteinander auskommen können?" Gefragt nach Zielformulierungen hätte beispielsweise die Gefahr bestanden, daß Eltern formuliert hätten, der Jugendliche solle als Voraussetzung dafür, daß alle wieder zusammenleben können, lernen, sich an grundlegende Regeln des Zusammenlebens zu halten. Auch wenn man dieses „Sich-an-die-Regeln-Halten" differenziert und zirkulär in das Verhalten aller Familienmitglieder eingebunden hätte – das Aufenthaltsziel wäre von dem Jugendlichen tendenziell als auferlegtes Diktat erlebt worden und hätte deshalb wenig motivierend gewirkt. Das Thema demgegenüber bietet mehr Freiheit für eigenes Suchverhalten, fordert – wenn es stimmt, und das ist natürlich Voraussetzung für die Wirksamkeit – Eigenaktivität heraus und orientiert alle Beteiligten auf die Vorstellung kompetenten Verhaltens.

Die Idee, den stationären Aufenthalt als Umwandlungs- oder Schwellenphase eines Übergangsrituals zu deklarieren, schafft aber nicht nur Freiheit für die Kunden und ihr Suchen nach neuen Lösungen, sondern eröffnet auch sehr viel Freiheit für alle MitarbeiterInnen, für alle

TherapeutInnen und BetreuerInnen. Sie brauchen nicht auf ein ganz bestimmtes Verhalten zu drängen oder gar zu versuchen, ein bestimmtes Verhalten durchzusetzen. Vielmehr ist ihre Kreativität gefordert, um ein Versuch-Irrtum-Verhalten anzuregen und den Suchprozeß in Bewegung zu halten. Sie können den Jugendlichen, den Eltern und sonstigen Angehörigen auch ganz abwegig erscheinende Vorschläge machen; denn ihre Vorschläge sind ja nicht Lösungsideen, sondern lediglich Anregungen zu neuen Erfahrungen. Auf diese Weise können sie auch verborgene Wünsche und Befürchtungen thematisieren, sie können tabubesetzte Themen ansprechen, sozusagen Versuchsballons loslassen und deren Wirkung bzw. Nichtwirkung beobachten. Auch ihr Bemühen, Ausnahmen hervorzuheben, wirkt in einem solchen Rahmen sehr viel natürlicher und ungekünstelter, da es ein Rahmen von Versuchen und Erproben ist und nicht ein Rahmen von Gelingen und Mißlingen. Sie können beispielsweise mit Jugendlichen Wutbeherrschungstests und andere Belastungserprobungen vereinbaren, in denen sie nach Vorankündigung willkürlich schwierige Situationen für den Jugendlichen schaffen (und dabei solche wählen, die von ihm noch zu bewältigen sind).

In der Zeit des stationären Aufenthaltes muß nichts gekonnt und nichts beherrscht werden. Es ist eine Zeit, die man auch mit einer anderen Metapher kennzeichnen könnte, die manchen Jugendlichen vielleicht näher liegt, nämlich mit der Metapher des Trainingslagers, in das beispielsweise eine Fußballmannschaft zieht, um vor einem bedeutenden Spiel neue Freistoßvarianten oder ähnliches einzuüben. Während des Trainingslagers verlangt keiner, daß schon alles klappt. Hier experimentiert man, weil Mißlingen keine schlimmen Folgen hat.

Dies ändert sich jedoch, wenn mit Ende der Umwandlungsphase oder mit Ende des Trainingslagers – das heißt: mit der Entlassung – der Neuanfang angesagt ist oder das wichtige Spiel angepfiffen wird. Jetzt beginnt der Ernst des Lebens, und es macht Sinn, diesen Neuanfang durch ein besonderes Fest oder, wie es Michael White tun würde, durch das Überreichen eines Diploms zu markieren. Auch jetzt darf man noch nicht erwarten, daß das neu entwickelte Verhalten immer klappt und das Zusammenspiel der Verhaltensweisen reibungslos abläuft. So bedeutete auch für uns alle das Erreichen des Diploms bzw. des Staatsexamens keineswegs, daß wir von diesem Augenblick an alle Aufgaben perfekt beherrschten. Und doch begann mit diesem Einschnitt die Zeit, wo wir uns zu bewähren hatten, die Zeit, wo wir beweisen mußten, daß wir etwas gelernt hatten, daß wir nicht mehr SchülerIn oder StudentIn, sondern Krankenschwester oder ErzieherIn, PsychologIn, SozialarbeiterIn oder MedizinerIn waren. Entsprechend bedeutet der Neuanfang für alle Familienmitglieder, daß sie jetzt zeigen können, dürfen und auch sollen, was sie gelernt haben, um allmählich immer besser miteinander auszukommen.

Wenn ich abschließend bewerten sollte, welchen zusätzlichen Gewinn das Benutzen dieser Metapher des Übergangsrituals bringt, so habe ich den Eindruck, daß sie es erleichtert, die Arbeit auf Lösungen hin zu konzipieren, dabei gleichzeitig aber einen großen Freiheitsraum offenhält, der Eigenaktivität gerade auch bei den Jugendlichen anregt und allen Beteiligten die Chance für mehr Spaß und weniger Verkrampftheit eröffnet. Insofern möchte ich mit einem Bekenntnis enden: Bei der Formulierung eines Titels für diesen Beitrag war ich anfangs versucht, dem Titel „Kinderleichte Lösungen“ entgegenzuhalten: ‘Es wird ziemlich harte Arbeit sein, Dein Ziel zu erreichen; aber ich denke, Du kannst es schaffen.’ Ein solcher Satz ist sicher motivierender im Hinblick auf ein bestimmtes Ziel als der Schlag auf die Schulter im Sinn von: „Na, das ist doch kinderleicht!“ Aber das Rahmenkonzept Übergangsritual geht vielleicht tatsächlich in Richtung auf „kinderleichte Lösungen“, etwa nach dem Motto: Es macht Spaß, gemeinsam zu suchen, und auch Mißlingen ist keine Katastrophe, wenn denn Gelingen nicht unbedingt gefordert ist.

Literatur

Byng-Hall, J., Bruggen, P. (1974) Family Admission Decisions as a Therapeutic Tool. Family Process 13: 443 – 459

Durrant, M. (1996) Auf die Stärken kannst Du bauen. Dortmund, verlag modernes lernen

Gennep, van A. (1996) Übergangsrituale. Frankfurt, Campus (franz. Orig.: Les rites de passage. 1981, Paris, A. et J. Picard)

Imber-Black, E., Roberts J., Whiting R. A. (1993) Rituale. Heidelberg, Auer-Systeme

Kobak R. R., Waters D. B. (1984) Family Therapy as a Rite of Passage: Play's the Thing. Family Process 23: 89 – 100

Pleyer, K. H. (1983) Die Frage der Verantwortlichkeit als zentrales Problem in der stationären Therapie. In: Rotthaus, W. (Hrsg.) Systemische Familientherapie im ambulanten und stationären Kontext. Dortmund, verlag modernes lernen

Rotthaus, W. (1990) Stationäre systemische Kinder- und Jugendpsychiatrie. Dortmund, modernes lernen.

White, M., Epston, D. (1990) Die Zähmung der Monster. Heidelberg, Auer-Systeme

Ulrike Andrecht & Günther Geiken

Ressourcenorientierte Familiendiagnostik in der Kinder- und Jugendpsychiatrie

Der Unterschied, der einen Unterschied macht

Einleitung

Der hier vorliegende Artikel stellt einen Versuch dar, unseren Ansatz von ressourcenorientierter Familiendiagnostik in der Kinder – und Jugendpsychiatrie darzustellen. Diese Ideen entstanden im Kontext unserer Arbeit in der Kinder – und Jugendpsychiatrie in den letzten 10 Jahren. In diesem Arbeitsfeld ist immer noch ein mehr störungsspezifisches Vorgehen weit verbreitet, wenngleich systemisches Denken zunehmend an Einfluß gewinnt und das Handeln der Praktiker* bestimmt (vgl. Höger, 1994; Rotthaus, 1990; Schlippe & Schweitzer, 1996). In der Denkweise, die in den letzten Jahrhunderten die Psychiatrie beherrschte, wurde psychische Gestörtheit, in enger Bindung an die Naturwissenschaften, als in der Person selbst gesehen, ein Bezug zu den sozialen Bindungen geleugnet. In den 50er und 60er Jahren entstanden dann erste konkrete Theorien, die als Beginn einer neuen Betrachtungsweise in der Psychiatrie, mit der „Double-bind-Theorie", die Schizophrenie im sozialen Kontext sahen. Über die Arbeiten des Mailänder -Teams um Mara Selvini Palazzoli (vgl. Selvini Palazzoli et al. 1975), verschiedene familientherapeutische Schulen und andere Einflüsse, wie Bateson, Maturana und Watzlawick, entwickelte sich die systemische konstruktivistische Therapie und Theorie. Sicher trugen die Erfahrungen der Praktiker, wie effektiv und hilfreich der systemische Ansatz in der Kinder – und Jugendpsychiatrie ist, mit ersten Studien dazu (Burr, 1993; Derichs et al. 1997; Geiken et al. 1997; Höger et al. 1994), wie auch der Aufbau ganzer Kliniken mit systemischer Arbeitsweise, wie beispielsweise von Rotthaus in Viersen und

---

* Aus Gründen der besseren Lesbarkeit verwenden wir nur die männliche Form, meinen aber immer auch Klientinnen, Therapeutinnen,etc.

Caby in Papenburg/Aschendorf, zur Verbreitung des Ansatzes sehr bei. Für die ambulante und vor allen Dingen auch stationäre Arbeit in diesem Kontext bedeutet systemisches Arbeiten nicht nur eine veränderte Sichtweise von Problemen und Umgang mit Familien, sondern auch eine Veränderung herkömmlicher Therapie- und Diagnostikangebote und eine Wegwendung von der Suche nach „der" objektiv feststellbaren Art psychischen Erlebens und seiner Veränderung. Ausgehend von einem philosophisch-erkenntnistheoretischen Hintergrund des Konstruktivismus kann es in der Arbeit mit Familien nicht mehr um Objektivität, sondern um das Dialogisieren über unterschiedliche subjektive Erlebnis- und Erfahrungsweisen gehen, um zu einer Lösung von Problemen zu gelangen.

Unsere jahrelange Arbeit im stationären und ambulanten Bereich der Kinder- und Jugendpsychiatrie hat uns immer wieder mit Diagnostik, der Vergabe von ICD-10 Diagnosen und multiaxialen Einteilungen, als unser „tägliches Brot", konfrontiert. Dieses an traditionelles Denken angelehnte Vorgehen sieht vor, daß erst der Arzt oder Psychologe eine entsprechende ICD-Diagnose für das Kind / den Jugendlichen findet und dann mit der „richtigen", störungsspezifischen Therapie begonnen wird.

So vorzugehen entspricht sicher erst mal den Erwartungen der Familien, die Experten aufsuchen, damit ihr Problem gelöst wird und dabei sich selbst keine große Kompetenz oder gar Fähigkeiten zur Lösung zuschreiben. Familien- und Expertenwirklichkeit passen gut zusammen: es gibt ein gemeinsames Bild, was sehr pathologisierend ist, der defizitären Sichtweise der Familie wird häufig durch genaues Beschreibenlassen des Problems des Kindes nachgekommen und in bekannte Krankheitskonzepte gefaßt. Frei nach dem Motto: Wenn das Problem erst den richtigen Namen hat, den der Experte findet, weiß dieser auch das richtige Medikament bzw. die richtige Therapie.

Aus unserer Sichtweise und Erfahrung als systemische Kurzzeittherapeuten ist dieses Setting nicht immer hilfreich, vielmehr erscheint es angebracht, schon zu Beginn den Blickwinkel auf Ressourcen und Fähigkeiten in der Familie zu richten. Familien lernen so, schneller ihre Probleme zu bewältigen, oder diese lösen sich gar auf.

Was bedeutet es überhaupt für das praktische Handeln, die Expertenrolle gar mutig zu verlassen und sich systemisch-lösungsorientiert mit Diagnostik zu beschäftigen? Wie kann eine konstruktivistische, ressourcenorientierte Diagnostik mit Familien aussehen? Sollte man/ frau sich nicht vorher entscheiden, um damit klar den einen oder anderen oben skizzierten Weg zu gehen? Ehe wir mit den Fragen in einen Monolog geraten, folgen ein paar Ideen und Visionen dazu, als Anregungen für möglichst viele fruchtbare und hilfreiche Dialoge in der Praxis.

Familien - Wirklichkeiten

Die Art und Weise, wie wir mit den Familien sprechen, verändert deren Wirklichkeit über Ihre eigenen Familienkonzepte, wenn die Dialoge hilfreich und passend sind. Dabei geht es nicht darum, einseitig den Blickwinkel der Familie zu verändern, was so nicht gehen kann, sondern sich gemeinsam auf die Suche nach neuen Wirklichkeiten zu begeben. Die Familie als System hat sich bereits eine Realität als gemeinsame Wirklichkeit konstruiert, wenn sie sich an die Kinder- und Jugendpsychiatrie wenden. Das Problem eines Kindes/Jugendlichen steht im Mittelpunkt, die Familie ist in einer Krise und sucht professionelle Hilfe.

Unser Selbstverständnis als **WEGBEGLEITER der Familie**, die sich an uns wendet, erfordert eine Aufgabe der Expertenrolle.

METHAPHER:

Ich treffe die Familie als Reisende in einer Landschaft, an einer Wegkreuzung. Die Familie weiß den Weg nicht, den sie weitergehen will. Ich lade die Familie ein, sich mit mir über ihre möglichen Ziele und welche Wege dorthin führen zu unterhalten. Ich könnte dazu fragen: Was ist jetzt ihr Problem, und durch welche früheren Ereignisse ist es zustandegekommen? Ich kann auch fragen: Was läuft gut, und wo wollen sie hin? (Das ist so wie über all den blauen Himmel zu sprechen, im Angesicht von großen grauen Regenwolken, die auch am Himmel sind).

Sie auch respektvoll fragen, was sie an Schätzen in ihren Rucksäkken haben, die sie für die Weiterreise nutzen können. Hat der Vater einen Kompaß dabei, der aber tief unten im Rucksack liegt? Ist es auch sonst eine Stärke der Mutter, wenn alle nicht weiter wissen, Entscheidungen zu treffen? Im Dialog könnten die Eltern von der Hilfsbereitschaft des Kindes berichten, das sich in letzter Zeit aber wegen Rechtschreibproblemen und schlechter Schulnoten zurückgezogen hat.

Gibt es Freunde oder andere Personen, die als Unterstützung auf dem weiteren Weg erlebt werden? In meinem Rucksack könnte ich nach meinen eigenen Ressourcen Ausschau halten, gibt es etwas aus meinem Fachwissen, was hier hilfreich sein könnte? Welche diagnostischen Mittel, wie psychologische Tests, könnten hilfreich sein, gibt es Kollegen, wie z.B. Ergotherapeuten, die ich dazuholen sollte? usw...

Unser Expertenwissen als Fachmenschen der Kinder – und Jugendpsychiatrie kann hilfreich in diesen Prozeß eingebracht werden, wenn es z.B. darum geht zu entscheiden, ob ein Jugendlicher mit starkem Untergewicht eher stationäre oder ambulante Therapie benötigt. Sinnvoll erscheint auch das beständige Reflektieren eigener Wirklichkeiten, die von eben diesem Wissen gespeist werden. Auch in unseren Köpfen gibt es „Vor – Diagnosen", die das Arbeiten mit Familien beeinflussen. Öffne als Wegbegleiter der Familie Augen, Ohren, Gefühle für Kooperationsangebote und Botschaften der Familien! In ersten Telefonaten teilen diese vor allen Dingen Negatives, das was nicht funktioniert mit. Schon vor dem ersten Kontakt, mit den wenigen Informationen, lassen sich Stärken und positive Seiten in der Familie herausarbeiten, die auch den gemeinsamen Weg mit der Familie nach vorn anders beginnen lassen. Schon bei meiner ersten Begegnung mit der Familie kann ich so Anschluß finden, ein Yes – Set erstellen, und dies weniger als Methode, sondern als verändertes eigenes Fühlen, Denken, Handeln und Sprechen mit der Familie. Diese Einladung zur Veränderung der Richtung der Wahrnehmung heißt, von Anfang an vorhandene Ressourcen zu betonen und zu nutzen, auf die Stärken zu bauen.

Ein **PRAXIS-Beispiel** dazu:

Ein 10jähriges Mädchen wurde wegen einer Schulangst ambulant vorgestellt, die es schon seit Monaten daran hinderte, die Schule zu besuchen. Die überweisende Kinderärztin stellte die Diagnose einer „schweren depressiven Episode". In den Gesprächen mit dem Therapeuten, gemeinsam mit der Mutter, zeigte sich schon zu Beginn die Fähigkeit des Kindes, in seinem Erleben mystisch zu denken. Gemeinsam wurde die Idee erarbeitet, das Kind solle fortan seine Angst in einer Kiste einschließen und nur dann herausholen, wenn es denkt, daß es sie braucht. Das Kind begann schon am nächsten Tag wieder mit dem Schulbesuch und ging ab da regelmäßig hin. Schon nach den ersten Tagen vertraute auch die Mutter in die neu entdeckte Fähigkeit des Kindes, zur Schule zu gehen und erzählte, daß es nun kein Problem mehr in der Familie gäbe. Am Ende der 3. Sitzung erhielt das Mädchen noch eine Urkunde, auf der seine Leistung aufgeführt war und die es sichtbar stolz und selbstsicher entgegennahm.

Kooperatives fähigkeitsorientiertes Handeln

Die Auseinandersetzung damit, ob und wie sich der systemische Ansatz mit klassischer Diagnostik kombinieren oder eben nicht vereinbaren läßt, ist keine neue Frage an sich. Sie steht in engem Zusammenhang mit der Grundhaltung, die ich als Helfer einnehme: sehe ich mich in Analogie zwischen Arzt-Patient-Beziehung und Therapeut-Klient-Beziehung als eine Autorität (up-position) an und nehme so eine klare Machtposition mit Verantwortung ein? Das führt wahrscheinlich zu einer größeren Akzeptanz oder gar Wertschätzung durch medizinische Kollegen, würde aber bedeuten, daß ich Antworten bereits weiß und nicht suchen muß. Diese Haltung widerspricht aber einer systemisch-konstruktivistischen Grundhaltung, nach der ich in Kooperation mit dem Klienten erst eine Wirklichkeit konstruiere (vgl. Berger & Luckmann, 1970, Hinsch & Schörghofer, 1991).

Außerdem wird gegen Diagnosen angeführt, daß sie die Gefahr der Etikettierung in sich bergen und Seins – Zustände implizieren, wo es doch eher um die Beschreibung eines komplexen Verhaltens in einem bestimmten Kontext gehen müßte, und wir als Beobachter Teil des Kontextes sind (vgl. Ludewig, 1987).

Gleichzeitig begegnen wir in unserer Praxis Diagnosen als „everyday-event“: Wir stellen Diagnosen und teilen sie Krankenkassen mit, damit Maßnahmen finanziert werden. Klienten kommen mit ihnen bereits zu uns, weil der Hausarzt sie ihnen mitgeteilt hat, manche haben sich selbst darüber jahrelang und differenziert definiert, z.B. „eine Depression zu haben“ oder „psychotisch zu sein“ ist Teil ihres Lebens geworden. So zu tun, als gäbe es keine Diagnosen, hieße, einen Teil der Wirklichkeit dieser Menschen nicht ernstzunehmen, Teile des Kontextes des Problems auszublenden. Außerdem erleichtern Diagnosen die Kommunizierbarkeit unter den helfenden Berufen.

In bezug auf die Vereinbarkeit von klassischer Testdiagnostik und systemischem Denken gibt es sowohl kritische Haltungen (vgl. Schiepek, 1986) als auch Ideen zur Integration (vgl. Andrecht & Geiken, 1997, Kilian, 1990). Einer der Hauptkritikpunkte ist der, daß Psychodiagnostik, oft herausgelöst aus dem Kontext, nicht nur eine Verdinglichung und Etikettierung begünstigt, sondern auch eine Trennung von Diagnostik und Therapie bedeutet.

Die folgende Abbildung 1 stellt die beiden Sichtweisen vereinfacht gegenüber:

Expertenmodell	**Kooperationsmodell**
Diagnostik als Expertenprozedur	**Diagnostik als Kooperation**
Objektivierende Diagnostik	**Subjektivierende Diagnostik**
Trennung von Diagnostik und Therapie	**Diagnostik als Therapie**
Betonung der Verantwortung des Experten	**Betonung der Verantwortung der Familie**

Abb. 1: Experten- und Kooperationsmodell der Familiendiagnostik

Ein Kooperationsmodell in der Diagnostik mit Familien zu haben, heißt für uns, den Begriff der Diagnostik nicht zu streichen, weil wir ihn „nicht mehr brauchen, weil doch alles Therapie ist“, sondern ihn zu kontextualisieren. Damit ergibt sich ein „Diagnostikmodell 2. Ordnung“ in Anlehnung an Ideen von v. Foerster (1974).

Was bedeutet dies konkret für mein Handeln? Ein konstruktivistisch – lösungsorientiertes Vorgehen in diesem Sinne schließt unserer Erfahrung nach nicht den Einsatz psychologischer Testverfahren, wie z. B. Intelligenztests, Teilleistungstests oder Verfahren zur Familiendiagnostik, aus. Dies würde dann dem Entweder-oder-Prinzip entsprechen, sondern ermöglicht da den Einsatz von eigenen Ressourcen, wo es im Prozeß mit der Familie hilfreich und sinnvoll ist. Diesbezügliche Entscheidungen werden gemeinsam mit der Familie getroffen. Damit wird nicht der Einsatz einer bestimmten standardisierten Testbatterie vorgeschlagen, sondern ein individuelles, familien- und verlaufsbezogenes Vorgehen. Diagnostik findet im Prozeß, durch ein kooperatives Handeln und Konstruieren einer oder eben mehrerer Wirklichkeiten, gemeinsam mit der Familie statt.

Praktische Ressourcendiagnostik

Von seinen griechischen Wurzeln her (vgl. Drosdowski, 1989) bedeutet das Wort DIAGNOSE „unterscheidende Erkenntnis" und DIAGNOSTIK „zum Unterscheiden geschickt". Erst im medizinischen Kontext ist von der „Bestimmung einer körperlichen oder psychischen Krankheit (durch den Arzt)" die Rede. In den Gesprächen mit den Familien ist es für uns wichtig, schon früh diesen Unterschied einzuführen, daß es nicht primär um das Finden einer Krankheitsdiagnose geht, sondern darum, hilfreiche Unterscheidungen zu treffen, damit das Problem gelöst wird. Ist eine bestimmte Diagnose, mit der die Familie geschickt wird, in den Gesprächen Thema, kann sie mit allen in ihrer Bedeutung und ihrem Kontext besprochen werden. Traut sich z.B. die Jugendliche nicht, mit Gleichaltrigen über deren Reaktionen auf „ihre" Diagnose Magersucht zu sprechen, oder ist sie sauer auf ihre Eltern, weil diese sie allen Bekannten erzählen? Was für Wünsche gibt es von allen Beteiligten, wie mit dem Reden über das Problem umgegangen wird? etc. Schon in der Anfangsdiagnostik kann nach kleinen Ausnahmen vom Problem gefragt werden oder danach, woran einzelne Familienmitglieder kleinste Veränderungen bemerken würden. Durch positive Rückmeldungen und Betonung der Unterschiede kann ich dazu beitragen, daß diese vielleicht wachsen und zu großen Unterschieden werden.

Wir möchten anhand einiger Beispiele aus unserer praktischen Arbeit mit Familien verdeutlichen, was für uns dieser andere Blickwinkel bedeutet.

- **Ressourcenorientierte Genogrammarbeit**

Das Genogramm ist eine graphische Darstellungsmethode von Familienkonstellationen. Sie legt den Fokus der Betrachtung auf die Wiederholung bestimmter Merkmale und Ereignisse in Familien über die Generationen hinweg und/ oder die Verbindung von bestimmten Ressourcen/ Fähigkeiten mit Ereignissen in der Chronik von Familien. Beispiele von Wiederholungen können sich beziehen auf: Namensgebung, Berufswahl, Hobbys, Problemlösungen und Fähigkeiten.

Genogramme können als Medium eingesetzt werden, durch das sich Normen und Werte in Familien sowie Sichtweisen von Fähigkeiten und Ressourcen erschließen lassen. Sie helfen beim Konstruieren und Visualisieren von familiären Ressourcen – Landkarten.

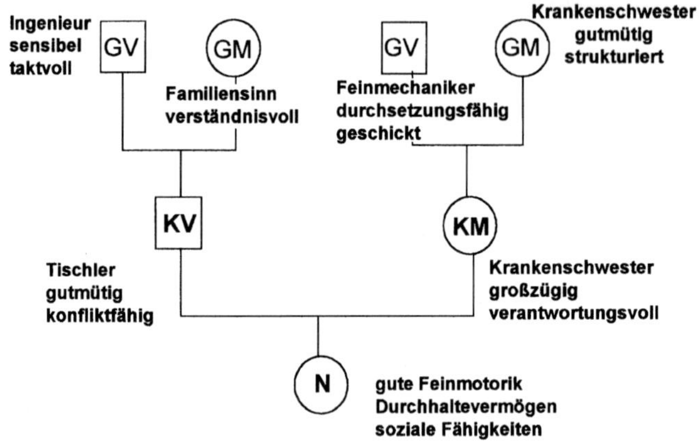

Bei Familie W. gibt es über Generationen die Fähigkeiten, sich für andere einzusetzen, Verantwortung zu übernehmen sowie Stärken im feinmotorischen Bereich.

Abb. 2: Beispiel: Genogramm der Familie der 15-jährigen N. (Diagnose „Somatoforme Schmerzstörung")

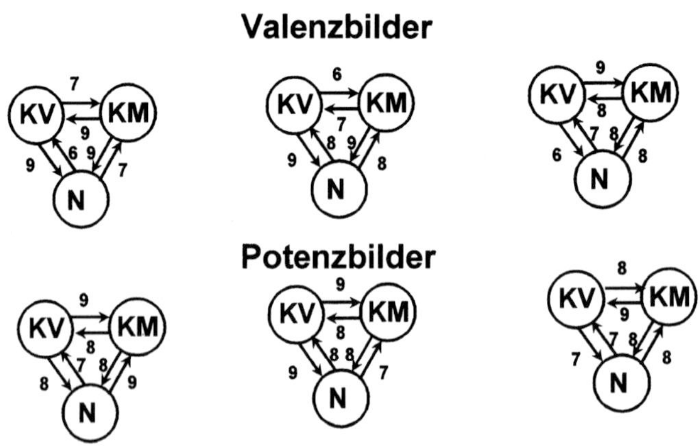

Bei Familie W. zeigt sich beim SFB eine hohe emotionale Verbundenheit und eher niedrige Autonomiebestrebungen von N.

Abb. 3: Subjektives Familienbild SFB von N. (dieselbe Familie wie bei Abb. 2)

- **Das Subjektive Familienbild – einmal etwas anders**

Die Intention des „Subjektiven Familienbildes SFB“ (Mattejat & Scholz, 1994) ist u.a. eine Familien- und Beziehungsdiagnostik in Familien mit Jugendlichen ab 12 Jahren. Mit der Methode des semantischen Differentials werden Beziehungsstrukturen in Familien erfaßt, gerichtete Beziehungsangebote beschrieben, z.B.: „Ich verhalte mich meiner Mutter gegenüber....“, „Mein Vater verhält sich meiner Mutter gegenüber...“. Dabei werden zwei Aspekte, emotionale Verbundenheit (Valenz) und individuelle Autonomie (Potenz) unterschieden. Theoretisch basiert das Verfahren auf einem Entwicklungs- und Kohäsionsmodell der Familienbeziehungen.

Nach der Auswertung des Tests können die Ergebnisse im Hinblick auf Stärken in der Familie, wie z.B. eine hohe Verbundenheit und Unterstützung füreinander, und in bezug auf schwierigere Themen, wie z.B. Streit in der Familie, gemeinsam besprochen werden. Dies erscheint vor allem da hilfreich, wo es Familien eher schwerfällt, Vorhandenes anzuerkennen und auch über Tabuthemen reden zu dürfen. Ein gemeinsamer Dialog über Testergebnisse kann eine direkte Einladung für alle Beteiligten sein, sich über die „zwei Seiten großer Nähe“ oder ähnlichem zu unterhalten.

- **Ressourcentreppe – vorangehen Schritt für Schritt und Kompetenzen aktivieren**

Das Skalieren von Veränderungen ist besonders bei längerfristigen Zielen und Veränderungsprozessen ein wirksames Mittel, um individuelle Entwicklungspläne zu visualisieren (Dreesen & Eberling, 1996). Dabei können persönliche Wege zum Ziel als ganz unterschiedliche Linien dargestellt werden, so wie sie für die Person passend sind. Möglich ist auch eine Skalierung, bei der einzelne Schritte über Zahlen und ihre Abstände deutlich gemacht werden. Bewährt hat sich in unserer Arbeit mit Kindern / Jugendlichen und Eltern eine Darstellungsform als Treppe, die zur Symbolisierung von Wachstum und Ressourcenaktivierung dient.

Diese Treppe mag einige an die Stufen beispielsweise bei einer Angsthierarchie oder eines Verstärkerplans erinnern, wie sie in der Verhaltenstherapie üblich sind. Der Unterschied, der für uns sprachlich und vom Problemlösungskonzept her einen Unterschied macht, ist, daß es sich hierbei immer um positive Ziele und die Darstellung zunehmender Kompetenz unter Nutzung von Fähigkeiten geht. Das erfor-

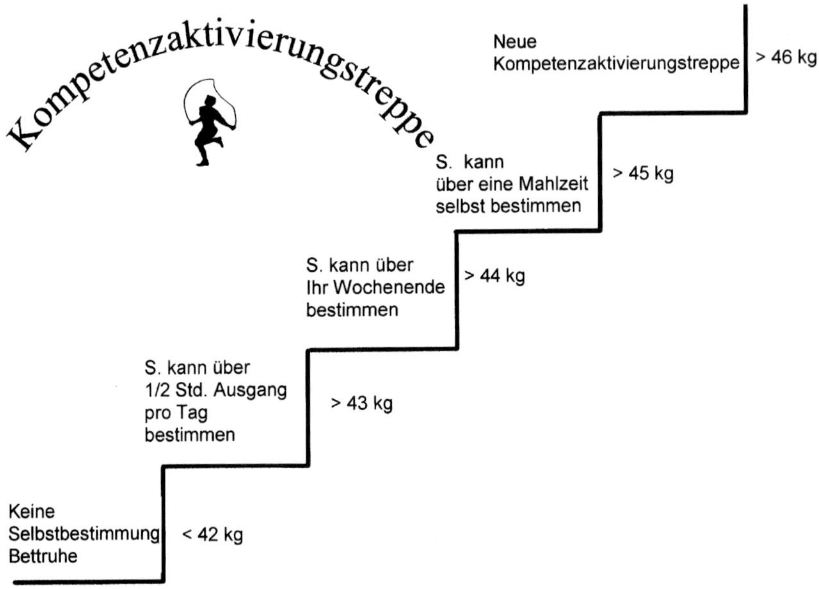

Abb. 4: Kompetenzaktivierungstreppe einer 17 Jahre alten Jugendlichen (Diagnose „Anorexia nervosa")

dert zu Beginn ein Reframen der Begriffe in einem Dialog zwischen Therapeut und Kunden, um zur Formulierung der nächsten Schritte auf dem Weg zum Ziel zu kommen. Im Verlauf wird dann über ein „mehr an Kompetenz" und nicht „ wie stark die Ängste noch sind" reflektiert. Wichtig ist ebenfalls, daß nur die Kunden die Experten für die nächsten für sie richtigen Schritte sind, die nicht über bestimmte Vorgaben des Therapeuten bestimmt sind. Bewährt hat sich in Familien auch die Kombination einer solchen Kompetenztreppe mit zirkulären Fragen und dem Dialogisieren von Unterschieden oder Gemeinsamkeiten einzelner Familienmitglieder, was Bedeutung und Inhalte einzelner Stufen angeht.

- **Familienschatzkiste**

Diese wert-volle Möglichkeit zur Evaluation von Ressourcen in Form einer Schatzkiste haben wir im Verlauf unser klinischen Arbeit als lösungsorientierte Kurzzeittherapeuten entwickelt. Sie läßt sich gut einsetzen bei „Multi – Problem – Familien", da diese meist sehr problemorientiert miteinander umgehen, und sie häufig auch bei positivem Therapieverlauf Unterstützung benötigen, um eine wertschätzende Haltung untereinander einzunehmen.

Die Metapher der Schatzkiste bietet für viele Menschen positive Anschlußmöglichkeiten: fast jeder hat als Kind einmal eine Schatzkiste mit persönlich wertvollen Dingen darin gehabt. In Krisen wie auch in schönen Zeiten konnte diese Kiste eingesehen, die Schätze genutzt oder einfach nur bewundert werden. Einen Schatz zu suchen ist ein echtes Abenteuer, weckt die Neugier und alle Sinne, um Schönes zu entdecken. Besonders aufregend ist es, solche wertvollen Schätze von jemandem geschenkt zu bekommen, das ist dann wie Weihnachten oder ein kleines bißchen mehr...

Durchführung der Familienschatzkiste:

- Einführung der Schatzkisten – Metapher (Ideen dazu s.o.)
- Einladung an die Familie, daß jeder 10 Minuten für sich überlegt, was er an den anderen Familienmitgliedern schätzt, in Bezug auf folgende Fragen:

1. Was schätze ich an Dir?
2. Welche Fähigkeiten mag ich besonders?
3. Welche Wünsche habe ich, was ich Schönes mit Dir tun könnte?
4. An was für Geschichten, Verhaltensweisen kann ich mich erinnern, wo Du für mich hilfreich warst? Was habe ich da besonders geschätzt?
5. In welchen Situationen erlebe ich viel Ähnlichkeit mit Dir?
6. Welche Lebenskonzepte und Überzeugungen habe ich von dieser Person übernommen oder teile sie? Wo gibt es Unterschiede?
7. Welche Entwicklung in den letzten Monaten hat mich beeindruckt?
8. Welche Möglichkeiten erhalte ich von meiner Mutter/meinem Vater, um mich zu verselbständigen? Bzw.: Welche Fähigkeiten meines Kindes geben mir Mut und Hoffnung, daß es seinen Weg gehen wird, und ich mich mit meiner Fürsorge zurücknehmen kann?

- Die Ideen werden auf Karten geschrieben, jeweils für eine Person eine gesonderte (z.B. Kartei-)Karte.
- Danach unterhalten sich zwei Familienmitglieder über die Stärken und Fähigkeiten eines weiteren Mitglieds, angelehnt an die Aufzeichnungen auf den Karten, im Sinne einer „Reflecting Solution“ (Dahm & Geiken, 1998).

- Am Ende des wohlwollenden Dialogs schenken beide Familienmitglieder dem/r Dritten die Karten, die dieser in seine Schatzkiste tut.
- Dann wird gewechselt, so lange bis alle dran waren.

Abb 5: Familienschatzkiste

Anzumerken wäre noch, daß die Schatzkiste über obiges Symbol, einen Briefumschlag, echte Pappkisten oder ähnliches gestaltet werden kann. Weiterhin ist es wichtig, die Familien ggf. darauf hinzuweisen, daß sie bitte bei Dingen, die sie – trotz anderer Aufgabenstellung – als Kritik an einem anderen Familienmitglied haben, diese in konstruktiver Form äußern. So z.B.: „Ich kann manchmal nicht leiden, wenn Du,.... Ich wünsche mir statt dessen in Zukunft von Dir....".

In der Arbeit mit Familien mit Jugendlichen haben wir mit dieser Schatzkiste sehr gute Erfahrungen gemacht. Sind die Kinder noch jünger, sollten einzelne Fragen dem Alter des Kindes entsprechend umformuliert werden bzw. die Beantwortung der Fragen gemeinsam mit Unterstützung des Therapeuten erfolgen. Allgemein eignet sich dieses Verfahren eher gegen Ende als zu Beginn einer Therapie einzusetzen.

Besonders hilfreich hat es sich im Kontext von Ablösungsprozessen von Jugendlichen gezeigt, um für beide Seiten ein „gutes Gehen“ zu ermöglichen.

- **Lösungsorientierte Skulpturarbeit**

Ein weiteres Mittel zur Diagnostik und Arbeit mit Beziehungen in Familien sind die verschiedensten Familienskulpturtechniken, wie z.B. das „Familienbrett“ von Ludewig (1983), die „Skulpturtechnik“ (Kvebaek,1973, Cromwell et al. 1980) oder der „Familiensystemtest“ nach Gehring (1989). Wir möchten anhand einer dieser Techniken darstellen, wie wir eine Erweiterung der Chancen solcher figürlichen Verfahren mit einer lösungsorientierten Perspektive gestalten.

Wir haben sehr gute Erfahrungen diesbezüglich mit dem **Familienbrett von Ludewig** gemacht. Vom Konzept her sollen die Familienmitglieder symbolisch, mittels unterschiedlich geformter Holzfiguren, die Familienstruktur auf einem 50 cm x 50 cm großen Holzbrett darstellen (zur üblichen Auswertung siehe Ludewig et al. 1983).

Lösungsorientierte Skulpturarbeit schließt sich an die Aufstellung der Figuren an:

- Jedes einzelne Familienmitglied beschreibt die Aufstellung der Figuren, bringt das „hier und jetzt“ der Beziehungen in Sprache (Realbild).
- Dann nimmt er/sie eine neue Aufstellung der Figuren vor, was sein Wunsch ist, wie sich die Beziehung zu den anderen Familienmitgliedern gestalten könnten (Wunschbild): Wie sind Nähe und Distanz? Wie häufig ist der Kontakt? Gibt es gemeinsame Interessen oder Aktivitäten? etc. (genaues Beschreiben).
- Wie sähe die kleinste Veränderung in diese Richtung aus?
- Gibt es jetzt schon manchmal Situationen, wo es ein klein bißchen so ist?
- Woran würden die anderen in der Familie die Veränderung bemerken und wer zuerst?...

In der **Arbeit mit einzelnen Familienmitgliedern** kann nach der Aufstellung und Beschreibung des Real- und Wunschbildes mit einem Wechsel der Wahrnehmungsperspektiven direkt weiter inszeniert werden:

- Wie würde Vater/ Mutter/Kind wohl die Figuren stellen?
- Die Figuren zuerst als Realbild stellen und beschreiben lassen.
- Dann das vorgestellte Wunschbild des anderen darstellen.
- Wie könnte auch hier die erste kleine Veränderung in Richtung Wunsch aussehen?
- Gibt es Unterschiede zu eigenen Bedürfnissen?
- Welche Wunschvorstellung ist mein persönliches Ziel? Wie kann ich mich dafür einsetzen?

Das Besprechen der unterschiedlichen Bilder sollte nicht als Abfragen sondern vielmehr, auch im Familienkontext, als gemeinsames Sprechen über verschiedene Wahrnehmungen und Ideen verlaufen. Unserer Erfahrung nach eignen sich, wenn oben genannte Verfahren nicht zugänglich sind, auch andere Medien, wie z.B. Murmeln oder Münzen, sehr gut zur lösungsorientierten Skulpturarbeit.

Abschließende Bemerkungen und Visionen

Allgemein ist bei unserem Arbeiten neben einer wertschätzenden, respektvollen und kooperativen Grundhaltung der Familie gegenüber Transparenz sehr wichtig. Vor der Durchführung eines psychologischen Tests wird mit der Familie darüber gesprochen, wofür dieses Verfahren gut sein kann, und ob die Familie einverstanden ist. Anschließend werden Testergebnisse gemeinsam mit der Familie und lösungsorientiert besprochen. Im Dialog über Stärken kommt es zu einer anderen Sichtweise und weiteren Ressourcenaktivierung. Das bedeutet auch, ggf. Testergebnisse im Hinblick auf Normen zu besprechen: Wo dekken Sie sich mit familiären Wirklichkeiten? Wo sieht sich die Familie ganz anders? Welche Konsequenzen können die Befunde für das Kind bzw. die Eltern haben?

Eine Aufgabe der Trennung von Therapie und Diagnostik findet z.B. statt, wenn Testergebnisse im Prozeß gemeinsamen Reflektierens und Abstimmens zwischen Familie und Therapeut, kontextbezogen besprochen werden. So wird die Diagnose zur „Sozialen Übereinkunft" und verliert ihre Etikette. Das fortschreitende Finden und Feststellen von Ressourcen im therapeutischen Prozeß ließe sich mit einer nach oben immer mehr weitenden Spirale symbolisieren, bei der beständig die Kompetenzen der Familie anwachsen und auch die Familie sich zunehmend mehr wertschätzt. Ressourcen- und lösungsorientierte Diagnostik, gemeinsam mit Familien, ist ein prozeßhaftes- und kontextgebundenes Geschehen: So wird z.B. fortlaufend nach Fähigkeiten und Erfolgen im Verlauf der Therapie/Beratung gefragt. Fragen wie: Was ist besser geworden seit letztem Mal? Was ist Ihnen an Veränderung aufgefallen?(Iterationsprinzip).

Ressourcenorientiertes, konstruktivistisches Arbeiten mit Familien in der Kinder- und Jugendpsychiatrie ist für uns einmal mehr ein „sowohl-als auch" und kein „entweder-oder". Es schließt beim lösungsorientierten Arbeiten den Einsatz von vorhandenen Testmaterialien ein, da, wo es für den Prozeß mit der Familie hilfreich ist. Es muß nicht immer Neues erfunden werden; den Blickwinkel der Wahrnehmung zu ändern, macht für uns einen Unterschied, der auch bei Familien einen Unterschied machen kann. Dies ist keine Einladung zur Beliebigkeit, sondern zum Entdecken von Ressourcen auf Seiten der Familie und der eigenen und zum beständigen Reflektieren des eigenen, alltäglichen Umgangs mit Diagnostik. Damit verbinden sich für uns auch persönliche Visionen von einer Kinder- und Jugendpsychiatrie in Deutschland, wo zumindest Raum ist für wertschätzendes, lösungsorientiertes Arbeiten, und vielleicht im Jahr 2000 (das ist ja nicht mehr lange hin...) eine 7. Achse „Ressourcen" in multiaxialen psychiatrischen Systemen ihren festen Platz hat. Für uns ergibt sich eine Aufhebung der sonst üblichen Trennung von Diagnostik und Therapie, ohne damit den Begriff als etwas Unterscheidendes aufzugeben. Wir sehen uns auf dem gemeinsamen Weg mit Familien, die Unterstützung suchen, in Bewegung hin zu Zielen, die nur die Familie kennt...

Literatur

Andrecht, U. & Geiken, G. (1997): Ressourcenorientierte Familiendiagnostik. In: *Scholz:* Abstractband zum XXV. Kongreß der Deutschen Gesellschaft für Kinder- und ugendpsychiatrie und Psychotherapie vom 20.-22.5.1997 in Dresden.

Berger, P. & Luckmann, T. (1970): Die gesellschaftliche Konstruktion von Wirklichkeit. Frankfurt am Main: Fischer

Burr, W. (1993): Evaluation der Anwendung lösungsorientierter Kurztherapie in einer kinder-und jugendpsyciatrischen Praxis. Familiendynamik, 18(1),11-21.

Cromwell, R.; Fournier, D.; Kvebaek, D. (1980): The Kvebaek Family Sculpture Technique: A Diagnostic and Research Tool in Family Therapie. Jonesboro: Pilgrimage

Dahm, M. & Geiken, G. (1998): Reflecting Solutions. Zeitschrift für systemische Therapie, 1, 31-36.

Derichs, G; Höger, C.; Kastner-Voigt, M., Schulz, T.; Dill, S.; Witte-Lakemann, G. (1997): Eine katanamnestische Untersuchung zur Therapie mit einem reflektierenden Team. In: Scholz: Abstractband zum XXV. Kongreß der Deutschen Gesellschaft für Kinder- und Jugendpsychiatrie und Psychotherapie vom 20.-222.05.1997 in Dresden.

Dreesen, H.; Eberling,W. (1996): Success Recording. Komplimente und Dokumente in der systemisch-lösungsorientierten Kurztherapie. In: *Eberling, W. & Hargens, J.* (Hrsg.): Einfach kurz und gut. Dortmund: borgmann publishing

Drosdowski,G. (Hrsg.) (1989): Duden Deutsches Universalwörterbuch. Zürich: Dudenverlag.

Foerster, H. von: In: *Howe, R. Foerster, H.* von (1974): Cybernetics at Illinois. Forum 6:15-17.

Gehring, T.M.; Funk, U.; Schneider, M. (1989): Der Familiensystemtest (FAST): Eine dreidimensionale Methode zur Analyse sozialer Beziehungsstrukturen. Praxis der Kinderpsychologie und Kinderpsychiatrie, 38, S.152-164.

Geiken, G.; Berger, C.; Klopfer,U.; Spitzock von Brisinski, I.; Naumann, A. (1997): Behandlung einer schweren Störung des Sozialverhaltens mit einer systemischen Kurzzeittherapie – eine Einzelfallanalyse. In: *Scholz:* Abstractband zum XXV. Kongreß der Deutschen Gesellschaft für Kinder- und Jugendpsychiatrie und Psychotherapie vom 20.-22.5.1997 in Dresden.

Hinsch, J. & Schörghofer, S. (1991): Krankheit ist auch nur eine Metapher. In: Reiter, L. & Ahlers, C.(Hrsg): Systemisches Denken und therapeutischer Prozeß. Springer: Berlin Heidelberg.

Höger, Ch. (1993): Systemische Ansätze in der ambulanten Kinder- und Jugendpsychiatrie. In: Praxis der Kinderpsychologie und Kinderpsychiatrie, 43, 78-84.

Höger, Ch.; Temme, M.; Geiken, G. (1994): Wem nützt systemische Therapie mit einem reflektierenden Team? Zeitschrift für Kinder- und Jugendpsychiatrie. 22, S.5-15.

Kilian, H. (1990): Psychodiagnostik als Möglichkeit für systemische Intervention? Einige Gedanken zu Tests und systemischem Ansatz. Praxis Kinderpsychologie und Kinderpsychiatrie, 39,300-305.

Kvebaek, D.J. (1973): Sculpture Test: a diagnostic aid in family therapy. (Unpublished technical report of the Modum Bads Nervesanatorium, Vikersund, Norway).

Ludewig, K.; Pflieger, K.: Wilkwe, U.; Jakobskötter, G. (1983): Entwicklung eines Verfahrens zur Darstellung von Familienbeziehungen. Familiendynamik 8, S. 221-235.

Mattejat, F. & Scholz, M. (1994): Das Subjektive Familienbild (SFB). Göttingen: Hogrefe-Verlag.

Rotthaus, W. (1990): Stationäre systemische Kinder- und Jugendpsychiatrie. Dortmund: verlag modernes lernen.

Schiepek, G. (1986): Systemische Diagnostik in der Klinischen Psychologie. Weinheim: Beltz.

Schlippe, A. von & Schweitzer, J. (1996): Lehrbuch der systemischen Therapie und Beratung; Göttingen, Zürich: Vandenhoeck und Ruprecht, 1996.

Selvini Palazzoli, M.; Boscolo, G.; Prata, G. (1975): Paradosso e Contraparadosso. Giangiacomo Feltrinelli Editore: Milano.

Gudrun Sickinger

Vom Erstkontakt zum Arbeitskontrakt

Systemisch-lösungsorientierte Methoden im Behindertenbereich: Auftragsklärung in der Hausfrühförderung

In diesem Beitrag wird ein systemisch-lösungsorientierter Leitfaden zur Auftragsklärung dargestellt, der von mir 1993 exemplarisch für das Arbeitsfeld der Frühförderung entworfen und mit den MitarbeiterInnen einer Hausfrühförderung in Norddeutschland im Rahmen einer internen Fortbildung überprüft und konkretisiert wurde.
Hausfrühförderung wird von verschiedenen Trägern für Familien mit entwicklungsverzögerten oder behinderten Kindern angeboten. Solch ein Angebot beinhaltet je nach Bedarf die gezielte Entwicklungsförderung der beeinträchtigten Kinder sowie die Anleitung, Beratung und Begleitung der betroffenen Eltern bzw. Familien.
Die Anregung zu einem systemisch-lösungsorientierten Leitfaden für die Auftragsklärung in der Hausfrühförderung geht u.a. auf eine Beschreibung von TherapeutIn-KlientIn-Beziehung aus der lösungsorientierten Kurztherapie zurück (Berg, 1997). Ausgehend von der Frage, wer am meisten an einer Veränderung bzw. Lösung eines Problems interessiert ist, werden drei Beziehungstypen unterschieden:

a) *Typus Besucher-Beziehung*: dieser Typus findet sich häufig bei KlientInnen, die kein eigenes Anliegen an Veränderungen haben und die sich von anderen gedrängt fühlen, etwas zu unternehmen.
b) *Typus Kläger-Beziehung:* in dieser Art von Beziehung werden von den KlientInnen detaillierte Beschreibungen zu beklagenswerten Beobachtungen vorgebracht, oftmals verbunden mit der Erwartung, daß andere Personen für die Problemlösung sorgen sollen.
c) *Typus Kunden-Beziehung:* bei diesem Typus signalisieren die KlientInnen Bereitschaft, sich an Problemlösungen zu beteiligen – ganz gleich, ob sie sich dabei für das Problem verantwortlich fühlen oder nicht – und bitten evtl. um Hilfe oder Unterstützung.

Der unten beschriebene Leitfaden stellt eine Abwandlung der Beziehungstypen für den Kontext der Frühförderung dar und bildet nach wie vor die Grundlage meiner Beratungsarbeit mit den Eltern bzw. Familien mit sehr jungen Kindern, für die ein Hilfebedarf beschrieben wird, sowie für die Fortbildung und Supervision mit den MitarbeiterInnen in diesem Arbeitsfeld.

Ausgangspunkt des Leitfadens ist die Beschreibung der Eltern bzw. Mütter über den Anlaß, Hausfrühförderung zu nutzen. Im Rahmen eines Erstgesprächs werden die Gründe für Hausfrühförderung u.a. mit folgenden Fragen ermittelt:

Erstgespräch in der Hausfrühförderung:

Wer hat Ihnen Hausfrühförderung empfohlen?
Sind Sie damit einverstanden? Wie steht Ihr Partner dazu?

Worüber machen Sie sich Sorgen bei Ihrem Kind?
Was hat der Kinderarzt (die Sozialarbeiterin, andere Therapeuten) als Problem genannt?

Was wurde bisher zu diesem Problem unternommen? Von wem?
Welche bisherigen Versuche waren hilfreich?

Was möchten Sie erreichen?
Was wäre für Sie (für andere) der kleinstmögliche Erfolg?
Woran werden Sie (andere Personen) erkennen, daß dies erreicht ist?
Was können wir mit der Hausfrühförderung dazu tun?
Was können Sie selbst dazu tun?

Ergebnis einer solchen Befragung kann manchmal sein, daß die Familie vom Arzt oder anderen Personen geschickt wurde. Dann ist es lohnend zu erfragen, womit der Arzt zufrieden wäre.

Im Anschluß an das Erstgespräch verschaffen sich die MitarbeiterInnen selbst einen Eindruck, wozu Hausfrühförderung nützlich sein könnte – dies geschieht z.B. mittels Spielbeobachtung oder Förderdiagnostik des Kindes – und vergleichen ihre Eindrücke mit den Beschreibungen der Eltern.

Als ausgesprochen nützlich für die gemeinsame Kooperation erweist es sich oftmals, wenn die Mütter schon zu diesem frühen Zeitpunkt in die (diagnostische) Beobachtung mit Hilfe eines Entwicklungsgitters einbezogen werden (Fröhlich, 1982, Holle, 1988, Kiphard, 1976, Ohlmeier, 1983, Straßmeier, 1992).

Wenn die Beschreibung der Eltern und der MitarbeiterIn bezüglich der Gründe für Hausfrühförderung weitgehend übereinstimmen, kommt es an dieser Stelle zu einem Arbeitskontrakt mit entsprechenden Vereinbarungen über die nächsten Ziele, die Ressourcen aller Beteiligten und die nächsten konkreten Schritte. In dem folgenden Schaubild findet sich dieser Ablauf im mittleren Ast des Verlaufsdiagramms.

Vom ERSTKONTAKT zum ARBEITSKONTRAKT

Leitfaden für MitarbeiterInnen der Hausfrühförderung

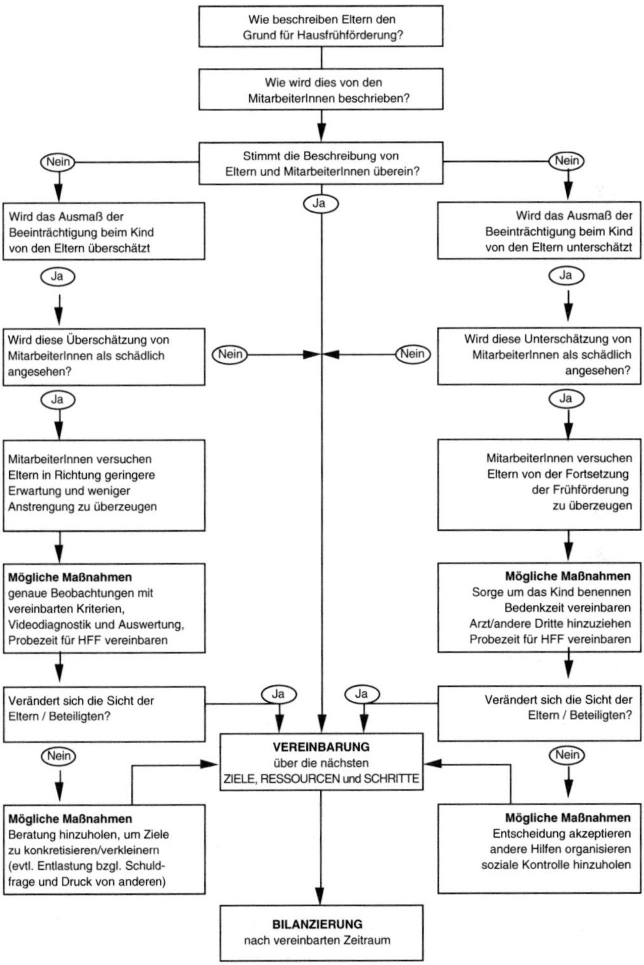

Die Übereinstimmung von Problemdefinition und Zielen bei Eltern und MitarbeiterInnen ist der wünschenswerte und leichtere Fall. Was jedoch, wenn eine solche Übereinstimmung nicht so ohne weiteres zu erreichen ist? Diese nicht seltene Herausforderung läßt sich in 2 häufig vorzufindende Kategorien fassen:

a) die MitarbeiterInnen machen sich größere Sorgen um das Kind als die Eltern (rechter Ast im Verlaufsdiagramm)
b) die Eltern machen sich größere Sorgen um das Kind als die MitarbeiterInnen (linker Ast im Verlaufsdiagramm)

Diese beiden möglichen Konstellationen werde ich aus der Sicht der MitarbeiterInnen darstellen, die sich an dieser Stelle häufig an mich wenden, um ein möglichst erfolgversprechendes Vorgehen mit mir zu entwerfen.

Wenn die MitarbeiterInnen sich größere Sorgen um das Kind machen als die Eltern

Die Beschreibung der Mitarbeiterin für diese Situation lautet dann häufig: diese Eltern unterschätzen das Ausmaß der Behinderung bzw. die Notwendigkeit der Förderung ihres Kindes.

Als mögliche Kennzeichen der Situation werden oftmals genannt:

- die Eltern bzw. Mütter greifen die Vorschläge der MitarbeiterInnen nicht auf bzw. machen stattdessen etwas anderes
- Termine für Hausfrühförderung werden häufig abgesagt
- die Mitarbeiterin steht häufig vor verschlossener Tür ohne Hinweis oder Nachricht
- die Eltern lehnen die Fortsetzung der Hausfrühförderung ganz und gar ab

Solche wiederholten Vorkommnisse, die die Durchführung einer entsprechenden Förderung massiv blockieren, machen ein klärendes Gespräch zwischen den Eltern und der Mitarbeiterin erforderlich, in das ich manchmal auch einbezogen werde.

Folgende Fragen haben sich u.a. für solch eine Klärung als nützlich erwiesen:

Konfliktgespräch in der Hausfrühförderung: „Die Mitarbeiterin hat ein Anliegen an die Eltern"

a) Problemdefinitionen:
In der Frühförderstunde ist mir/uns Folgendes bei Ihrem Kind aufgefallen. Deshalb mache ich mir Gedanken/ Sorgen um Ihr Kind.

Sicherlich gibt es gute Gründe dafür, doch ich befürchte, daß ...
Ist Ihnen das auch aufgefallen? Haben Sie etwas Ähnliches schon beobachtet?
Teilen Sie meine Befürchtungen?
Halten Sie es auch für wichtig, dies zu überdenken/ zu überprüfen / etwas zu unternehmen / etwas zu verändern?

b) Zielvorstellungen
Mir ist es wichtig, daß ... Ich möchte gerne erreichen, daß ...
Haben Sie schon mal daran gedacht, wie es wäre, wenn ...
Teilen Sie meine Vorstellungen? Stimmen Sie diesen Ideen zu?
Was wäre Ihnen in dieser Angelegenheit wichtig?
Haben Sie etwas Ähnliches schon in den Griff bekommen? Wie?
Von wem sind Sie dabei unterstützt worden?

c) bei Einwänden:
Wer sollte in diese Sache noch einbezogen werden, mitreden/ mitentscheiden?
Welche Befürchtungen haben Sie, was passieren könnte, falls es anders gemacht würde als bisher?
Was müßte passieren/ sichergestellt sein, damit Sie sich auf einen Versuch einlassen könnten? Unter welchen Voraussetzungen/ Bedingungen wären Sie damit einverstanden?
Was könnte ich dazu beitragen? Was könnten Sie selbst dazu tun?
Worauf könnten wir alle besonders achten?
Wie können wir uns gegenseitig unterstützen?
Wie müßte das Gespräch enden, damit auch Sie zufrieden sein können?

Nachdem in dieser oder ähnlicher Weise mit den Eltern gesprochen wurde, und die Eltern die genannte Sorge und die damit verbundenen Ziele teilen, kommt es erfahrungsgemäß häufig zu Vereinbarungen, die die nächsten Schritte festlegen und welche Ressourcen dafür eingesetzt werden können.

Kann jedoch eine solche Übereinstimmung in der Sorge um das Kind nicht erreicht werden, dann gibt es an dieser Stelle noch die Möglichkeit, folgende Fragen zu stellen:

d) bei Nichtübereinstimmung bezüglich der Befürchtungen:
Wie erklären Sie sich, daß Sie und ich in der Sorge um ihr Kind so unterschiedlicher Meinung sind?

Was könnte getan werden, um herauszufinden, daß meine Befürchtungen evtl. nicht angebracht sind?

e) bei Nichtübereinstimmung bezüglich der Ziele:
Welche Möglichkeiten gibt es/ sehen Sie, unsere unterschiedlichen Vorstellungen bzw. Ideen zu berücksichtigen?
Was halten Sie davon, wenn ... (verschiedene Vorschläge nacheinander/ parallel/ kombiniert usw. ausprobiert werden)?

Je nach Einzelfall kann es nun zu Vereinbarungen kommen wie, eine Bedenkzeit bzgl. der Fortsetzung von Hausfrühförderung zu verabreden, evtl. den Arzt oder andere Fachpersonen hinzuzuziehen und/ oder eine Probezeit für Hausfrühförderung festzulegen.
Falls diese Schritte keine nennenswerte Verbesserung der Fördersituation bewirken, kann es u.U. günstig sein, die Entscheidung der Eltern, die Hausfrühförderung nicht fortzusetzen, zu akzeptieren oder je nach Einschätzung des Hilfebedarfes für das Kind bzw. die Eltern andere Hilfen wie Familienhilfe anzubahnen.
Erscheint die Situation für das Kind evtl. sogar bedrohlich, kann es auch notwendig werden, soziale Kontrolle über das Gesundheits- bzw. Jugendamt hinzuzuholen. Letzteres sollte jedoch nicht hinter dem Rükken der Familie geschehen, sondern möglichst offen angekündigt werden, welche weiteren Schritte man gedenkt von Seiten der Frühförderung zu unternehmen, um in dieser Sache weiterzukommen.

Umgang mit sozialer Kontrolle

Eine Mitarbeiterin der Hausfrühförderung wendet sich an mich als beratende Psychologin wegen des Verdachts der massiven Vernachlässigung von 10 Monate alten Zwillingen, für deren Förderung sie eingesetzt ist. Ihre bisherigen Versuche, mit der 22jährigen Mutter darüber ins Gespräch zu kommen, hätten leider keine Verbesserungen gebracht.
In einem Gespräch zu dritt zwischen der Mutter, Frühförderin und mir stellt die Mitarbeiterin ihre Beobachtungen bezüglich der Zwillinge dar: u.a. seien diese immer im Bett, wenn sie zur Förderstunde komme, zeitweise würden sie fast apathisch wirken und verglichen mit gleichaltrigen Kindern eine deutliche Entwicklungsverzögerung aufweisen.
Die Mutter reagiert auf diese Darstellung mit Argumenten wie, die Zwillinge seien eben zu früh geboren und bräuchten mehr Zeit als andere Kinder. Dann geht sie dazu über, sich massiv über ihre 3jährige Toch-

ter zu beklagen, die extrem ungehorsam und bockig sei und nie aufräumen würde.
Zunächst geben wir dieser Klage etwas Raum und kommen dann erneut auf die Zwillinge zu sprechen. Wir benennen nun unsere vorher abgestimmten wichtigsten Erwartungen an die Mutter: regelmäßiger Kinderarztbesuch mit den Zwillingen und bei der Frühförderstunde zuschauen. Die Mutter wirkt zwar nicht begeistert, erklärt sich jedoch bereit, diese Anforderungen zu erfüllen.
Nach diesem Gespräch tritt laut Bericht der Mitarbeiterin zunächst eine Verbesserung ein, dann jedoch eine erneute Verschlechterung. Bei einem weiteren Hausbesuch wird von der Mutter als Grund wiederum die extreme Belastung mit ihrer 3jährigen Tochter angegeben. Zwei zusätzliche Beratungsgespräche bieten der Mutter die Gelegenheit, einige Lösungsideen zu diesem Problembereich zu finden. Die erhoffte Entlastung der Situation für die Mutter tritt jedoch nicht ein, sondern die Sorge der Mitarbeiterin, daß die Zwillinge zu sehr vernachlässigt werden, wächst an.
Es kommt zu einem weiteren Gespräch zwischen der Mutter, der Frühförderin und mir, bei dem zusätzlich der Vater anwesend ist. Erneut werden von der Mitarbeiterin die für sie besorgniserregenden Beobachtungen bezüglich der Zwillinge aufgeführt. Auf meine anschließende Frage, ob es sein könnte, daß sie zur Zeit mit der Versorgung ihrer Kinder überfordert seien und ob sie Hilfe bräuchten, reagieren beide bejahend und akzeptieren unseren Vorschlag, das Jugendamt einzuschalten bzw. dort Familienhilfe zu beantragen. Außerdem wird ein Probeversuch in einer Krabbelgruppe für die Zwillinge vereinbart.
Durch dieses Vorgehen kommt es tatsächlich ein paar Wochen später mit dem Einverständnis der Eltern zum Einsatz einer Familienhelferin.

Wenn die Eltern sich größere Sorgen um das Kind machen als die MitarbeiterInnen

Auch diese Konstellation kann sich auf die Fördersituation äußerst ungünstig auswirken. Aus Sicht der Mitarbeiterin lautet die Beschreibung dann meistens:
„das Ausmaß der Behinderung bzw. die Notwendigkeit von Förderung für das Kind wird von den Eltern überschätzt"
Als mögliche Kennzeichen dieser Situation werden häufig genannt:
- Eltern bzw. Mütter äußern Unzufriedenheit über zu wenig Förderstunden oder mangelnde Fortschritte beim Kind

- Eltern bzw. Mütter äußern Kritik an der Förderstunde (häufig gegenüber Dritten): es würde mit dem Kind dort nur gespielt
- Eltern bzw. Mütter beziehen immer mehr Therapeuten und Ärzte ein, so daß die Fördersituation für die Beteiligten unübersichtlich und immer komplizierter wird
- die Mitarbeiterin wird von den Eltern bzw. Müttern (z.B. durch lange Gespräche oder gehäufte Telefonanrufe) extrem in Anspruch genommen

Bei einer Häufung dieser Kennzeichen wenden sich die MitarbeiterInnen oftmals an mich mit der Frage, wie sie die aus ihrer Sicht übertriebenen Ansprüche der Eltern auf ein realistisches Maß bringen können. Die folgenden Fragen an die Eltern haben sich dafür als hilfreich erwiesen:

Konfliktgespräch in der Hausfrühförderung: „Eltern/Mütter beschweren sich"

a) Problemdefinitionen:
Was genau ist ihr Anliegen/ ihr Problem? Womit sind Sie nicht zufrieden?
Wer sieht das genau so oder ähnlich wie Sie?
Gibt es einen aktuellen Anlaß für Ihre Beschwerde?
Wen belastet das am meisten? Wen am wenigsten?
Was befürchten Sie, was passieren könnte, wenn die Dinge, die Sie beanstanden, sich nicht ändern?
Gibt es auch etwas, womit Sie zufrieden sind?

b) Erklärungen:
Wie erklären Sie sich die beschriebenen Schwierigkeiten?
Welche Zusammenhänge vermuten Sie?
Wie erklärt sich dies Ihr Partner (der Kinderarzt, andere Therapeuten)?
Gibt es noch ganz andere Erklärungen dafür? Wenn ja, welche?

c) Lösungsversuche:
Was wurde bisher (von Ihnen/ anderen) unternommen, um das Problem zu lösen, Verbesserungen zu erreichen? Was ist daraus geworden?

d) Ziele:
Was meinen Sie, sollte getan werden?

Was von dem, was ich bisher gemacht habe, soll oder kann ich weiter so machen?
Was sollte anders sein oder hinzukommen?
Wer könnte noch etwas tun? Was könnten Sie dazu beitragen?
Was sollte als erstes geschehen?
Woran würden Sie (andere) feststellen, daß das Problem erledigt ist?
Was wäre dann anders? Was wäre dann für Sie beobachtbar?
Woran könnten Sie dies bei ihrem Kind merken?
Was könnte getan werden, wenn sich das Problem nicht auf einmal lösen läßt?
Woran würde ich merken, daß Sie zufrieden sind?
Wann sollten wir die weitere Entwicklung erneut überprüfen?

Nachdem die Beschwerde der Mütter bzw. der Eltern zunächst genau angehört wurde, die Sorge der Eltern anerkannt wurde, kann an dieser Stelle mit den Eltern die Vereinbarung getroffen werden, in der nächsten Zeit genaue Beobachtungen über das Verhalten des Kindes zu machen, und worauf sich die Beobachtungen konzentrieren sollten.
Ein sehr gutes Mittel in diesem Zusammenhang stellt das Festhalten von Beobachtungen auf Video dar. Die Aufzeichnung einer Förderstunde oder Diagnostik oder Alltagssituation kann im Anschluß von der Mitarbeiterin gemeinsam mit den Eltern ausgewertet werden und als Grundlage für weitere Überlegungen dienen.
Eltern eigen sich z.B. hervorragend als Kameramänner bzw. -frauen und erhalten auf diese Weise eine Gelegenheit, die Dinge aus einem anderen Blickwinkel zu betrachten. Häufig kommt dadurch sehr viel leichter ein Konsens über die Beobachtungen zustande und erleichtert auch die gemeinsame Festlegung der nächsten Schritte.

Läßt sich jedoch auf diesem Wege die Unzufriedenheit der Eltern nicht auflösen, sind häufige Gründe dafür, daß die anvisierten Ziele evtl. noch zu groß sind, oder die Eltern einen großen Druck von anderen wahrnehmen und noch sehr belastet sind mit der Frage, inwieweit sie selbst Schuld an dem Schicksal ihres Kindes tragen. An dieser Stelle können folgende Fragen eine wichtige Ergänzung sein und dazu beitragen, die Aspekte hinter der „vordergründigen" Kritik zu erhellen:

Was wäre Ihre größte Befürchtung, was passieren könnte, falls die Entwicklung Ihres Kindes nicht die von Ihnen erhofften Fortschritte machen sollte?
Wer würde Ihnen daraus einen Vorwurf machen? Wer am meisten?

Wer am wenigsten?

Häufig ist es für die Eltern schon erleichternd, wenn solche Befürchtungen ausgesprochen werden können. Außerdem eröffnet sich die Möglichkeit, gemeinsam zu überlegen, wie mit diesen Befürchtungen umgegangen werden kann.

Handelt es sich eher um zu große Ziele und Erwartungen, lohnt es sich meistens, diese als Fernziele zu akzeptieren und mit den Eltern bzw. Müttern darüber zu sprechen, welches ein erstes Etappenziel oder Zwischenziel sein könnte. Hier ist es wichtig, nochmals genauer zu erfragen, woran für alle Beteiligten das Erreichen dieses Zwischenziels erkennbar wäre.

Umgang mit Befürchtungen

Eine Frühförderkollegin wendet sich an mich, weil sie sich von der Pflegemutter eines Kindes, das sie betreut, extrem in Anspruch genommen fühlt.
In einem Gespräch zu dritt schildert die Pflegemutter ausführlich ihre Sorgen bezüglich ihres ca. 4 Jahre alten Pflegesohnes Dennis, der durch eine schwere Alkoholembryopathie (Schädigung des Embryos durch Alkoholmißbrauch der Mutter) eine Herzschädigung davongetragen hat. Angeregt durch Fragen zu ihren Befürchtungen, spricht sie ihre größte Angst an, daß die bevorstehende Herzoperation schiefgehen und ihr Pflegesohn sterben könnte. Einerseits befürchtet sie, daß er aufgrund seiner Herzerkrankung überfordert werden könnte, andererseits ist sie jedoch in Sorge, ob für Dennis auch genug an Förderung getan würde. Laut Einschätzung der Frühförderin handelt es sich bei Dennis trotz der schweren Alkoholembryopathie nur um eine leichte Entwicklungsverzögerung im motorischen und sprachlichen Bereich.
Durch unsere vielen Nachfragen zu unterschiedlichen Perspektiven über die Entwicklung von Dennis und machbare Ziele und Schritte gelingt es uns, die Pflegemutter für überschaubare Ziele bezüglich Dennis' Förderung zu gewinnen.
Zwei Jahre später wendet sich die Mitarbeiterin erneut an mich mit der Bitte, den Entwicklungsstand von Dennis zu überprüfen. Für die Frühförderin besteht das aktuelle Problem darin, daß die Pflegemutter Dennis noch nicht einschulen lassen möchte, während sie selbst dies für möglich hält. Sie vermutet, daß die Pflegemutter Dennis „behin-

derter" macht als er ihrer Meinung nach ist. Die Pflegemutter ist mit einer testpsychologischen Untersuchung einverstanden. Meine Untersuchung ergibt einen nahezu altersentsprechenden Entwicklungsstand bezüglich Dennis' kognitiver Fähigkeiten.
Bei einem Hausbesuch werden den Pflegeeltern das Video über die Testuntersuchung vorgestellt und die Ergebnisse erläutert. Bei der anschließenden Befragung nennen die Pflegeeltern als Hauptgrund für eine Rückstellung von der anstehenden Einschulung einen sehr langen Krankenhausaufenthalt von Dennis und die damit verbundene lange Fehlzeit im Kindergarten. Außerdem habe er auch noch körperlich viel aufzuholen. Daraufhin stelle ich ihnen die Frage, ob ich überhaupt einen Bericht zu diesem Testergebnis schreiben soll, weil dies eventuell für die gewünschte Rückstellung hinderlich sein könnte, und ob sie lieber den Nachteil in Kauf nehmen möchten, daß die Früchte ihres Engagements bezüglich Dennis' guter Entwicklung nicht publik werden. Die Pflegeeltern erklären sich nun mit einem Bericht einverstanden, und wir einigen uns darauf, sowohl die guten Testergebnisse als auch die o.g. Gründe für eine Rückstellung in den Bericht aufzunehmen.
Unabhängig von den oben beschriebenen Konstellationen ist es in jedem Fall sinnvoll, nach einem vereinbarten Zeitraum eine gemeinsame Bilanzierung vorzunehmen, für die sich folgende Fragen eignen.

Bilanzgespräch in der Hausfrühförderung

Woran haben Sie gemerkt, daß Hausfrühförderung für Ihr Kind nützlich ist/ Ihrem Kind gut tut?
Wie weit, glauben Sie, sind wir den besprochenen Zielen nähergekommen?
Wenn auf einer Skala von 1 bis 10 die 1 für den Beginn der Hausfrühförderung steht und 10 für eine mögliche Beendigung der Förderung, wo zwischen 1 und 10 würden Sie die aktuelle Situation einstufen?
Was von dem, was ich als Frühförderin gemacht habe, soll/ kann ich weiterhin so machen?
Was sollte hinzukommen? Was wäre der nächste Schritt der Förderung?
Was denkt Ihr Partner über den Verlauf der Hausfrühförderung?
Möchte er mehr einbezogen sein?

Schluß

Das hier vorgestellte Verlaufsdiagramm und der Leitfaden zur Auftragsklärung beziehen sich auf die Klärung zwischen Eltern und MitarbeiterInnen in der Hausfrühförderung und lassen sich in ähnlicher Weise in verschiedenen Einrichtungen anwenden, die mit Familien mit sehr jungen Kindern zu tun haben, wie z.B. Kindergärten, Erziehungsberatungsstellen, Kinderschutzeinrichtungen etc.

Literatur

Berg, I. Kim (1992): Familien-Zusammenhalt(en), Dortmund: verlag modernes lernen

Fröhlich, A. u. Haupt, U. (1982): Entwicklungsförderung schwerstbehinderter Kinder, Mainz: Hase & Köhler

Kiphard, E.J. (1976): Wie weit ist ein Kind entwickelt? Dortmund: verlag modernes lernen

Ohlmeier, G. (1983): Frühförderung behinderter Kinder, Dortmund: verlag modernes lernen

Straßmeier, W. (1992): Frühförderung konkret, München: Ernst Reinhard

Siegfried Mrochen & Manfred Vogt-Hillmann

Teilearbeit mit Handpuppen

Gedanken zur Arbeit mit Teilen

Teilekonzepte sind mit Sicherheit so alt wie die ältesten Beratungsansätze; neurophysiologisch und neuropsychologisch sind die Tendenzen des menschlichen Gehirns und des Nervensystems, die Innen- und Außenwelt aufzu„teilen“, eng verknüpft mit der Veränderung des Denkens durch den aufrechten Gang, der Arbeitsteilung unterschiedlicher Gehirnareale und der Zuordnung von Tätigkeiten, die sich in der „Händigkeit“ und „Seitigkeit“ widerspiegeln. Am leichtesten nachzuvollziehen ist wohl das Bedürfnis nach Polarisierung, zur „Ein-Teilung“ von Gut und Böse, von Schwarz und Weiß, von Freund und Feind.

Einen Schurken, einen Helden oder einen Dummkopf auf die Bühne zu bringen und dort agieren zu lassen, geht über das Bedürfnis des Menschen nach Unterhaltung oder der Lust an der Schadenfreude hinaus. Eine anthropologisch-psychologische Analyse würde uns rasch auf eine tiefer liegende Seite seelischer Dynamik hinweisen, nämlich Aspekte menschlichen Erlebens nach außen zu verlagern, zu dissoziieren, um aus sicherer Distanz den Grad der Betroffenheit zu regulieren und trotzdem Gefühle intensiv erleben zu können.

In schamanischen Ritualen wurde der als krank oder besessen angesehene Teil eines Systems herausgelöst, symbolisiert, bezaubert, gereinigt, besprochen, besungen, betanzt, versöhnt usw., um dann wieder an den Ort zurückgegeben oder in das System integriert zu werden, zu dem er gehört. In den Persona-Konzepten altgriechischer Tragödien wurden nicht Personen dargestellt, sondern Charaktermasken; Aspekte menschlichen Fühlens und Trachtens im Gestaltungsplan mehr oder weniger chaotischer Götterwelten.

Bevorzugte oder ungelebte Aspekte einer Person zu externalisieren und wieder zu internalisieren, hat die Menschen aller Kultur- und Zivilisationsstufen fasziniert. Der klärende und versöhnende Umgang mit unbekannten, ungelebten oder abgespaltenen Persönlichkeitsanteilen, mit traumatisierenden Erfahrungen ist offenbar ein sehr plausibles Konzept bei der Stabilisierung krisenhafter Entwicklungen. Aus anthropologischer Perspektive ist die Arbeit mit Teilen, mit Facetten einer Per-

son ein universales Konzept. Dahinter steht möglicherweise die interaktionistische Grunderfahrung des Menschen mit dem Menschen, daß sie sich gegenseitig in Facetten wahrnehmen. Die therapeutisch wirksame Idee könnte sein, daß die Einheit der Person, die Ganzheit des Menschen über die Verdeutlichung, die Auseinandersetzung und die Versöhnung mit diesen Facetten hergestellt werden kann. Damit sind wir – auch interventionistisch – bei der Arbeit mit Teilen.
Den eigenen Mut, die eigene Feigheit, die eigene Dummheit oder die eigene Klugheit als eine profilierbare Facette an sich selber (und eben nicht nur bei anderen) wahrzunehmen und zu akzeptieren, ist so schwierig wie sinnvoll. Akzeptiert man dieses Konzept, kann letztlich jedes Erlebnis, jede Erfahrung, jede Regung, jede Überzeugung, jedes Gefühl, jede Kränkung, jede Fremd- und Selbstbewertung, Charaktereigenschaften und Krankheiten, Widersprüche und Mißverständnisse als Teil identifiziert, als Symbol profiliert, nach Sinn und Aufgaben befragt, zur Auseinandersetzung angeregt und zur Akzeptanz und Integration vorbereitet werden. Interessanterweise haben zu dieser Art Arbeit sowohl Erwachsene als auch Kinder und Jugendliche gleichermaßen kognitiven und emotionalen Zugang.
Richten wir den Blick auf psychotherapeutische Schulen, so finden sich Teilekonzepte in sehr vielen von ihnen wieder: im topischen Modell der Psychoanalyse als ICH, ES und ÜBERICH, im Psychodrama, in der Transaktionsanalyse, als Partsparty in der (Satir'schen) Familientherapie, in der Gestaltarbeit usw. Die klärende oder versöhnende Arbeit mit unbekannten, ungelebten oder „abgespaltenen" Persönlichkeitsanteilen, verletzenden und anderen Erfahrungen ist zweifellos ein wichtiges, ein plausibles und ein lernbares Modell für die therapeutische Praxis.

In den reflektierenden Arbeitsprozessen psychologischer Behandlung geht es um Einkreisungen und Abgrenzungen, um Hervorhebungen und Herausstellungen, um Focussierungen und Verdeutlichungen, um einerseits und andererseits, um sowohl als auch und um viel „als ob". Oft ergibt sich die Notwendigkeit, Aspekte zu trennen, zu teilen, die nur zufällig zusammengeraten sind – und gar nicht zusammengehören; mitunter müssen aber Aspekte integriert werden, die schon lange darauf warten, wieder zusammengefügt zu werden.

Die Praxis – ein Fallbeispiel

Die Arbeit mit Andi, einem neunjährigen Jungen, hat die Qualität einer Kriseninterventionion. Andi stammt aus einer Familie mit vier Kindern, von denen neben ihm ein weiteres Geschwisterkind in dem Heim lebt, in dem ich (S. Mrochen) mit ihm anläßlich eines Supervisionswochenendes gearbeitet habe. Zwei weitere Geschwister befinden sich zu diesem Zeitpunkt in einem Kinderdorf. Die Familie ist vor etwa 1 1/2 Jahren wegen krimineller Handlungen der Eltern buchstäblich auseinandergerissen worden. Solange ist der Junge im Heim; seit einem Jahr befindet er sich in einer Spieltherapie, in der er jedoch niemals über diese Ereignisse gesprochen oder im Spiel anderweitig zum Ausdruck gebracht hat. Er hat diese für ihn traumatischen Ereignisse in sich abgekapselt, das Leben geht weiter, der Junge funktioniert in der Schule und im Heimalltag, und trotzdem befindet er sich nach meiner Einschätzung seit jenem Tag in einer Krise. Andi wird vorgestellt, weil er oft einen depressiv verstimmten Eindruck auf das Heimpersonal macht.

Die Eingangsszene: auf dem Boden in der Mitte des Raumes liegen etwa 14-16 unterschiedliche Stofftiere. Links von ihm sitzt die Psychologin, die Spieltherapie mit ihm macht, rechts von ihm sitze ich, im folgenden Gesprächsablauf Therapeut genannt. Seine Spieltherapeutin haben wir gebeten, sich zu uns zu setzen, um ihm eine vertraute Person an die Seite zu stellen. Die Puppen bzw. Stofftiere bringen den Jungen dazu, eines nach dem anderen aufzunehmen und sie zu benennen. Nachfolgend wird das Gespräch wörtlich wiedergegeben.

Andi: (greift nach einem Tier und schaut es sich an)
Th.: Ja, hmhm, du hast jetzt schon so zugegriffen
Andi: (murmelt) was is'n das, das is aber ein komisches Tier (beugt sich nach vorne und deutet an, wie dieses Tier laufen könnte)
Th.: hmhm, ja ...
Andi: (legt die erste Stoffpuppe hin und greift nach der zweiten) Das ist ein Panda
Th.: Das ist ein Panda? Jaaaa, das ist ein Panda!
Andi: Is so klein wie ne Maus
Th.: Wie ne kleine Maus (Th. rückt ein Stück nach hinten und fordert den Jungen auf): Jetzt kannst du noch weiter gucken
Andi: (nimmt einen hellgrünen Stofftierdrachen auf die Hand, schaut ihn an und sagt) komisches Tier ... die Augen ... Drache
Th.: hm Drache ist das, ne

Andi: (schaut den Drachen eine Weile an, schüttelt ihn sich dann von der Hand, nimmt ihn wieder auf und fragt): seit wann hat denn 'n Drachen Hände?

Th.: ja meinst du, da hätten die etwas nich richtig gemacht, die den Drachen oder

Andi: ein Drachen läuft doch sooo (der Junge imitiert das Laufen des Drachens auf dem Fußboden)

Th.: (lacht) ja vielleicht seit heute ...

Andi: (legt den Drachen weg und nimmt einen weißen Hasen auf): ein Schneehase (und legt die Puppe wieder hin)

Th.: (nimmt den Hasen in die Hand, wirft ihn hoch und sagt in der gleichen Sprachmelodie): und einer der fliegen kann ...

Andi: (nimmt den Hasen noch einmal mit beiden Händen und wirft ihn ebenfalls nach oben, dann sucht er sich eine weitere Puppe heraus. Er greift nach einer Kuh, schaut sie an und sagt): ne Kuh ... oder ein Ochse ... (er nimmt einen Elefanten auf, benennt ihn kurz): hm – Elefant ... (und legt ihn rasch, wie die anderen Puppen rechts von sich ab. Als nächstes greift er sich eine Tigerpuppe, setzt sie sich auf die Hand, schaut sich nach seiner Erzieherin um und sagt): kleiner Tiger und der Bär ...

Th.: (folgt dem Blick, lacht und sagt): Janosch? Meinst du Janosch?

Andi: (antwortet): der Tiger und der Bär ...

Th.: (während Andi die Tigerpuppe rechts ablegt und sich eine neue greift sagt der Th.): das ist ne Geschichte, die du magst? (Andi hat jetzt einen faltenreichen englischen Jagdhund auf seiner rechten Hand und der Th. fragt): hör mal, könnte das Doktor F. [der Heimleiter] sein?

Andi: (antwortet): der sieht ihm aber nicht ähnlich

Th.: der sieht ihm aber nicht ähnlich ...

Andi: (greift nach einem Igel und sagt): kleiner Igel

Th.: (echot in der gleichen Stimmlage): kleiner Igel. (Andi greift nach einer Stierpuppe: dunkelrot und einen Ring in der Nase), er sagt:

Andi: hm, Ring in der Nase ... (und nimmt ihn mit beiden Händen näher zu sich heran und sagt): das is'n ... ne Kuh, oder ?

Th.: guck ihn dir mal gut an ...

Andi: (nimmt einen neuen Anlauf und sagt): der sieht aus wie ein Ochse

Th.: guck ihn dir mal gut an, ich denk, daß du ...

Andi: das is 'n Ochse

Th.: vielleicht noch mehr ...

Andi: (stülpt die Puppe jetzt auf seine rechte Hand, läßt diese vorschnellen und sagt): oder 'n Stier ...

Th.: (lacht)

Andi.: (lacht) (Er greift sich eine etwas abgewetzte Katze und sagt): 'ne Katze, miau

Th.: (imitiert dieses miau)

Andi: (steigert ein wenig das Tempo, nimmt einen Esel hoch, schaut ihn sich an, sagt leise): ein Esel (und legt die Puppe auf den anwachsenden Stofftierhaufen zu seiner rechten Seite. Dann holt er sich die letzte Puppe, einen Hai, nimmt ihn auf die rechte Hand und sagt, mit einer säuselnden Stimme): 'n Hai ... (dann mit sachlicher Stimme): da fehlt nur noch die Schwanzflosse ...

Th.: ja, der ist etwas halbiert, der Hai ...

Andi: (führt seine Rechte mit der Haipuppe zum Stofftierhaufen und sagt): guten Morgen ...

Th.: (das Echo des Th. in gleicher Stimmlage): guten Morgen

Andi: (beginnt Andi mit den Worten): wieviel Tiere hab ich jetzt hier? (die Stofftiere von rechts nach links umzuschichten und dabei laut und rasch zu zählen).

Th.: (Die ersten fünf Puppen zählt der Th. mit und beschränkt sich dann für den Rest jeweils mit einem Nicken des Kopfes): Mensch, du kannst ja fix zählen ...

Andi: warum soll ich nicht zählen können ...

Th.: ja, Mensch, du hast schneller gezählt als ich ... in welcher Klasse bist du?

Andi: (hebt die Hand, zeigt drei Finger und sagt): in der Dritten

Th.: bist du denn gut im Rechnen? ...

Andi: (ein betontes) Ja

Th.: das hab ich mir schon gedacht ... (nach einer kurzen Pause wendet sich der Th. an die Drachenfigur, die auf Andis rechter Hand sitzt): kann ich mal zu dir was sagen ... sag, hast du einen Namen. (Junge und Drachen sind bewegungslos, dann zieht Andi seine Schultern hoch.)

Th.: (weiter zum Drachen): hör mal, kannst du nicht sprechen? ...

Andi: (schaut sich den Drachen an, der eine verneinende Kopfbewegung macht.) (Nach einer Weile fängt er an zu lachen und verbirgt sein Gesicht hinter dem linken Arm.)

Th.: (spricht weiter an den Drachen gerichtet): kann es sein, daß Andi sich ein bißchen geniert? ...

Andi: (hebt seinen Kopf hoch und fragt): Was heißt denn geniert? ...

Th.: ich glaub, der schämt sich ein bißchen oder es ist ihm ein bißchen peinlich, kann das sein Drachen?

Andi: (macht eine verneinende Kopfbewegung und sagt): nein (der Drache auf seiner rechten Hand nicht.) ... (Ohne weiteren Übergang nimmt Andi sich nun den weißen Hasen auf die linke Hand.)

Th.: (verändert ein bißchen seine Sitzposition und spricht das Häschen an): Häschen ... (dann wendet er seinen Blick wieder auf den Drachen und sagt): so richtig gefährlich siehst du nicht aus, finde ich

Andi: (bringt die beiden Puppen auf seinen Händen dicht zusammen)

Th.: (begleitet diese Bewegung mit dem Kopf und seiner linken Hand und sagt dann): Ach das ist zärtlich gemeint ... ich dachte schon, daß der Drache ... ach ja ...

Andi: (setzt seine kritische, detailorientierte Befragung fort und sagt): seit wann hat ein Drache auch einen Kamm?

Th.: (versucht es mit einem Ebenenwechsel und sagt): ich denke, es könnte sein, daß ist so ein Comicdrachen, weißt du, aus Comics, liest du Comics?

Andi: neee, eigentlich net so gerne ... aber ich hab welche ...

Th.: welche denn?

Andi: (zögernd) ah so Donald Duck ...

Th.: Donald Duck aus...! Wer gefällt dir denn am besten von dieser Bande?

Andi: (mit leiser Stimme): ich weiß net ...

Th.: mein Sohn mochte immer den Dagobert am liebsten ...

Andi: (lacht)

Th.: weil der ... soll ich dir sagen warum ... weil der so geizig war ...

Andi: (lacht leise und sagt): weil er so viel Geld gehabt hat

Th.: weil er Geld gehabt hat und weil er nix ausgegeben hat ...

Andi: weil er immer Angst gehabt hat ...

Th.: weil er immer Angst gehabt hat ... der hat immer Angst gehabt, kannst du dich erinnern?

Andi: (schüttelt seinen Kopf und gibt zwei verneinende Laute von sich.)

Th.: weißt du nicht mehr ... der Dagobert hat ja immer Angst gehabt, daß die Panzerknackerbande kommt und ihm sein Geld wegnimmt

Andi: ach so, die da ... (gleichzeitig legt er beide Puppen auf die vor ihm liegenden Haufen mit den Stofftieren zurück.)

Thematisch hat der Therapeut den Klienten mit dieser Metapher an den Traumapunkt des Jungen geholt. Beide Eltern waren aktiv in einen Banküberfall verwickelt. Das Abstreifen der Stofftiere und das leise „ach so, die da“ zeigt die momentane Betroffenheit des Jungen. Der Therapeut nimmt nach einer kurzen und etwas bedrückten Pause das Gespräch wieder auf, indem er einige Feststellungen macht, die die Funktion und Struktur eines Yes-Sets für den Jungen haben.

Um den regressiven Zustand, der jetzt entstanden ist, zu nutzen, fragt der Th. den Jungen.

Th.: Wie lange bist du denn jetzt schon hier?

Andi: (antwortet leise und etwas gedehnt): das weiß isch net, ... aber letztes Jahr war ich auch schon hier ...

Th.: und da war das anders? ...

Andi: ja, ganz anders

Th.: was war denn anders?

Andi: (mit leiser Stimme): daß ich hier noch net war ... unten ...

Th.: ja ... paß mal auf ... ich sag jetzt einfach mal so was ... und du entscheidest, ob du das machen willst ... such doch mal so ein Tier aus unter denen (weist mit der rechten Hand auf die Puppen) das paßt zum letzten Jahr, so wie es das letzte Jahr gewesen ist, und vielleicht ein anderes, das dazu paßt, wie es heute ist.

Andi: (beginnt zu suchen, stöhnt etwas und sagt): oh je (dann nimmt er den weißen Hasen und sagt): auf jeden Fall der da! (dann gehen seine Augen weiter über den Haufen mit den Stofftieren, er greift nach dem roten Stier [den er vorher nicht benennen konnte], legt ihn ebenfalls heraus und sagt): es ist ganz komisch ...

Th.: die Fragen, die ich stelle, sind komisch?

Andi: die Fragen net, aber letztes Jahr und dieses Jahr ist ganz anders ...

Th.: dieses Jahr ist ganz anders ...

Andi: ja ...

Th.: das finde ich ja toll, dann nimm doch mal dieses Stofftier (das Häschen) auf deine Hand (Th. wendet sich dem Häschen zu und sagt): Häschen, ich muß jetzt mal ganz ernsthaft mit dir sprechen, der Andreas hat mir gerade erzählt, du bist die Puppe, die zum letzten Jahr paßt ... sag mal, weißt du warum?

Andi: (antwortet mit etwas veränderter Stimme): ich war ganz anders ... letztes Jahr ...

Th.: du, es war ganz anders, letztes Jahr ...

Andi: (wieder mit veränderter Stimme): oh, wie er gekommen ist

Th.: ja ...

Andi: da war's ganz anerster, ... da war'n immer noch die andern Kinder da ... (Stimme versiegt etwas): und dann sind neue Kinder gekommen

Th.: aha ... und es war vielleicht fremd und schwer ... kann das sein?

Andi: (Andis Kopf und das Häschen auf dem Arm nicken.)

Th.: (fährt fort): wie hat er sich da gefühlt, wie ging's ihm da? ...

Andi: (mit etwas piepsiger Stimme): ganz komisch ...

Th.: ganz komisch ... (A. hat den Blickkontakt zum Th. unterbrochen und schaut links von sich auf den Fußboden.) (Th. nimmt den Stier auf und will ihn auf A. rechte Hand setzen, da sagt dieser, indem er den Hasen ein wenig von der Hand herunterschüttelt):

Andi: es ist so warm da drin

Th.: (antwortet): ja dann kannst du zwischendurch mal ein bißchen lüften ... (dann wendet er seinen Blick auf den Stier, der jetzt auf der rechten Hand sitzt und sagt zu diesem): na du siehst ja gleich ganz anders aus als dieses kleine Kuscheltier hier (und berührt mit der rechten Hand den Hasen)

Andi: (der Stier nickt, A. sagt aber nichts)

Th: (und fährt fort): du kannst auch sprechen? ... ich finde, du siehst schon etwas gefährlicher aus, kann das sein ...

Andi: äh äh (und läßt den Stier eine verneinende Kopfbewegung machen)

Th.: Puppe für dieses Jahr, was hat sich verändert? ...

Andi: (mit „melodiöser Stimme"): daß er schon länger da ist ... und daß es viel anerster geworden is wie letztes Jahr, anerster geworden is wie letztes Jahr ...

Th.: (spricht diese Formulierung, ohne Blickkontakt, nach): daß es viel anerster geworden ist wie letztes Jahr ... ist es besser geworden oder ist es schlechter geworden? ...

Andi: (mit einer leichten Vorwärtsbewegung der Stierpuppe): besser

Th.: (rückt in einer vertraulich gemeinten Geste dicht an den Stier heran und fragt): kann das sein, kann das sein, daß es dem Andreas insgesamt besser geht? ... (und rückt wieder in die alte Position)

Andi: (hebt den Stier ungefähr 10 cm höher, läßt ihn nicken und sagt mit klarer Stimme): ein bißchen

Th.: (begibt sich in die alte Sitzposition, wiederholt): ein bißchen (und sagt dann): aha, das ist ja toll ... (Th. berührt jetzt das Häschen und den Stier, bringt beide auf gleiche Höhe und sagt): kann mal dieser Stier hier diesem kleinen Kuschelhäschen sagen, daß es besser geworden ist ... was würde dieser Stier sagen ... (dann eine direkte Frage an Andi): ist das ängstlich, das Häschen? ...

Andi: Hasen sind doch immer ängstlich! ...

Th.: ach, was für eine dumme Frage ich da stelle, Hasen sind doch immer ängstlich ... ich möchte mal hören, was der Stier zu dem Häschen sagt ...

Andi: (bringt Stier und Häschen wieder auf eine Höhe und läßt mit einer auf das Häschen gerichteten Bewegung und melodiehafter Stimme den Stier sagen): es ist anders geworden wie letztes Jahr, er hat sich gaaanz geändert, hm hm

Th.: (wiederholt den Text im gleichen Singsang, um dann fortzufahren:) ja, und was sagt das Häschen? ...

Andi: oh je, des weiß isch net (indem er das sagt, streift er beide Puppen ab und schüttelt seine beiden Hände)

Th.: ja, komm, wir wollen die ein bißchen entspannen, die verkrampfen sich manchmal

Andi: verkrampfen tun se sich net, aber es is so warm da drin ...

Th.: ja, manchmal da wird mir auch heiß mit diesen Dingern ...

Dies ist ein Beispiel für eine komplexe, auf mehreren Ebenen „spielende“ Arbeit mit Puppen bzw. Stofftieren. In der ersten Phase hat der Klient, der als 9jähriger Knabe eigentlich schon „zu alt“ für dieses Material ist, Gelegenheit, die Puppen kennenzulernen, sie zu benennen, sie nicht zu erkennen, an ihnen herumzumäkeln und sie von einem Haufen auf den anderen zu zählen. Durch die relativ stringente Art des Interviews – überwiegend werden die Stofftiere auf den Händen als Teile der Erfahrung angesprochen – wird der Junge kognitiv in einen dissoziierten Zustand gebracht. In diesem dissoziierten Erleben fällt es ihm mit Sicherheit leichter, sich in Richtung seiner unangenehmen Erinnerungen und Gefühle zu bewegen. Analog zum kriminellen Delikt, an dem seine Eltern beteiligt waren, und das letztlich, praktisch über Nacht, die Auflösung der Familie bewirkt hatte, wird über die Panzerknacker- und Comicmetapher eine Annäherung an genau dieses Ereignis angestrebt. Damit wird der Junge bewußtseinsmäßig und zeitlich an den Punkt der Katastrophe 'katapultiert'; obwohl der Rapport für einen Moment ausgedünnt zu sein scheint, arbeitet der Junge doch weiter mit. Andi greift das Konzept für sich auf, daß es damals anders war als heute, oder heute ganz anders als damals. Indem der Therapeut ihn eine Puppe aussuchen läßt, die für das letzte Jahr steht und eine andere, die für dieses Jahr steht, werden Erinnerungen und diffuse Empfindungen zwei großen Bereichen zugeordnet: letztes Jahr Katastrophe, dieses Jahr Überleben. Was dann folgt, hat Violett Oaklander als self-nurturing, also als 'sich selbst etwas geben können' bezeichnet. Die Puppe, die den Überlebensanteil seiner Erfahrungen repräsentiert, versichert der anderen, die den Katastrophenanteil seiner Erfahrungen darstellt, daß sie es bis hierhin geschafft haben und möglicherweise die Kraft haben werden weiterzugehen. Bestätigt wird dies am Ende der Arbeit, als Andi aufgefordert wird, sich eine der Puppen mitzunehmen. Den Versuch, ihm den Stier „aufzuschwatzen", weist er zurück; er entscheidet sich für das Häschen, um das er sich nun kümmern kann, weil er weiß: er hat die Kraft, um irgendwie damit fertigzuwerden. Daß er sich für diesen Augenblick mit dem Häschen, also mit seinem Katastrophenteil identifiziert, mag zusätzlich daran verdeutlicht werden, daß er wörtlich sagt: Schöne Augen hat der (der Hase), da spiegelt man sich in den Augen. Auch dem außenstehenden Skeptiker ist klar, wen er dort sieht.

Methode und sprachliche Gestaltung der Teilearbeit mit Puppen

Nach dem Erickson'schen Prinzip der Utilisation dienen alle verbalen und nonverbalen Anregungen dazu, folgende Prozeßstruktur herauszuarbeiten:

- die Profilierung der Teile,
- die Auseinandersetzung mit ihnen,
- die Utilisierung und Akzeptanz,
- die Integration bzw. Versöhnung.

Um das Kind – und möglicherweise auch den Therapeuten – an diese besondere Art des Umgangs mit Puppen zu gewöhnen, könnte der Therapeut das Kind bitten, sich aus mehreren Puppen und Stofftieren eine auszusuchen, mit dem oder mit der es spielen möchte. Sehr häufig machen dies die Kinder auch ohne eine solche Anweisung, z.B. während des Erstgesprächs auch in Anwesenheit von anderen Bezugspersonen. Hat sich das Kind dann ein Stofftier oder eine Puppe ausgesucht, wird es aufgefordert, jetzt diese Puppe zu sein, der Puppe seine Stimme zu geben. Und dann wird, solange es eben geht, mit der Puppe interagiert. Die Puppe wird aufgefordert, etwas über sich oder über das Kind, das sie auf der Hand hat, zu erzählen. Diese Phase dient einmal dem Beziehungsaufbau, zum anderen kann das Kind ausprobieren, ob es die dissoziative Atmosphäre mag, die durch diese Art der Interaktion entsteht. Außerdem bekommen wir einen Hinweis auf die Kreativität und die Spielfreude des Kindes.

Fragen könnten sein:
„Erzähle uns etwas über dich!"
„Aus welchem Land kommst du?"
„Wie alt bist du?"
„Was tust du sehr gerne?"
„Was ißt du am liebsten?"
„Was magst du überhaupt nicht?"
„Was macht dich ärgerlich?"
„Was macht dich traurig?"
Komplexere und reflektiertere Erlebnisprozesse werden durch Fragen eingeleitet wie:
„Tiger, warum hat Fong (ein vietnamesischer Junge) dich ausgewählt?"
„Krokodil, warum bist du so wild?"
„Hexe, ist Karin auch manchmal so traurig?"

Je nach Alter, Betroffenheitsgrad und Verbalisierungserfahrung müssen wir davon ausgehen, daß Kinder diese Fragen selten in digitalen Mustern, d.h. direkt, beantworten. Sie antworten oft eher ausweichend, mit Schweigen oder Veränderungen in der Lautstärke, der Sprachmelodie oder durch andere körpersprachliche Gesten. Wir gehen davon aus, daß durch die Art der Fragen eher Perspektivenwechsel und innere Suchprozesse beim Kind (auch beim erwachsenen Klienten) ausgelöst werden und es häufig klüger ist, nicht auf eine direkte Antwort zu drängen. Auch an das Kind können – eher beiläufig – Fragen gestellt oder Feststellungen getroffen werden:
„Klaus, machst du es manchmal auch so wie der Fuchs?"
„Ich könnte mir vorstellen, daß du auch ein Tiger sein möchtest."
„Was wohl der Rabe denkt, wenn die anderen sich ärgern?"

Eine dialogische Teilearbeit, also eine kommunikative Intervention zwischen dem Kind und mehreren, mindestens aber zwei Puppen könnte so vonstatten gehen:
„Such dir eine Puppe aus, die dazu paßt, wie es dir gerade geht."

Hat sich das Kind nach einer Weile für eine Puppe, ein Stofftier entschieden, kommt es darauf an, diesen „Teil" mit allen Sinnessystemen **zu profilieren** bzw. zu charakterisieren.
„Und jetzt such dir eine andere Puppe aus, die das Gegenteil von der ersten ausdrückt," selbstverständlich sollte die Wortwahl dem Entwicklungsstand und Sprachverständnis des Kindes angepaßt werden.
Eine alternative Formulierung könnte sein:
„Die erste Puppe, die du dir ausgesucht hast, ist eher nachdenklich und traurig – nun möchte ich dich bitten, dir ein Stofftier auszusuchen, das eher genau anders ist."
Auch die zweite Puppe wird als Teil wieder mit allen Sinnen repräsentiert, d.h. beschrieben. Beiden Stofftieren bzw. Teilen kann im Verlauf des Gespräches so etwas wie eine Expertenschaft zugeordnet werden:
„Der Tiger ist zuständig für deinen Mut, die Kuh ist wohl eher zuständig für deine Ängstlichkeit und Unentschlossenheit".
Wenn beide Teile deutlich genug charakterisiert sind, sollten die Fragen und Anregungen des Therapeuten eine **Auseinandersetzung** zwischen ihnen einleiten. Wichtig ist, daß die Teile, d.h. die Puppen, interviewt werden. Kommunikationstechnisch spricht und schaut der Therapeut die Puppen direkt an, und peripher behält er das Kind mit dessen Reaktionen im Blick. Fragen könnten sein:
„Wie lange kennt ihr euch?"
„Was stört dich an (dieser Puppe, diesem Teil)?"
„Bei welchen Gelegenheiten möchtest du jenen Teil am liebsten auf den Mond schießen."
In dieser Phase lassen sich, wenn die Profilierung der Teile gelungen ist, bereits deutlich Unterschiede in der körpersprachlichen Zuordnung beim Kind beobachten.
Im nächsten Schritt kann die **Utilisierung**, d.h. die Werbung für die eher ungeliebten Anteile, eingeleitet werden. Die Teile werden befragt, welche positive Bedeutung sie für das Kind haben, was sie – heimlich oder offen – Gutes für das Kind bewirken.
Dabei kommt es nicht so sehr darauf an, eine schlüssige Antwort vom Kind zu erhalten als vielmehr die Idee zu säen, daß jeder Teil in irgendeinem Kontext sinnvoll sein kann.
Sodann ist die Phase erreicht, in der die Puppenteile befragt werden können, unter welchen Bedingungen sie bereit sind, sich – teilweise – zu akzeptieren bzw. sich einander anzunähern:
„Wenn dir, Teil a), jener Teil b) seine Freundschaft anbieten würde/

dich zum Geburtstag einladen würde/ Deine Hilfe bräuchte, was wäre dann?"

In diesem Kontext mag es sinnvoll sein, darauf hinzuweisen, daß das Kind sich durch die Art des Interviews in einem dissoziierten Bewußtseinszustand befindet – das eine mehr, das andere weniger. Diese prähypnotische Verfassung kann genutzt und ergänzt werden um ein kleines Hypnoseritual. Das Kind – und die auf den Händen befindlichen Stofftiere – werden aufgefordert, die Augen zu schließen und sich einen Lichtbogen vorzustellen, eine Pipeline, eine Brücke oder Ähnliches, vorgestellte Bahnen, auf denen all das an Ratschlägen, kleinen Geschenken, bestimmten Fähigkeiten, guten Wünschen, hinüber und herüber transportiert werden kann, um eine Akzeptanz und **Integration der Teile** und ihrer Bedeutungen zu erleichtern. Der Therapeut könnte sagen:
„Ich möchte, daß ihr drei (das Kind und die beiden Teile) für einen Augenblick die Augen schließt, um euch vorzustellen, wie von hier nach da (er berührt die beiden Puppen und streift u.U. auch bei dieser Bewegung die Haare des Kindes) ein Lichtbogen, eine Pipeline, eine Brücke oder ein Beam-Feld entsteht, und wie auf diesem Lichtbogen (in dieser Pipeline, auf dieser Brücke, in diesem Beam-Feld) all die Fähigkeiten, guten Wünsche, die Angebote sich zu vertragen, die Gefühle, die gute Laune, der Mut usw. usw. transportiert wird, dorthin, wo es gebraucht wird, damit alles das, was jetzt dort transportiert wird und neu entsteht, dazu gebraucht werden kann, damit es (Name des Kindes) besser geht."
Hier ist es sinnvoll, die Ziele zu formulieren, die das Kind für sich akzeptiert hat. Die meisten Kinder, die mit diesem kleinen Tranceritual behandelt wurden, haben deutlich und nachhaltig davon profitiert (selbstverständlich kann die Absicht der Integration bzw. der Annahme der Teile auch ohne diese kleine Hypnosesequenz angestrebt werden; etwa durch Fragen:
„Was können beide (Teile) zusammen für dich (Name des Kindes) schaffen."
Hierbei werden die betroffenen Teile und das Kind befragt.
Kinder, die ein Integrations- oder Versöhnungskonzept „irgendwie" in sich tragen, profitieren in der Regel sehr von dieser Arbeit. Manchmal benötigt man allerdings zur Integration mehr als eine Stunde.

Arbeit mit Puppen in größeren Systemen

Das Verfahren eignet sich auch zur Bearbeitung sozialer Systeme, in denen Kinder leben, also seine Familie, die Schulklasse, der Freundeskreis. Eine sehr sinnvolle Variante der Teilearbeit durch Puppenspiel kann sich aus der folgenden Anweisung ergeben:
„Such dir bitte unter diesen Puppen (Stofftieren) deine Familie aus."
Hier sollte man den Kindern Zeit lassen, sich über die Zuordnung und ihre Empfindungen gegenüber den Familienmitgliedern mehr Gewißheit zu verschaffen. Selbstverständlich wird das Kind auch aufgefordert, eine Puppe für sich selber auszusuchen. Sodann kann man darangehen – das Kind bestimmt die Reihenfolge – die Familienmitglieder, die Lehrer, die Freunde oder Feinde über ihr Verhältnis zum Klienten zu befragen, Anregungen zu geben, Perspektivenwechsel einzuleiten. Sodann wird die Puppe (der Teil), die das Kind selbst repräsentiert, aufgefordert, mit dem jeweils vorher interviewten Teil zu reden, zu jammern, zu schimpfen, Bedingungen zu stellen, Wünsche zu äußern:
„Sprich mit deinem Vater/deiner Mutter und sage ihm/ihr, was du ihnen schon lange sagen wolltest – was du im Zorn, Enttäuschung, Dankbarkeit, Scham, Hilflosigkeit als Botschaft an sie in dir eingeschlossen hast."
Es ist klar, daß diese Verbalisierungen nur die Strategie markieren, mit der systemisch gearbeitet wird, entscheidend sind immer die Verständnismöglichkeiten des Kindes.

Schluß

Es handelt sich um Interventionen, als deren Ergebnis bei den Behandelten ein kontrolliertes und überschaubares Erleben der eigenen Komplexität eingeleitet wird. Die Möglichkeit, den komplexen, lebendigen Organismus, die Beziehungen zu anderen Menschen und alles, was an Theorien, an Weltbildern, an individuellen Lebenserfahrungen da ist, gedanklich oder stofflich zu symbolisieren, zu polarisieren und wieder zusammenzubringen und damit auf sehr unterschiedliche Phantasie- und Wirklichkeitsebenen arbeiten zu können, kann für Kinder und Therapeuten überaus fruchtbar sein.
Indem wir unsere Erfahrungen aufteilen, vereinfachen und komplizieren wir die Prozesse des Zurechtfindens in der Welt gleichzeitig. Ein Axiom in der Handlungstheorie könnte mit folgendem Bild umschrie-

ben werden: „How do you eat an elephant?"
Antwort: „One bite at a time."
Wenn also die Teile mundgerecht genug sind, kann der größte Brokken verarbeitet werden.

Annalisa Neumeyer

„Ach, könnte ich doch zaubern – ein kleines bißchen nur."

Zaubern als Medium für die pädagogische und therapeutische Arbeit mit Kindern

Als ich vor vielen Jahren als Heilpädagogin in einem Kinderheim arbeitete, erlebte ich Folgendes:
Der zwölfjährige Stefan hatte wieder einmal einen seiner vielen Wutanfälle und schüttete dabei einem anderen Kind heißen Tee über den Arm. In der Teambesprechung zum Umgang mit diesem Vorfall wurde deutlich, daß alle Teammitglieder ausschließlich „Schlimmes" über dieses Kind berichten konnten: Durch die schwierige Alltagsgestaltung mit ihm und die ständigen Beschwerden von LehrerInnen, ErzieherInnen und Kindern stand Stefan stets negativ im Mittelpunkt.
Um Stefan neue Möglichkeiten zu geben, einmal positiv aufzufallen, entschloß ich mich, ihm einige Kinderzaubertricks zu lehren. Stefan war von dieser Idee begeistert, und bereits als er die ersten Zaubertricks konnte, zeigte er jedem sein Können. Strahlend erzählte er mir: „Selbst der Lehrer hat nicht geblickt, wie ich das gemacht habe."
Im Laufe der Zeit, als Stefan weitere Zaubertricks erlernt und in seinen „Vorführungen" ein neues positives Kommunikationsmittel im Umgang mit anderen gefunden hatte, war eine deutliche Verbesserung seines Selbstbewußtseins festzustellen.
Natürlich waren Stefans Wutanfälle nicht weggezaubert, aber es war für viele erlebbar, daß der Junge mit Hilfe des Zauberns erstmals positiven Kontakt zu anderen aufnehmen konnte. Während Stefan früher oft ablehnend begrüßt wurde, weil alle nur darauf warteten, daß er bald wieder „etwas anstellen" würde, freute man sich jetzt über seinen Besuch und seine Zaubertricks.
Der Teufelskreis – Stefans verzweifelte Suche nach Kontakt und Anerkennung mittels auffälligen, destruktiven Verhaltens und die stets nach kurzer Zeit daraus entstehende Ablehnung – war durchbrochen.

Für mich festigte sich die Idee, das Zaubern als Medium für meine Arbeit mit Kindern weiter auszubauen und immer gezielter einzusetzen.

Bedeutung des Zauberns

Zaubern zu können bedeutet Macht über Dinge und ein erlaubtes Geheimnis zu haben. Im Umgang mit den Zauberrequisiten wird dem Zuschauenden eine andere Wirklichkeit suggeriert. Dieses erlaubte Spiel, dem anderen etwas vorzumachen, eine Illusion aufzubauen, macht auch für viele Kinder einen Reiz des Zauberns aus. So sagte ein Junge über das Zaubern: „Meine Eltern mal ‘reinlegen zu können, das hat mir gefallen“.

Während meiner langjährigen Arbeit als Heilpädagogin und Zauberkünstlerin habe ich die Faszination der Kinder beim Zaubern immer wieder beobachten können.
Kinder sind dieser Welt der Wunder naturgemäß noch sehr nah. Vor allem das Kleinkind lebt immer ganz nah zwischen Traum und Wirklichkeit: Die ersten fünf Lebensjahre sind „magische Jahre, weil das Kind in seinen ersten Jahren, im psychologischen Sinn, Magier ist. Sein frühester Begriff von der Welt ist ein magischer: es glaubt, daß seine Handlungen und seine Gedanken Ereignisse hervorbringen können“ (Fraiberg, 1972).
Doch wo finden Kinder in einer stark technisierten Welt der vorgefertigten Träume (in Fernsehen, Video und in Computerspielen) eine Atmosphäre, in die sie eintauchen und ihre eigene Zauberreise erleben können?

Zaubern ist ein geeignetes Medium, mit dem Sie als PädagogIn/
TherapeutIn eine solche geheimnisvolle Atmosphäre schaffen können.
Beim Zaubern können die Kinder kleine Wunder kreieren, wobei ihnen in jedem Moment klar ist, daß es ihr eigenes selbsterschaffenes Wunder ist. Sie erleben: Beim Zaubern kann ich etwas, was eigentlich nicht möglich ist.

Sobald im Zauberkurs die Zauberstäbe gebastelt sind und der erste Trick fertig ist, verändert sich die Situation: Allein die Aussage „wir zaubern jetzt“ löst eine zauberhafte Spannung aus. Mit Eifer fangen die Kinder an, sich gegenseitig etwas vorzuzaubern. Es wird gepustet, Zaubersprüche werden gesprochen und Zauberstäbe kreisen in der Luft. Der ganze Zauber des Zauberns wird schließlich wirksam mit der Verzauberung des Zuschauenden.
Ich selbst liebe diese magisch geheimnisvolle Atmosphäre und kann sie deshalb auch für andere fühlbar werden lassen. Wer Zaubern als

Medium in der Pädagogik oder Therapie einsetzen will, muß sich auch selbst verzaubern lassen können.

Zaubern schenkt persönliche Freiräume durch die Möglichkeit, mit der Wirklichkeit magisch zu spielen, und erlaubt durch die anerkannte Regel, die Zauberrequisiten nicht anzutasten, positive Abgrenzung.
Dies ist gerade für Kinder, die sich innerhalb der Familie nur schlecht abgrenzen können (entweder weil die Wohnverhältnisse so eng sind oder die Eltern diesen Schutzraum nicht beachten) von großer Bedeutung. Durch das „erlaubte Geheimnis" Zaubern und den ureigenen Zauberkasten, an den niemand heran darf, hat das Kind seine eigene persönliche Schatzkiste und damit oftmals einen ersten Schonraum.

Als sich, wie immer beim Abschluß eines Kinderzauberkurses, die Kinder überlegen sollten, wo sie ihre Zauberkiste aufbewahren könnten, damit niemand „hineinspickelt", äußerte ein Kind nach langem Überlegen: „Bei uns geht jeder an alles heran, ich finde keinen Platz". Plötzlich hatte es eine Idee: „Bei meiner Schwester am Bett ist eine kleine Türe zum Speicher, dahinter verstecke ich meinen Zauberkasten, dann kann nur ich an die Zauberkiste kommen."

Sowohl Kinder, als auch TherapeutInnen und PädagogInnen, die an meinen Kursen teilnehmen, erleben es oft als Erleichterung, ganz bestimmt und ohne schlechtes Gewissen sagen zu können: „Das ist ein Geheimnis, das ich nicht verrate".

Das Zaubern lebt wesentlich vom Kontakt mit dem Zuschauer. Die Kontaktaufnahme zu anderen Personen erfolgt aber über ein Material, so daß diese selbst sehr schüchternen Kindern erleichtert wird. Weil es für das Kind nicht primär um Kontaktaufnahme geht, sondern darum, dem anderen etwas vorzuzaubern, es sich also auf die Trickhandlung konzentrieren und an Zauberrequisiten „festhalten" kann, wird es ihm möglich, Ängste und Hemmungen in der Kontaktaufnahme zu anderen abzubauen.
Darüber hinaus erlebt das Kind beim aktiven Zaubern sofort, daß es positiv im Mittelpunkt steht. Es lernt Schritt für Schritt, positive Beziehungen aufzubauen.

Zaubern in der therapeutischen und pädagogischen Arbeit

Nossrat Peseschkian berichtet in seinem Vortrag über positive Psychotherapie (auf dem Kongreß „Evolution of Psychotherapy" in Hamburg, 1995): „Nicht das Wegnehmen von Problemen ist das Ziel in der Therapie, sondern das Erweitern von Fähigkeiten. Durch das Erweitern von Fähigkeiten wird dem Klienten ein neues Bild von sich angeboten."
Zentrales Moment in der Therapie ist es, das „Prinzip der Hoffnung" beim Klienten zu wecken.
Diese Zielsetzung kann über das Medium Zaubern in der Therapie sehr gut verwirklicht werden: Durch das Erleben „Ich kann etwas, was andere nicht können" wird das Selbstwertgefühl des Kindes erhöht, und es gewinnt ein zunehmend positiveres Selbstbild.

Aufgrund des vorliegenden Artikels nahm ich zu einigen Kindern Kontakt auf, mit denen ich vor 1 1/2 Jahren einen Zauberkurs durchgeführt hatte. Peter, 12 Jahre alt, antwortete mir auf die Frage, ob sich durch das Zaubern in Bezug auf andere Kinder etwas verändert habe: „Ich bin in der Klasse beliebter geworden". Auf die Frage, wie oft er zaubere: „Jedem der neu zu uns in die Familie kommt, zaubere ich was vor".

Das Medium Zaubern erlaubt vielfältige Einsatzmöglichkeiten in der therapeutischen und pädagogischen Arbeit, von denen ich einige näher erläutern will.

Zaubern zur Kontaktaufnahme

Weil Zaubern generell ein Kommunikationsmedium ist, kann sich die Beziehung zwischen TherapeutIn/PädagogIn und Kind über das Medium Zaubern spielerisch und einfach entwickeln.
Egal ob das Kind aktiv zaubert, oder ob es beim Zaubern zusieht, immer geht es um ein gemeinsames Tun und Erleben. Mit dem Medium Zaubern können wir auf eine ganz einfache Art – schon beim Erstkontakt – schnell positiven Bezug zum Kind aufnehmen.
Diese Möglichkeit der schnellen, positiven Kontaktaufnahme mit dem Hilfsmittel „Zaubern" hat für mich in der therapeutischen und pädagogischen Arbeit mit Kindern einen hohen Stellenwert.

Positive „Umdeutung der therapeutischen Maßnahme"

Vor allem Kinder, die mit dem Gefühl „mit mir stimmt etwas nicht" zu einer Therapie kommen, verlieren einen Gutteil ihrer Scheu und Abwehr, wenn sie mit ihrer „magischen Puste" einen Zaubertrick ermöglichen können. Sie erleben sich nicht als defizitär, sondern fühlen sich wichtig und ernstgenommen. Mit dieser Aufwertung für das Kind kann die Therapie unter positiveren Voraussetzungen beginnen.
Besonders bedeutsam erscheint dies für die therapeutische Arbeit mit sogenannten „Problemfamilien" (oft auch als „Unterschichtsfamilien" bezeichnet).
Die Bedingungen an vielen psychologischen Beratungsstellen und anderen pädagogischen Einrichtungen sind für solche Familien meiner Meinung nach nur schlecht geeignet. Oft werden sie in ihrer Lebensweise nicht verstanden und anerkannt und fühlen sich deshalb derart abgewertet, daß sie die Beratung oder Therapie abbrechen. Häufiges Argument für derlei Abbrüche ist, daß das Kind ja „nur spielt" und „so doch nichts lernen kann".

Wenn das Kind in einer modifizierten Spieltherapie einige Zaubertricks lernt, erfährt die Familie, daß das Kind in der Therapie neue Fähigkeiten erwerben kann. Das Kind wird in seiner Umgebung durch dieses Können aufgewertet und kann durch das Zeigen der Tricks in seinem sozialen Umfeld neue positive Erfahrungen machen. Immer wieder erlebte ich, wie ungemein stolz Eltern darauf waren, wenn ihr Kind „Zaubern" gelernt hatte. Sowohl beim Kind als auch bei seiner Familie erfährt die Beratungs- und Therapiesituation so einen entscheidenden Bedeutungswechsel: sie ist nicht länger problem- sondern nunmehr ressourcenfokussiert.
Diese Umdeutung ist für das Selbstbewußtsein der Eltern sehr wichtig: Ihr Kind geht nicht zu einer Therapie, weil es sozial auffällig ist, sondern um neue Verhaltensweisen zu lernen, die es positiv in den Mittelpunkt stellen.
Diese Umdefinierung kann bei manchen „Problemfamilien" ausschlaggebend sein, eine Therapie nicht abzubrechen.

Konfliktbearbeitung

Beim Präsentieren von Zaubertricks, die in eine Geschichte eingebunden sind, ist es dem/der TherapeutIn möglich, Probleme des Kindes als metaphorische Konflikte darzustellen und gemeinsam mit dem Kind Lösungswege zu suchen.

Zaubern als Fördermittel in der pädagogischen Arbeit

Zaubern fördert die Kreativität

Trotz der notwendigen Struktur, die das Erlernen des Zauberns erfordert, bietet das Medium Zaubern eine Vielfalt an kreativen Ideen und Ausdrucksmöglichkeiten, vor allem bei der Präsentation. Daß der „Zauberlehrling" in eine ganz neue Rolle mit einer spielerischen Distanz zum gewohnten „Ich" schlüpft, gibt ihm Freiräume für Ideen zur Gestaltung und Durchführung von Zaubertricks sowie für Experimente mit der eigenen Ausdrucksweise in Körperhaltung, Gestik, Mimik und Sprechweise.

Zaubern motiviert, Neues zu lernen

Auch sehr mißerfolgsorientierte Kinder, die Anforderungen häufig mit dem schnell dahingesagten Satz „das kann ich nicht" ablehnen, lassen sich „durch Zauberei" dazu verführen, Neues zu lernen. Die Motivation, selbst zaubern zu lernen und dadurch sichere Anerkennung zu bekommen, ist sehr hoch.
Deshalb führe ich gerade mit „Null-Bock-Kindern" bevorzugt Zauberkurse durch.

Zaubern erhöht die Frustrationstoleranz

Daß es beim Zaubern möglich ist, Pannen beim Vorführen eines Tricks umzudeuten, hat schon manchem Kind über frustrierende Erlebnisse hinweggeholfen. Wenn ein Trick nicht klappt, kann das beispielsweise daran liegen, daß das Kind „um die Ecke gepustet" oder nicht den passenden Zauberspruch gewählt hat.
Gerade für mißerfolgsorientierte Kinder ist es sehr wichtig, die Trickhandlung mit einem neuen Zauberspruch oder einem gemeinsamen Pusten ohne Angst vor einer Blamage wiederholen zu können: Beim zweiten Mal klappt es dann fast immer.

Beim Erlernen des Zauberns muß jeder Trick sehr gut eingeübt werden. Vor der Aufführung korrigieren sich die Kinder in Zweiergruppen gegenseitig, um aus der Sicht des Zuschauenden zu erkennen, ob der Trick schon „vorführungsreif" ist. Diese sich gegenseitig korrigierende Zusammenarbeit von Gleichaltrigen im Rahmen des Zauberkurses ist für die meisten Kinder eine ganz neue Erfahrung.

Zaubern fördert Lernfreude und Konzentrationsfähigkeit

Weil Zaubern die Einhaltung von ritualisierten Regeln und bestimmten Handlungsabläufen erfordert, ist die Ausführung von einfachen Zaubertricks gerade für Kinder mit Konzentrationsschwierigkeiten ein geeignetes Mittel, um die Aufmerksamkeit zu fördern. Von der Firma Ravensburg gibt es zum Beispiel ein Bildkartenspiel, bei dem der Zuschauer eine Karte im Gedächtnis behält. Durch die Wiederholung bestimmter Auszählfolgen kann das Kind erkennen, welche Karte sich der Zuschauer gemerkt hat. Dieser Trick ist für leicht ablenkbare Kinder eine richtige Herausforderung, die sie gerne annehmen.
Oft beobachtete ich, daß diese Kinder bei einer Panne nach einiger Zeit des Überlegens sagen: „Jetzt weiß ich, was ich falsch gemacht habe“. Zum ersten Mal scheint ihnen bewußt zu werden, wie häufig und wodurch sie sich ablenken lassen.
Es ist ein großartiges Erfolgserlebnis, wenn sie dann „zaubern“ gelernt haben und immer wieder mit strahlendem Gesicht die richtige Karte ausfindig machen können.

Daß Mareike (ein 10 Jahre altes „Aussiedlerkind“) nicht addieren konnte, weil sie in ihrem Herkunftsland nicht zur Schule gegangen war, stellte ich fest, als wir den Trick mit den „Gedankenlese-Karten“ einübten. Mareike wollte dennoch auf die Aufführung dieses Tricks nicht verzichten: es lag ihr im Gegenteil so viel an diesem Programmteil, daß sie sich mit einem anderen Mädchen aus dem Kurs zusammensetzte und zu unserer aller Verblüffung bis zum Auftritt addieren lernte!

Zaubern fördert komplexe Bewegungsabläufe und das Ausführen von Spielsequenzen

In einer Rhythmikgruppe zur Förderung entwicklungsverzögerter Kinder, setzte ich häufig Zaubereien ein: Dadurch wurden nicht nur Spiellust geweckt und Hemmungen abgebaut, die Kinder „vergaßen“ oft auch ihre Schwierigkeiten in verschiedensten Bewegungsabläufen und führten Spielsequenzen aus, die sie sonst ablehnten. Selbst hyperaktive Kinder konnten durch den Einsatz des Mediums Zaubern an für sie schwierigen, gezielten Bewegungsübungen teilnehmen. Die Atmosphäre bei diesen verzauberten Bewegungsspielen war immer sehr geheimnisvoll, so daß die Kinder sich diese Spiele sehr oft wünschten.

Beispiele von durchs Zaubern gelenkte Bewegungssequenzen:

- Ein Kind darf mit kreisenden Bewegungen des Zauberstabes die Kindergruppe – „hokus-pokus und hex-hex" in Elefanten verwandeln. Sie stampfen mit schweren Beinen, die Arme machen einen Rüssel, durch den Raum. Gegenseitig bespritzen sie sich pantomimisch mit Wasser.
- Ein Kind deutet auf eine Ecke des Zimmers und spricht: „Hokus pokus fidibus, ich zaubere in die Ecke einen Löwen". Bevor wir uns an das gefährliche Tier anschleichen – was in diesem Spiel selbst Kindern mit hyperaktiven Tendenzen mit viel Freude gelang – darf es bestimmen, mit welchem Geräusch wir den Löwen erschrecken sollen. Alle Kinder schleichen in diese Ecke und zählen gemeinsam leise auf drei, um dann die ganze aufgebaute Spannung mit dem lauten Aufstören des Löwen loszuwerden.

Oft ist es sinnvoll, die Kinder im Flüsterton ausdrücken zu lassen, was sie sich beim Schleichen alles vorgestellt haben (Dschungel, wieviele Löwen sind es, sind sie groß oder klein, Männchen oder Weibchen und ähnliches)

Einmal sagte ein Kind „dann dürfen wir nicht so laut schreien, sonst bekommen die Löwenkinder Angst".

- Jedes Kind darf einmal bestimmen, aus welcher Ecke ein selbstgewähltes Tier mit selbst entwickelten Bewegungen angeschlichen und mit einem selbst ausgesuchten Erschreckensgeräusch hervorgezaubert werden soll.

Weil bei diesem Spiel jedes Kind zuerst beginnen wollte, wird die Reihenfolge der ZauberInnen stets mit einem lustigen Auszählvers festgelegt.

Zaubern fördert Feinmotorik und Handgeschicklichkeit

In meinen Zauberkursen stellen die Kinder alle Zaubermaterialien selbst her, wozu viele bemerken: „Eigentlich macht mir Basteln keinen Spaß, aber das Basteln der Zaubersachen hat mir gut gefallen."
Kinder mit leichten Problemen der Wahrnehmungsverarbeitung lassen sich bei der Vorbereitung von einfachen Zaubertricks gut zum Basteln anregen, während sie bei „normalen Basteltätigkeiten" sehr schnell aufgeben: die Vorfreude auf den eigenen Zaubertrick motiviert stark. Das gilt auch für Kinder, die bereits ein „Störungsbewußtsein" haben

und sich wenig zutrauen, weil sie immer wieder bei feinmotorischen Arbeiten ihre Unterlegenheit gegenüber Gleichaltrigen erleben mußten.

Der sechsjährige Michael war ein Junge, der im Kindergarten alle Aufgaben verweigerte, die feinmotorisches Geschick erforderten. Michael war aufgrund seines auffälligen und starken Verweigerungsverhaltens ständig in der Gefahr, vom Kindergarten ausgeschlossen zu werden. In meiner Psychomotorikgruppe (für vier- bis sechsjährige Kinder) lernten die Kinder für einen Zaubertrick aus Zeitungspapier eine Palme zu zaubern.
Während Michael sich normalerweise kaum anleiten und nie korrigieren ließ und beim kleinsten Mißerfolg gefertigte Dinge zerstörte oder wegschmiß, verfolgte er genau, wie er die Hände bewegen mußte, damit die Zeitung beim Reißen in schmale Stücke nicht einriß. Es gelang ihm, die Zeitung konzentriert zu reißen und zusammenzurollen. Michael war so durch die Vorfreude aufs Zaubern motiviert, daß er sich beim Anfertigen der ersten Palme sogar korrigieren ließ.
Im Abschlußgespräch berichteten die Eltern, daß Michael zu Hause sich des öfteren hinsetze und selbständig eine Zeitungspalme herstelle. Lediglich beim Einschneiden der einzelnen Stücke benötige er die Hilfe eines Erwachsenen.
Da Michael bisher kaum Freude an eigenen Spieltätigkeiten gezeigt und bei jedem mit irgendeiner Anforderung verbundenen Spiel sofort mit Abwehr und Unlust reagiert hatte, war die eigenständige Spielfreude und intensive Beschäftigung sowohl beim Herstellen als auch beim Präsentieren der Zaubertricks für ihn und seine Eltern ein ganz neues Erlebnis. Sein neues Können versetzte ihn auch im Kindergarten in die Lage, zum ersten Mal etwas vorzuzeigen.

Zaubern fördert die Sprechfreude

Zusätzlich zu den üblichen (von mir dargebotenen) Zaubersprüchen und Reimen, erfinden einige Kinder eigene magische Formeln. Sie haben sichtlich Spaß, mit Silben und Wörtern zu spielen und üben dadurch spielerisch ihre sprachlichen Fähigkeiten. Sie erleben sich in der Rolle als Zauberer in ihrem Sprechausdruck oft neu, verändern Stimmhöhe und Lautstärke, experimentieren nicht nur mit verschiedenen Aussprachemöglichkeiten und Intonationen sondern variieren auch gestisch-mimische Kommunikationsmöglichkeiten.

Welche Kinder sprechen besonders auf das Medium Zaubern an?

Aktives Zaubern mit Requisiten motiviert ganz besonders alle Kinder, die in ihrer Sozialisation nicht genügend Aufmerksamkeit erhalten haben und entweder ein sehr schüchternes oder – im Gegenteil dazu – stark dominantes Verhalten zeigen.

- Gehemmte Kinder mit Rückzugstendenzen und schüchternen Verhaltensweisen blühen über ihre neue Fähigkeit Zaubern sehr auf und lernen regelrecht „aus sich herauszugehen“;
- Kindern mit dominierenden Verhaltensweisen, die stets im Mittelpunkt stehen müssen, gelingt es mit ihren neuen magischen Fähigkeiten (oft erstmals überhaupt), positive Zuwendung zu erlangen.

Zwar hatten sie sich zuvor aus großer innerlicher Bedürftigkeit mit auffälligem Fehlverhalten Aufmerksamkeit und Zuwendung ertrotzt, aber einen konstruktiven Kontaktaufbau verunmöglicht, da ertrotzte Zuwendung auf Dauer beim Gegenüber nur Aggressionen hervorrufen kann.

Renate war bekannt dafür, daß sie sich überall innerhalb kürzester Zeit durch auffälliges Verhalten (wie beispielsweise Schlagen oder Tapeten bemalen) negativ in den Mittelpunkt stellte. Stets löste sie mit ihrem Auftauchen Verunsicherung und angespanntes Abwarten aus – was würde sie wohl als nächstes wieder anstellen?
Für die Gruppenleiterin des Horts war es ein Experiment, Renate in die Zaubergruppe zu geben, weil zu befürchten war, daß ihre Motivation den Bau der Requisiten nicht überstehen würde; Renates sehr geringe Aufmerksamkeitsspanne war bekannt.
(Dieses Mädchen hätte eine Einzelfallhilfe benötigt, die im Moment aber nicht zu ermöglichen war.)
Tatsächlich war das exakte Arbeiten beim Bau der Requisiten für sie wirklich sehr schwierig und nach 10 Minuten intensiver Tätigkeit, rannte sie im Zimmer herum und fing Streit und Rangeleien mit anderen Kindern an.
Weil sie aber unbedingt Zaubern lernen wollte, legte ich eine dicke Turnmatte in den Raum, damit sie sich jederzeit abreagieren könnte, um dann wieder an der gemeinsamen Arbeit teilzunehmen.
Obwohl diese Situation eine enorme Unruhe in die Kindergruppe brachte, und ich mir bis zum Schluß nicht sicher sein konnte, ob Renate „mitgetragen“ werden könnte, erlernte sie alle Tricks und zum Auftritt erschien sie in ihrem schönsten Kleid.

Ihre Oma, bei der das Mädchen lebte, berichtete, daß die Familie kurz nach dem Zauberauftritt zu einer Hochzeitsfeier eingeladen war. Renate hatte ihre Zauberkiste mitgenommen und den Verwandten etwas vorgezaubert, so daß die Oma „so richtig stolz auf sie" war. Danach bekam sie einen Zauberkasten geschenkt und brachte sich einige Tricks sogar selbst bei. Die Oma erzählte weiter, daß Renate die selbstgebauten Requisiten „hütet wie ihren Augapfel" und niemanden auch nur einen Trick verraten habe.

Aktives Zaubern mit Requisiten ist meiner Meinung nach erst mit Kindern ab etwa sechs Jahren sinnvoll.
Vorschulkinder sind in der Regel kognitiv noch nicht in der Lage, die Zauberer- und die Zuschauerebene zu trennen, beziehungsweise sind selbst so von den zwei verschiedenen Sichtweisen eines Zaubertricks begeistert, daß sie das Geheimnis des Tricks verraten.
Dagegen lassen sich Kinder in diesem Alter durch eine Zaubervorstellung häufig dazu inspirieren, im Handumdrehen ihre eigenen Zaubertricks mit Alltagsgegenständen zu erfinden. Ein Zauberstab als einziges Requisit reicht meiner Meinung nach aus. Vom Zauberfieber gepackte Kindergartenkinder entwickeln eine faszinierende Kreativität beim „freien Zaubern mit Alltagsgegenständen". Zu schade, wenn diese Kreativität mit ihre ureigene Handlungsweise einschränkenden Requisiten blockiert würde.

Eine Erzieherin, die an einem meiner Kurse teilgenommen hatte, beschrieb folgende Begebenheit: Während der Vesperpause wurde sie von ihrer Kindergartengruppe zum Zaubern aufgefordert. Weil sie das Essen nicht stören wollte, erklärte sie, im Moment habe sie keine „Zauberpuste". Daraufhin entschloß sich ein Kind, selbst zu zaubern: Es brach eine Karotte in der Mitte durch, steckte die eine Hälfte unter seinen Pullover, aß die andere Hälfte auf und ließ strahlend – „Hokus Pokus" – die „verspeiste Karotte" wieder aus dem Pullover auftauchen.

Fazit

Wo immer Zaubern in der pädagogisch-therapeutischen Arbeit eingesetzt wird, schafft es eine neue Dimension, eine andere begeisternde und packende Welt, in der neues Problemlösungsverhalten sowohl im Umgang mit sich selbst als auch mit der konkret-sinnlichen und sozialen Umwelt möglich wird.

Literatur

Barbara Meister Vitales 1994): Lernen kann phantastisch sein. Bremen: Gabler

Fraiberg, Selma (1972): Die magischen Jahre in der Persönlichkeitsentwicklung des Vorschulkindes. Reinbek bei Hamburg: Rowohlt.

Wirl, Charlotte (1993): Therapeutische Geschichten und Metaphern – Aufbau und Drei-Ebenen-Kommunikation. In: S. Mrochen, K.-L. Holtz & B. Trenkle (Ed): Die Pupille des Bettnässers. (pp 60-83), Heidelberg: Auer-Systeme

Manfred Vogt-Hillmann, Wolfgang Eberling,
Wolfgang Burr

Kinderleichte Lösungen

Das Wie und Was der lösungsorientierten Kurzzeittherapie

Abschließend möchten wir einige paradigmatische Überlegungen skizzieren, die die Prämissen und Grundannahmen lösungsorientierter Kurzzeittherapie rahmen. Dazu werden wir zunächst die Kurzzeittherapie skizzieren und dann die diesem Vorgehen zugrundeliegende systemische Perspektive in der Psychotherapie und deren Implikationen erläutern.

Kurzzeittherapie

Wie in jeder Psychotherapie geht es auch in der lösungsorientierten Kurzzeittherapie darum, die Diskrepanz zwischen einem als veränderungsbedürftig angesehenen Ausgangszustand und einem erwünschten Zielzustand zu überwinden. Kurzzeittherapie soll als Intervention in komplexe menschliche Systeme definiert werden. Ziel dabei ist, subjektives Leiden zu lindern bzw. aufzulösen und Klienten beim Entwurf und der Umsetzung von Handlungen und Zielzuständen behilflich zu sein, die für sie in ihrem besonderen Lebenszusammenhang attraktiv und lebenswert und damit **sinn**voll sind.
In der Kurzzeittherapie haben sich historisch betrachtet unterschiedliche Richtungen herauskristallisiert (Eberling & Vogt-Hillmann 1998a,b). Wir unterscheiden die Anwendung von „Problemlösemodellen“, wie sie insbesondere in der Familientherapie und der systemischen Therapie angewendet werden und dem „Lösungskonstruktionsmodell“ wie es von de Shazer & Berg am Brief Family Therapy Center (BFTC) in Milwaukee entwickelt wurde (de Shazer, 1989a,b, 1992 a,b, Miller & Berg, 1997, Walter & Peller, 1994).

Das Problemlösemodell

Das Problemlösemodell entspricht den früheren Varianten der systemischen Familientherapie nach dem Mailänder Modell (Selvini-Palazzoli et.al. 1981), der strukturellen Familientherapie (Minuchin, 1983), der strategischen Familientherapie (Haley, 1989; Madanes, 1989; vgl. zum Überblick: Schlippe & Schweitzer, 1996). Die zugrundeliegende Annahme lautet, daß die Rekonstruktion des Problems und die Kenntnis der verschiedenen Problemdefinitionen und -erklärungen neue Informationen und damit ein neues Verständnis von der „Funktion“ des Problemverhaltens/Symptoms für das jeweilige System herbeiführt. Auf der Grundlage dieser Informationen ermöglichen Umdeutungen („positive Konnotation“, „Reframing“) von den als problematisch gekennzeichneten Verhaltensweisen bzw. die schrittweise Erweiterung der im System vorherrschenden Problemdefinitionen und Deutungsmuster und deren Anbindung an Wunsch- und Zielvorstellungen der Beteiligten ein anderes Verhalten der einzelnen bzw. ein verändertes Systemverhalten. Die Darstellung von Problemen und Leidenszusammenhängen und die detaillierte Kenntnis des Problems und seiner Auswirkungen im Lebenssystem der Klienten ist in diesem Vorgehen notwendige *Voraussetzung* der Lösung. Problem und Lösung werden implizit und explizit miteinander verknüpft, auch wenn die „Ursachen“ für das Auftreten des Problems anders interpretiert werden als in herkömmlichen, am Defizitmodell orientierten Therapieformen.

Problemlösemodelle verwenden folglich rekonstruierende Verfahren wie Familiengenogramme, Personen-Skulpturen, Strukturdiagnose oder das zirkuläre Fragen etc., um Problemmuster zu verdeutlichen und dem Zielzustand gegenüberzustellen (Schlippe & Schweitzer, 1996).

Therapeutisch induzierte Veränderungen geschehen auf zwei Weisen:

1. in der Sitzung durch die Aufdeckung problemerzeugender und problemaufrechterhaltender Muster;
2. durch Abschlußkommentare und Hausaufgaben, (Selvini-Palazzoli et.al. 1981; Weeks & L´Abate, 1985), die in der Zeit zwischen den Sitzungen anregen sollen, daß sich neue Muster im Lebensalltag der Klienten indirekt (durch Blockierung oder Destabilisierung der problemerzeugenden und problemerhaltenden Muster) herausbilden. Eine direkte Zielverfolgung durch Bestärkung des zielführenden Verhaltens ist dagegen eher selten zu finden.

Die Praxis im Problemlösemodell ist durch folgende Vorgehensweisen gekennzeichnet:

a) ‘Klagen und Beschwerden’ und ihre Auswirkungen im System rekonstruieren

b) bestehende Erklärungsmuster für das Problem umfassend analysieren
c) umfassende Analyse der bisherigen und der verfügbaren Lösungsstrategien bzw. Umdeutung des Problemverhaltens als ein möglicher Lösungsversuch mit positiven Effekten (z.B. für die Stabilität des Familiensystems)
d) Definition des erwünschten Zielzustandes
e) prozeßbegleitende Kontrolle der erzielten Ergebnisse, Stabilisierung und Festigung des Erreichten

Vom Problemlösemodell zum Lösungskonstruktionsmodell

Den Übergang vom Problemlösemodell zum Lösungskonstruktionsmodell markiert das kurzzeittherapeutische Konzept des Mental Research Institutes (MRI) (Watzlawick et al, 1969; Watzlawick et al., 1974; Watzlawick, 1988). Die Praxis am MRI verabschiedet sich von der Vorstellung, daß man die Ursachen des Problems kennen müsse, damit das Problem gelöst werden kann. Vielmehr ist eine wesentliche Annahme hier die, daß der Lösungsversuch selbst zum eigentlichen Problem werden kann. Das Vorgehen liegt hier deshalb darauf, „nicht mehr desselben" zu tun, was zur Aufrechterhaltung des Problems beigetragen hat. Die Verhinderung des problemerhaltenden Musters erzeugt häufig Handlungsalternativen, die als Lösung akzeptiert und verstärkt werden. Allerdings arbeitet das MRI deutlicher als alle anderen familientherapeutischen Ansätze mit der Definition des Zielzustandes, den die Klienten erreichen wollen.

Das Lösungskonstruktionsmodell

Das Lösungskonstruktionsmodell unterscheidet sich vom Problemlösemodell insbesondere dadurch, daß hier keine notwendige Verknüpfung von Lösung (Ziel) und Problem erfolgt.
Wie das geht, zeigen wir in der folgenden Skizze lösungsorientierter Praxis.
Im Zentrum des Modells steht das Definieren von Zielzuständen und das Herausarbeiten bzw. Begleiten des Weges dorthin. Lösungsorientierte Therapie setzt an der möglichst detaillierten **Imagination des Zielzustandes** durch die Klienten an. Dieser Zielzustand ist keine fixe, vorab definierte Größe, die von den Klienten lediglich abgerufen wird, sondern ist Ergebnis eines kreativen Konstruktionsprozesses, vermittelt durch die Kooperation von Therapeut und Klient. Therapeutisch

nützliche Zieldefinitionen entsprechen folgenden Kriterien

- Ziele sollen für alle Teilnehmer des Systems wichtig sein;
- Ziele sollen eher „klein“ und von den Betroffenen als realisierbar und erreichbar formuliert werden;
- Ziele sollen die Anwesenheit von etwas zum Gegenstand haben;
- Ziele sollen den Beginn von etwas fokussieren;
- Ziele sollen konkret und für andere wahrnehmbar sein, d.h. erreichte Ziele sollen zu beobachtende, nachvollziehbare Veränderungen darstellen;
- Ziele sollen individuell „maßgeschneidert“ und nicht auf Vergleiche mit anderen aufgebaut sein; (vgl. de Shazer 1986).

Nützliche Zielformulierungen werden durch **zielfokussierende Fragen** wie z.B. die **Wunderfrage** erfragt: Hierbei geht es darum, möglichst konkrete und detaillierte Bilder von dem zukünftigen, erwünschten und zu erreichenden Zustand zu erschaffen. Die Vorstellungen vom Zielzustand werden noch reichhaltiger und anschaulicher, wenn die Sichtweisen wichtiger, am Prozeß beteiligter Personen zirkulär erfragt oder der Zielzustand aus der Perspektive eines Beobachters beschrieben werden. Lösungsorientierte Fragen nutzen die imaginativen Fähigkeiten der Klienten und helfen einschränkende Denkgewohnheiten bei der Lösungssuche zu umgehen. In der Wunderfrage wird so getan, „als ob“ die Lösung und das Ziel schon erreicht sind. Sie kann z.B. folgendermaßen formuliert werden:

> „Angenommen, während Du nachts schläfst, passiert ein Wunder, und Du wachst morgens auf, und Deine Probleme und Schwierigkeiten, weshalb Du hier bist, sind gelöst, ohne daß Du dies gemerkt hast. Woran wirst Du am nächsten Tag (und in den folgenden Wochen) merken, daß das Wunder passiert ist? Was werden die ersten Anzeichen sein?“

> „Woran werden andere (signifikante Personen der Reihe nach abfragen) das merken, ohne daß Du es ihnen sagen mußt, dass das Wunder passiert ist?“

> „Wenn ich in dieser Zeit zufällig mit der Videokamera anwesend wäre, was ist dann auf dem Film von dem Tag nach dem Wunder zu sehen?“

Im Prozeß des lösungsorientierten Interviews wird die Kreativität der Klienten nach und nach aktiviert. Manchmal erscheint es zunächst mühsam, wenn die TherapeutIn hartnäckig nachfragt, um auf kleine und kleinste Details zu fokussieren. Hier können hypnotherapeutische Interventionen i.S. von suggestiven Hinweisen hilfreich sein, um einen **„kreativen State“** bei den Klienten anzuregen, der sie passende Ideen entwickeln läßt. Die **„Was-noch“-Frage** unterstützt dies nachhaltig, lädt sie doch dazu ein, noch weitere Ideen zu produzieren. Mit der „Was-noch-Frage“ kann ebenfalls ein Perspektivenwechsel durchgeführt werden, d.h. Klienten werden aufgefordert sich vorzustellen, woran andere Beteiligte Fortschritte bemerken und woran dann noch? Durch diese Ausweitung wird die „Kreativitäts-Phase“ attraktiv und stabil gehalten, und gleichzeitig werden mögliche Konsequenzen, die erreichte Lösungen im Lebenszusammenhang der Beteiligten und ihrer Bezugssysteme einnehmen können, deutlich gemacht.

Beispielfragen hierfür sind:

> „Was ist noch anders, wenn das Wunder passiert ist?“
>
> „Was noch?“
>
> „Was noch?“
>
> „Was werden andere Personen (Familienmitglieder, Lehrer, Freunde) noch sehen, was Dir zeigt, daß ein Wunder passiert ist?“

In der lösungsorientierten Praxis werden die Klienten als eigentliche Experten für ihre Lebenszusammenhänge und ihre therapeutischen Ziele behandelt, während die TherapeutInnen sich mit ihrer Prozeßkompetenz als Experten für die therapeutische Prozeßgestaltung begreifen.

Diese Grundhaltung fördert die verantwortliche Beteiligung der Klienten am Prozeß, und therapeutische Wirkfaktoren wie Zuversicht und Hoffnung auf Veränderung (Stiehl-Werschiak & Pfundt, 1991) können sich entfalten. Als „Moderatoren“ des Veränderungsprozesses fokussieren die TherapeutInnen konsequent die Ressourcen der Klienten, die hilfreich sein können, die Ziele zu erreichen.

Die Beobachtung und Beschreibung bzw. Gestaltung von *Ausnahmen* „die ein bißchen wie ein Wunder sind relativieren Schwierigkeiten und Probleme, die ja nicht „rund um die Uhr in gleicher Intensität“ erlebt werden. Sie sind kontextabhängig und Schwankungen unterworfen. Symptome oder symptomatisches Verhalten sind im Tages- und Wochenverlauf unterschiedlich intensiv. In der pragmatischen Logik des Modells bedeutet eine geringere Intensität erlebter Schwierigkeiten eine

Verbesserung. Darüber hinaus gibt es oft eine Zeit, die vor dem Auftreten der Beschwerden lag, in der viele Dinge möglich waren. Durch Betonung von beschwerdefreien *Ausnahmen* versuchen wir, die damit verbundenen Ressourcen zu identifizieren. Die Antworten auf die Wunderfrage, die Suche nach bisherigen Ausnahmen und nach Zeiten mit „ein bißchen wie ein Wunder" verknüpfen Zukunft und Vergangenheit in der Gegenwart (vgl. Vogt-Hillmann, Eberling & Burr, 1992). Dieses Bezugnehmen auf **Referenzerfahrungen** läßt Klienten die Erreichbarkeit ihrer Ziele plausibel werden, da sie ja bereits solche ähnlichen Erlebnisse kennen; sie nährt zugleich die Zuversicht und den Lösungsoptimismus der Klienten.

Beispiele:

„Wann war es in der jüngsten Zeit schon einmal so ein bisschen wie nach dem Wunder?"

„Was war dann anders?"

„Was hast Du gemacht, damit dieses Stück vom Wunder schon passieren konnte?"

„Wann gab es Zeiten, als das Problem nicht auftrat oder weniger vorhanden war?"

„Was war damals anders?"

Zieldefinitionen, Ausnahmen und Beschreibungen zur Zeit nach dem Wunder bilden die Grundlage, den therapeutischen Veränderungsprozeß einzuleiten. In dieser Phase beschreiben Klienten ihre bisherigen Beobachtungen innerhalb des von ihnen wahrgenommenen Problemraums. Um Änderungserwartungen, Zuversicht und Hoffnung im Rahmen eines zu entwickelnden „solution-talk" (de Shazer, 1996) zu initiieren, ist es wichtig, die Beobachtungen und Beschreibungen im Rahmen des „Lösungsraums Therapie" bewerten zu lassen. Bewertungen werden im lösungsorientierten Ansatz bevorzugt im Rahmen von Skalierungsfragen gerahmt.

Skalierungsfragen

Im Prozeß der Skalierung benutzt der Therapeut einen Zirkel von **B**eobachten, **B**eschreiben und **B**ewerten (Vogt-Hillmann; Dreesen & Eberling, 1998).

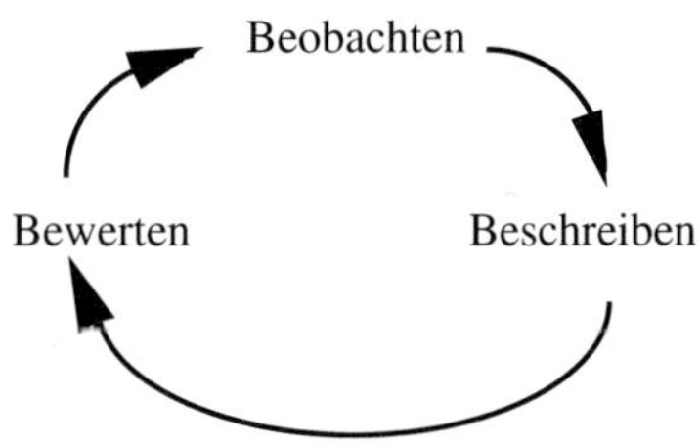

3 B-Modell

Skalierungen helfen, den Prozeß der Zielfindung und Zielerreichung zu beginnen und aufrechtzuerhalten und die Ressourcen der Klienten herauszuarbeiten. Beispielhafte Skalierungsfragen sind:

> „Stellen Sie sich bitte eine Skala von 1-10 vor und 1 soll den schlechtesten Zustand darstellen, den Sie vor Beginn der Therapie hatten, 10 dagegen soll bedeuten, daß das Problem gelöst ist – wie immer es mit Ihren Mitteln gelöst werden kann – wo befinden Sie sich heute?"

Hierdurch wird implizit angenommen, daß sich bereits ein Fortschritt in Richtung Zielerreichung ergeben hat. Wir benutzen sogar häufig eine weitere Frageform, um den Scheinwerfer auf die Veränderungen zu richten, die von den Klienten bereits ohne Zutun der Therapeuten erreicht wurden:

> „Manchmal ändern sich nach unserer Erfahrung die Dinge schon in der Zeit zwischen Anmeldung und Beginn der Therapie. Angenommen, Sie waren zum Zeitpunkt der Anmeldung bei 1, wo sind Sie im Moment?"
>
> „Wie haben Sie es geschafft, von 1 nach 3 zu kommen?"
>
> „Was ist jetzt anders, da Sie schon bei 3 sind?"
>
> „Woran werden Sie merken, dass Sie bei 4 sind?"
>
> „Was müßte passieren, damit Sie auf 4 kommen?"

Wunderfrage und Skalierungsfragen werden bereits in der 1. Therapiesitzung angewandt (Berg & de Shazer, 1993). Sie können den Fokus dabei auf Veränderungsprozesse legen, die der Klient vor Beginn der Therapie bereits gemacht hat („pre-session-change“, vgl. Talmon, 1996), auf Ausnahmezeiten, in denen das Problem nicht aufgetreten ist, so daß gleich zu Beginn beim Klienten die Zuversicht entsteht, daß er die Dinge beeinflussen kann, und daß es bereits vorangegangen ist.

Weitere therapeutische Elemente lösungsorientierter Praxis sind:

Cheer-leading: Dabei werden auf emotional bedeutsame Weise die Schritte der Klienten besonders hervorgehoben, die Fortschritte erzielen, indem z.B. gesagt wird: „Das hast Du in dieser kurzen Zeit schon vollbracht? Das ist wirklich beeindruckend!“ Cheer-leading dient vor allem dazu, Ressourcen zu fokussieren und ein „Zurückkippen“ in alte problembezogene Muster zu verhindern. So wird das Zielbild immer konkreter und kann sich als wirklichkeitskonstituierend stabilisieren und eine eigendynamische Sogwirkung entfachen, die es in der weiteren Therapie zu stabilisieren gilt.

Komplimente: Sie werden beständig in die Therapie eingestreut und ganz besonders am Ende jeder Sitzung verteilt. Sie heben die bisherigen Fortschritte und Erfolge hervor und würdigen die Kooperation und aktive Beteiligung an der Therapie. Sie werden in der Wortwahl passgenau zu den Metaphern der Klienten formuliert, d.h. passend zu den berichteten Beispielen und zum Wert- und Glaubenssystem, so daß eine zustimmende Ja-Haltung gegenüber der Therapie entstehen kann. Dabei ist unbedingt auf eine gerechte Dosierung zu achten; zu viele und unpassende Komplimente können eine einseitig beim Therapeuten erzeugte euphorische Stimmung hervorrufen, so daß sich Klienten möglicherweise in ihren Fragen unverstanden fühlen (Lipchik, 1994).

Aufgaben: Sie können eingespielte Muster de-stabilisieren oder neue Wahrnehmungs- und Verhaltensmuster anregen und aufrechterhalten. Dabei können symbolische Mittel, wie Urkunden etc., und neue Rituale als Mittel des „success-recording“ eingesetzt werden, um den neuen Zustand zu stabilisieren (Dreesen & Eberling, 1996).

Die an den Zielen möglichst direkt orientierte Auswahl von Interventionen und ihre zeitliche Strukturierung haben – angepaßt an die Möglichkeiten und Bereitschaft des Klienten und des Therapeuten – einen prinzipiell individuellen Charakter, auch wenn ähnliche Probleme oft ähnliche Vorgehensweisen nahelegen.

Lösungsorientierte Kurzzeittherapie geht davon aus, daß sie Assistenz beim Selbstorganisations- (unbewußte Ebene) und Selbstregulationsprozeß (bewußte Ebene) ist. Die Kooperationsformen des Therapeuten richten sich an der jeweiligen Motivationslage des Klienten aus, d.h. ob der Klient „Besucher" (von Dritten gesandt), „Klagender" (jemand, der zunächst denkt, daß andere Personen sich ändern müssen) oder „Kunde" (jemand, der ein klares Änderungsanliegen hat) ist (De Shazer, 1989 b; Walter & Peller, 1994). Diese dem Ansatz typische Kundenorientierung muß in der Realität berücksichtigen, daß es Therapeuten in vielen Handlungskontexten mit multiplen Kundenpersönlichkeiten, sprich unterschiedlichen Auftraggebern (Schule, Elternhaus), zu tun haben (Vogt-Hillmann, Burr, & Prezewowsky, 1998)

Nach Auffassung vieler Kurzzeittherapeuten ist es wichtig, den gesamten therapeutischen Analyse- und Veränderungsprozeß für den Klienten möglichst transparent und nachvollziehbar zu gestalten. Einerseits, um die Arbeitsmotivation des Klienten zu sichern (er soll sich für jeden nächsten Schritt bewußt entscheiden können), und andererseits, um seine eigene allgemeine Prozeßkompetenz zu verbessern.

Die Praxis im Lösungskonstruktionsmodell läßt sich mit folgenden Vorgehensweisen zusammenfassen:

a) Definieren eines erwünschten Zielzustandes (Ziel bzw. Wunder)

b) Screening bisher erfolgreicher Lösungsstrategien und/oder Teillösungen und vorhandene Ressourcen herausarbeiten

c) Bewerten bisheriger Fortschritte

d) nächste Schritte gemeinsam erarbeiten (iteratives Vorgehen)

e) erreichte Teilziele markieren und stabilisieren

Zum erweiterten Verständnis des Lösungskonstruktionsmodells und der Idee kinderleichter Lösungen laden wir zu einigen theoretischen Überlegungen über therapeutische Änderungsprozesse ein.

Kleiner Exkurs zur systemischen Perspektive in der Psychotherapie

Die systemische Perspektive ist in den vergangenen Jahrzehnten als theoretische Hintergrundtheorie durch Familientherapie und systemische Therapie innerhalb der klinischen Psychologie fest etabliert. Dabei wird der Begriff häufig auf verschiedenen Theorieebenen verwendet. Da wird die Familie als System betrachtet, Psyche wird als kognitiv-emotionales System aufgefaßt (Kanfer, 1991, Stadler & Kruse, 1989, Krohn & Küppers 1992), menschliche Systeme werden als sprachliche Systeme beschrieben (Goolishian, 1988), und auf der Ebene praktischen Handelns wird Therapie als System bzw. als System von Handlungsregeln konzipiert, innerhalb dessen ein Set von Regeln befolgt wird, um Zustandsänderungen anzuregen, herbeizuführen, zu moderieren und zu modellieren (Miller & de Shazer, 1991, Goudsmit, 1989, vgl. dazu Vogt-Hillmann, 1997).
Lösungsorientierte Kurzzeittherapie kann als ein solches Handlungssystem verstanden werden. Sie beruht letztendlich auf dem konsequenten Anwenden systemtheoretischer Grundannahmen zum Änderungsmanagement zwischen verschiedenen Systemzuständen, wobei die Systemebenen immer wieder kontextgebunden zu definieren sind. In diesem Sinne stellt das Wissen des lösungsorientierten Ansatzes eine Form von Prozeßkompetenz dar, die dann als Systemkompetenz verstanden werden kann, wenn das therapeutische Handeln als System begriffen wird. Bezieht sich der Systembegriff auf andere Gegenstandsbereiche, ist bevorzugt von therapeutischer Systemkompetenz zu sprechen, mit der „magersüchtiges Verhalten", „psychotische Spiele in der Familie", „Kompensationsformen bei Störungen in der kindlichen Entwicklung" beschrieben werden.

De Shazer fragt, ob dem Systembegriff in der Therapie nicht Ähnliches widerfahren sei wie dem der Familie in der Familientherapie. Für ihn ergibt sich folgende Gleichung: Mit der Familientherapie wurde der Begriff „Individuum" traditioneller einzeltherapeutischer Verfahren durch den der „Familie" ersetzt. Mit der systemischen Perspektive ist der Begriff der „Psyche" durch „System" ausgetauscht worden, ohne daß systemische Konzepte des Psychischen ausformuliert wurden (de Shazer, 1992a, S. 41). Systemische Therapie sieht sich seit längerem zunehmend dem Vorwurf des Beliebigkeitsdenkens ausgesetzt (Retzer, 1989).
Da drängt sich die Frage auf, was systemisch denn nun heißt?

Die Frage, ob Systeme real existieren und z.B. konkrete Objekte technischer, physikalischer oder sozialer Art in der Realität bezeichnen, oder ob sie von Beobachtern benutzt werden, um ihre subjektive Wirklichkeit kognitiv zu organisieren, ist in der Literatur strittig (vgl. Schiepek 1987, Simon, 1988a). Wir unterscheiden:

- Ansätze, die einen *ontologischen Systembegriff* benutzen: „Der Systembegriff bezeichnet also etwas, was wirklich ein System ist, und lässt sich damit auf eine Verantwortung für Bewährung seiner Aussagen an der Wirklichkeit ein." (Luhmann, 1984)
- Ansätze, die einen *modellistischen Systembegriff* benutzen: „Systeme sind keine Gegenstände der Erfahrungswelt, sondern (theoretische) Konstruktionen." (Simon, 1988b)

In der Therapie werden unterschiedliche Systembegriffe verwendet:

- Modelle/Theorien über Gleichgewichtssysteme, die nach homöostatischen Prinzipien funktionieren. Sie basieren auf Annahmen einer Menge von Objekten und bestimmten Beziehungen zwischen diesen Objekten und ihren Merkmalen. Wie einfache Regelkreismodelle (z.B.Thermostat) fassen sie die Umwelt als eine Störgröße auf, auf die reagiert wird (Soll-Ist-Wert-Abgleich).
- Modelle/Theorien autopoietischer Systeme / selbstreferentieller Systeme: „Systeme müssen in den Prozessen der Konstitution ihrer Elemente und Operationen auf sich selbst Bezug nehmen können. Für Bewußtseins- und soziale Systeme bedeutet dies, daß sie eine Beschreibung von sich selbst erzeugen und sich damit von ihrer Umwelt ausgrenzen können" (Böse & Schiepek, 1989); Systeme reproduzieren demzufolge ihre Organisation und ihre Struktur.

Wichtig ist dabei jedoch auch, die jeweilige Ebene der Systembeschreibung (Emergenzniveau) zu beachten, d.h. zu fragen, ob es sich um Systeme des Lebens, des Bewußtseins oder der Kommunikation handelt. Die Interdependenz von biologischen, psychischen und sozialen Systemen wird z.T. über den Begriff der Vernetzung modelliert. Der Gebrauch der Kategorie „systemisch" schließt im Bereich von Therapie folgende Ebenen ein:

- die erkenntnistheoretische Ebene: Wie kann ich erkennen?
- die Ebene der Modellbildung: Was ist ein System und wie funktioniert es?

- die Ebene der Methodologie: Welche Methoden und Kriterien dürfen zur Erkenntnisgewinnung benutzt werden?
- die Ebene der Praxeologie: Welche Handlungskonzepte in Systemen gelten als bewährt? (vgl. Ludewig, 1992).

Die Anwendung des Systembegriffs in den Humanwissenschaften und in der Psychotherapie erfordert neben der Klärung der jeweils zu beschreibenden Systemebene die besondere Berücksichtigung lebender Systeme als selbstorganisierende Systeme und der ihnen zu grundeliegenden Prinzipien. Selbstorganisierende Systeme (bio-psycho-soziale Systeme) unterscheiden sich von fremdorganisierten Systemen (triviale Maschinen) durch folgende Besonderheiten:

	Fremdreferentielles System	**Selbstreferentielles System**
Entstehung	Erzeugung durch externen Schöpfer	Selbsterzeugung u.a. nach dem Iterationsprinzip
Basale Struktur	lineare Kausalität	nichtlineare zirkuläre Kausalität
Systemverhalten	vom Konstrukteur definiert	genetisch definiert und je nach Grad der Systemkomplexität von System und Umwelt: Lernen
Ziel und Funktion des Systems	vom Schöpfer vorgegeben	Selbsterhaltung des konkreten Systems
Änderung des Systemverhalten	Eingriff des externen Konstrukteurs	Mutation und/oder Lernen in Ausdifferenzierungsprozessen
Folgerungsweise	deduktiv	induktiv-heuristisch
Gegenstand der Information	Umwelt	System und Umwelt
Interaktionsmodus mit der Umwelt	Instruktion	Interpretation

Fremd- und Selbstreferentielle Systeme (Steiner, 1987)

Selbstorganisierende Prozesse in lebenden Systemen bringen durch Ordnungsbildungen *systemstabilisierende Systemgrenzen selbst* hervor. Dadurch entsteht ein System. Lebende Systeme haben die Fähigkeit zur *Selbsterzeugung* und vorübergehenden *Selbsterhaltung*. Diesen Prozeß bezeichnen Maturana und Varela (1987) als *Autopoiese*. Der Begriff besagt, „daß Lebewesen sich dadurch charakterisieren, daß sie sich -buchstäblich- andauernd selbst erzeugen" (ebd., S. 50). *Autopoietische Systeme* sind Netzwerke, in denen Komponenten produziert werden, die das Netzwerk, das sie produziert, selbst herstellen (Krohn & Küppers, 1992).

Selbstorganisation und das System des Psychischen

Eine systemische Perspektive zur Beschreibung des Psychischen hebt die Trennung zwischen Kognition und Emotion bewußt auf (Ciompi, 1997). Weder emotionslose Kognitionen noch Emotionen ohne Kognitionen erscheinen sinnvoll beschreibbar. Sobald Emotionen wahrnehmbar sind, werden sie in irgendeiner Weise kognitziert. Kognitionen können als Abstraktionen emotionaler Prozesse von Organismen gelten (Uexküll, 1990). Die grundlegende Operation psychischer Systeme ist in der fortlaufenden Produktion und Reproduktion kognitiv-emotionaler Einheiten in der Auseinandersetzung mit der Umwelt zu verstehen (Schiepek, 1990).

Psychische Systeme operieren auf zwei Systemebenen. Das neuronale Netzwerk operiert auf mikroskopischer und bedeutungsgenerierende Bewußtseinsprozesse auf makroskopischer Systemebene. Beide Ebenen stehen in einem wechselseitigen Organisationszusammenhang (Stadler & Kruse, 1992). Makroskopische Ordnungszustände wirken selbstrückbezüglich auf ihre eigene neurophysiologische Grundlage. Neue neurophysiologische Systemdynamiken werden erzeugt und bringen wiederum Bewußtseinsprozesse hervor, die auf die Neuroregulatoren des mikroskopischen Systems wirken, das wiederum makroskopische Ordnungszustände beeinflußt, etc. Neuronale Operationen beruhen auf chaotischen Prozessen, in denen sich in unterschiedlichen Hirnregionen auftretende Oszillationen spontan synchronisieren können (vgl. Elbert & Rockstroh, 1993). So entstehen temporäre lokale Stabilitäten, die Ordnungszustände des Systems markieren. Diese können als „die Grundlage geordneter semantischer Zusammenhänge in den Bewußtseinszuständen" (Stadler & Kruse, 1992, 146) verstanden werden. Ein optimales Prozeßniveau ist erreicht, wenn minimaler Energieaufwand eine größtmögliche kontextabhängige Systemstabilität ermöglicht (Foerster, 1985). Einzelne Systemkomponenten können phasenspezifisch unterschiedliche Stabilitäten innerhalb des Netzwerks erzeugen und kennzeichnen psychische Systeme als multistabile Systeme mit operationaler Autonomie (Haken & Haken-Krell, 1992).

Stadler & Kruse (1992) zeigen am psychologischen Prozeß der Eigenschaftsentstehung durch Relationsbildung, wie in kognitiven Systemen bewußte Bedeutung emergiert. Als Beispiel gilt die Wahrnehmung eines ruhenden Lichtpunktes im Dunkelraum. Physikalisch besitzt der Punkt keine besonderen Eigenschaften, wie Ort, Ausdehnung oder Körperlichkeit. In der subjektiven Wahrnehmung scheint nach kurzer Zeit eine Bewegung da zu sein, ohne daß der Punkt lokalisierbar wäre. Präsentiert man einen zweiten physikalischen Lichtpunkt und versetzt beide Punkte in eine sinusartige Bewegung, einen Punkt vertikal und den anderen horizontal, so erscheint subjektiv nach einiger Zeit „bei einer bestimmten Phasenlage die Gestalt eines Kreises, den beide Punkte beschreiben". Weitere bewegende oder ruhende Punkte würden ein dreidimensionales Bezugssystem erzeugen. „Langsam würde der Eindruck, ein wirklich vorhandenes Objekt zu sehen, immer stärker werden; (...) mit der kontinuierlichen Vergrößerung des Reizangebotes (können) immer neue Qualitäten emergieren" (ebd.). Die Bedeutung in der Objektwahrnehmung beruht auf Phasenübergängen durch kontinuierliche Komplexitätszunahme, so daß durch eine entstehende Vielschichtigkeit neue Qualitäten der Wahrnehmung kognitiv zugeordnet werden.

Ein weiteres Beispiel für die Selbstorganisation kognitiver Prozesse wird im spontanen Wechsel von Eigenschaften beim Phänomen semantischer Multistabilität gesehen. Monotones, wiederholtes Hören desselben Wortes oder das längere Betrachten bestimmter Figuren können einen Bedeutungswandel in der Wahrnehmung hervorrufen. Worte hören sich anders an und Figuren scheinen Größe und Form zu variieren. Was uns bewußt erscheint, ist also nicht dasselbe wie das, was auf das psychische System wirkt. Das Hervorbringen einer Bedeutung ist eine autonome Konstruktion im Wechselspiel der mikroskopischen und makroskopischen Systemebene. Das Gehirn prozessiert dabei nach kausal-deterministischen, biologisch-chemischen und physikalischen Gesetzmäßigkeiten.

In der Physik werden solche Ordnungszustände als Attraktoren bezeichnet, die einen stabilen Zustand kennzeichnen (von Foerster, 1985), daß heißt, diese Ordnung ist attraktiv, da sie dem System Stabilität ermöglicht. Stabilität ist wichtig für zielgerichtetes planerisches

Systemverhalten. Instabilität ist wichtig, um Veränderungen von Ordnungszuständen zu ermöglichen, in denen Systeme über kritische Instabilitäten (Attraktoren) neue Ordnungszustände einnehmen können. Qualitative Änderungen der Systemparameter führen das System in einen *Punktattraktor,* von dem es in verschiedene neue *Attraktorzustände* evolvieren kann. Punktattraktoren, über die das System innerhalb einer *Potentiallandschaft* neue Ordnungszustände erreicht, heißen *Bifurkationspunkte.* Punktattraktoren, die *temporäre Systemstabilität* kennzeichnen, liegen in den Attraktorbereichen oder -tälern der Potentiallandschaft (Foerster, 1987). Stabile Ordnungszustände sind nicht statisch, sondern innerhalb der Dynamik stationär (Krohn et al., 1987). *Ordnungszustände* in Systemen werden durch die internen Koordinationsprozesse innerhalb eines kontextualisierten *Phasenraums* erklärt. Die Koordinationsprozesse begründen gemäß der *eigenen relativen Systemzeit* das selbstrückbezügliche *Bifurkationsverhalten* (vgl. Küppers & Krohn, 1992a,b). Abbildung 2 zeigt die Modellierung von *Stabilitätszuständen* an Punktattraktoren.

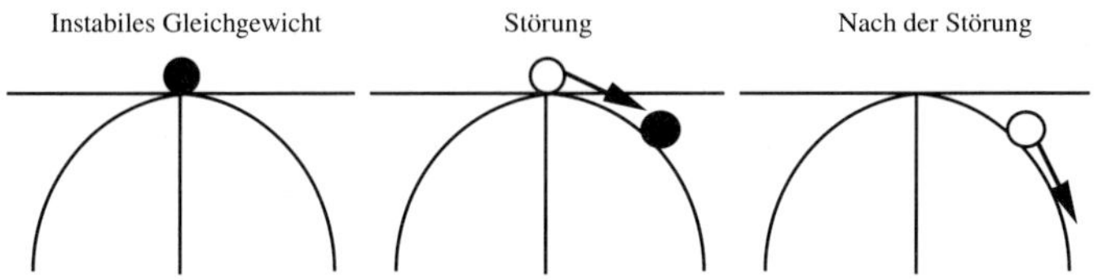

Stabiles Gleichgewicht in einem Attraktortal einer Phasenlandschaft

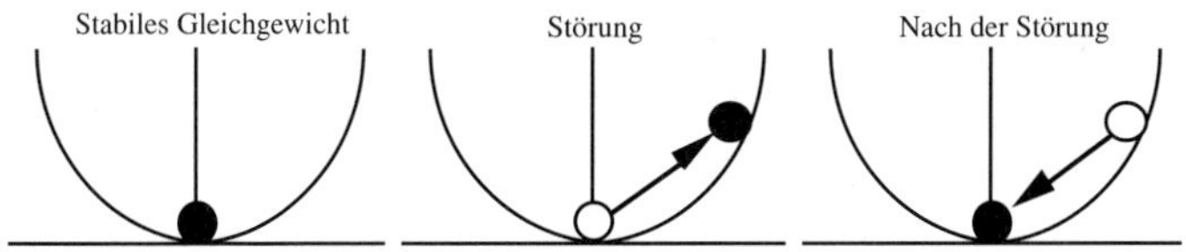

Indifferentes Gleichgewicht

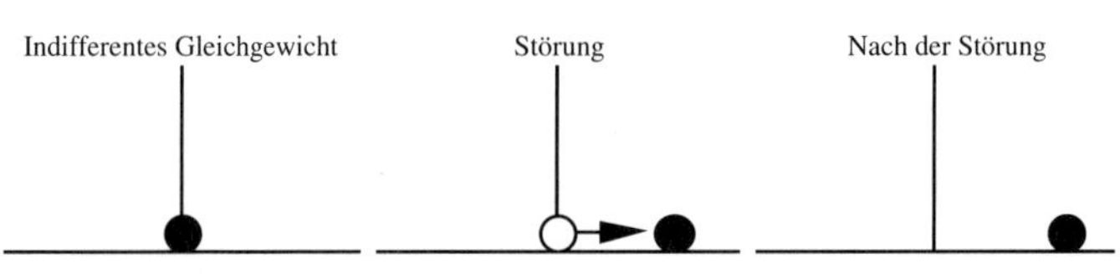

Instabiles Gleichgewicht zwischen zwei Attraktorbereichen einer Phasenlandschaft nach Haken, 1991

Die Bewegung in einen anderen Attraktorbereich ist ohne externe Einwirkung irreversibel. *Irreversibilität* von Entropieprozessen ist die Voraussetzung für die *Selbstorganisation von Emergenz und progressivem Wandel* (vgl. Krammer, 1990).

Die folgende Abbildung zeigt die Modellierung des Systemverhaltens in einer Potientiallandschaft mit drei Punktattraktoren.

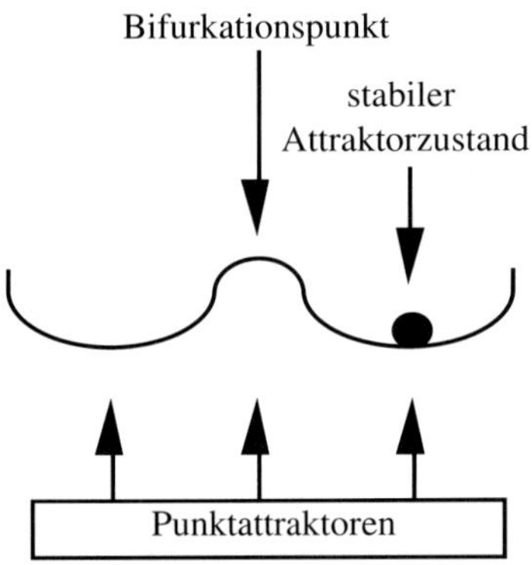

Bifurkationspunkt u. Punktattraktoren nach an der Heiden, 1993

In der Synergetik bezeichnet Haken (1981) stabile Ordnungszustände in selbstorganisierenden Systemen als *Moden*, in denen sich Zustandsänderungen auf einer makroskopischen Systemebene stabilisieren. Über die Zeit *anhaltende System-Moden* können die Funktion von *Ordnern* für zukünftige Organisationsprozesse der System-Komponenten einnehmen, indem sie vorherige Systemdynamiken unter die neue Mode *versklaven*, d.h. befinde ich mich in der „Mode", häufig ein „halbleeres Glas Wasser" wahrzunehmen, werden sich viele meiner Wahrnehmungen von der Welt unter dieser „Mode versklaven".

Was bedeutet die Selbstorganisationstheorie lebender Systeme für die Praxis lösungsorientierter Kurzzeittherapie

Für die kurzzeittherapeutische Praxis heißt dies u.a., daß wir das Verhalten lebender Systeme nicht vorhersagen können und unsere Aufgabe demnach darin besteht, die Randbedingungen oder Systemgren-

zen der Klientensysteme zu definieren und deren stabile Ordnungszustände i.S. ihrer Problemwahrnehmung, ihrer Beschwerden oder Klagen wahrzunehmen. In Therapie geht es darum, die Systemgrenzen zu erweitern oder zu modellieren, indem wir einzelne Parameter ändern, hinzufügen oder wegnehmen. Dies geschieht durch das gezielte Sprechen i.S. des beschriebenen „solution talk" über Ziele, Wunder, Fortschritt und Bewertungen.
Wie können wir uns das bildhaft vorstellen? Vielleicht folgendermaßen.
Kennen Sie folgendes Bild?

Einige von Ihnen sehen vielleicht das Profil eines Mannes, es könnte ein Indianer sein, andere von ihnen sehen eine junge Frau, die in einen Handspiegel schaut, indem ihr Gesicht zu sehen ist. Beide Bilder sind richtig und wirklich und können aus dem Figur-Hintergrund-Spiel zwischen Form und schwarz/weiß interpretiert werden. Das Bild, das jeweils bei Ihnen entsteht, entsteht in Ihrem Kopf und wird dort „errechnet" (von Foerster, 1985). Wenn sie zwischen den beiden Bildern wechseln, können wir sagen, daß Sie in Ihrem Gehirn zwei unterschiedliche stabile Ordnungszustände aufbauen. Um von dem einen in den anderen Ordnungszustand zu wechseln, durchlaufen Sie, bzw. Ihr kognitiv-emotionales System eine kurze Phase der „kritischen Instabilität".
Mit Hilfe der suggestiven Kraft der Sprache und den suggestiblen Fähigkeiten kognitiv-emotionaler Systeme – die wir uns in der Hypnose zunutze machen – können wir systemisch gesprochen kein Wahrnehmungsverhalten instruieren, so daß vorhersagbar wird, welches der Bilder (Ordnungszustände) Sie wahrnehmen, wir können jedoch die Wahrscheinlichkeit erhöhen, wenn wir uns vorm Betrachten des Bildes längere Zeit über Männer, markante Profile, Indianer, Weisheit etc. unter-

halten, so daß das Bild des Mannes wahrscheinlicher errechnet wird. Oder umgekehrt, wir reden vorher über Jugend, Frauen, Make-Up, Spiegel, Schönheit etc., so daß die Wahrscheinlichkeit steigt, das Bild der Frau wahrzunehmen. Dieser Kippbildeffekt kann metaphorisch für das Lösungskonstruktionsmodell verstanden werden. Um das eine der beiden Bilder zu erkennen, erscheint es nicht zwingend notwendig zu verstehen, weshalb Sie das andere gerade nicht „ent-decken", und darüber hinaus ist es fraglich, daß – wüßten wir die Gründe Ihrer mangelnden Flexibilität – dies nicht zwingend dazu führen würde, daß es Ihnen leicht fällt, das jeweils andere Bild zu „ent-decken".
Dabei handelt es sich bei dem obigen Beispiel um bi-stabile Muster. Folgendes Bild von multistabilen Mustern läßt erahnen, welche Bedeutung den vielseitigen „Bedeutungsmöglichkeiten" zuzusprechen ist.

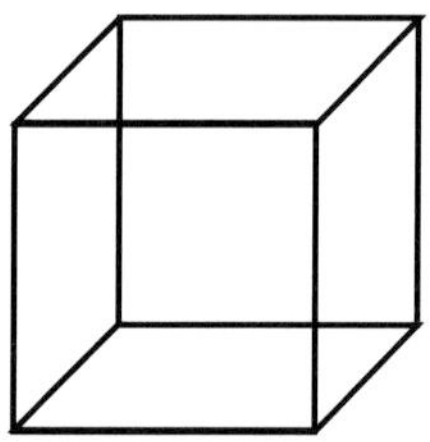

multistabiles Muster

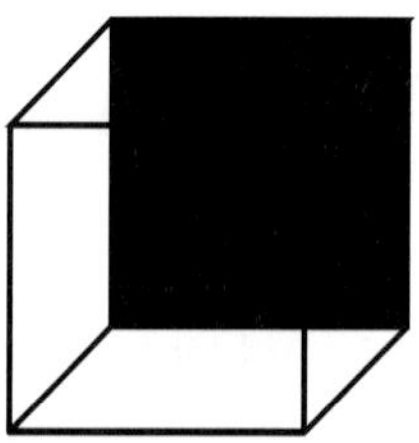

Zustand 1

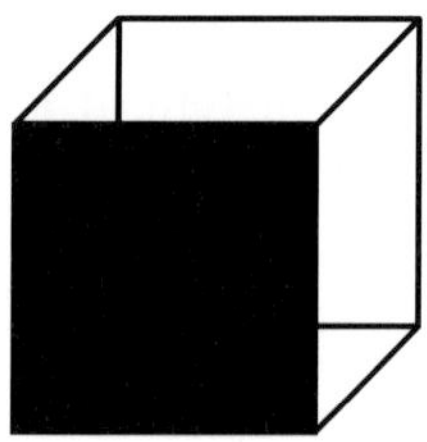

Zustand 2

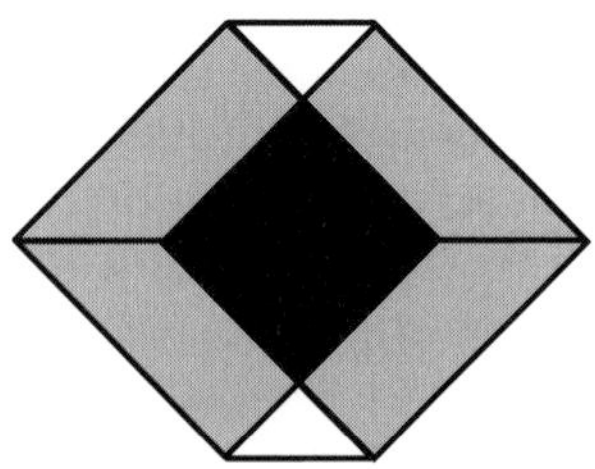

Zustand 3

Was zeigen uns diese Metaphern?

Zunächst machen sie deutlich, daß der suggestive Charakter von konsequentem „solution talk" mit Hilfe der lösungsorientierten Interviewgestaltung über das konkrete Imaginieren und Beschreiben von Zie-

len und Wunderbildern i.S. von Punktattraktoren des therapeutischen Sprachsystems Systemgrenzen eröffnet, innerhalb derer ein spezifisches, dem Klienten wichtiges Bild gezeichnet werden kann. Dieses Bild kann durch ausführliches „Be-Sprechen“ leichter wahrgenommen werden. Ziel ist es in den therapeutischen Interventionen, systemeigene Ressourcen zu aktivieren, so daß sie zu Punktattraktoren werden und Bifurkationen, also Phasenübergänge in neue Ordnungsstabilitäten, unterstützen.
Folgende Grafik zeigt, wie durch das Weglassen von vielen Details (Beschreibung möglicher Ursachen und Erklärungen) und durch die Betonung des „Wenig-Vorhandenen“ etwas Einfaches entstehen kann, indem das Gehirn eine „Gestalt“ imaginiert, die da ist und doch nicht da ist.

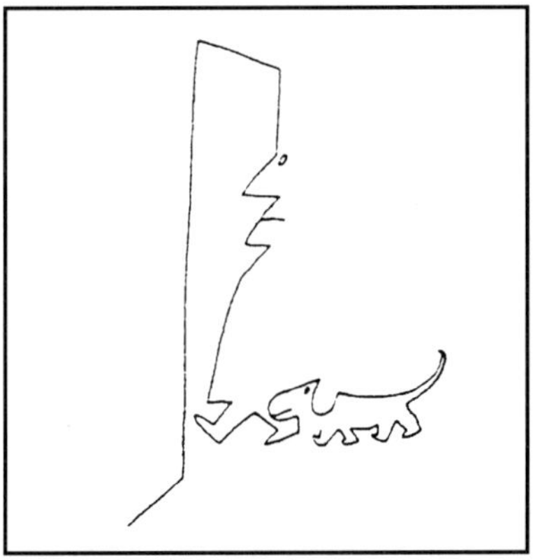

Lösungsorientierte Kurzzeittherapie besteht so gesehen vornehmlich im Schaffen von Bedingungen, um selbstorganisierte Phasen- bzw. Ordnungs-Ordnungsübergänge in komplexen bio-psycho-sozialen Systemen unter professionellen Bedingungen zu ermöglichen. Die konsequente Ressourcenorientierung als angewandte therapeutische Handlungsregel hat diese Form von Therapie schließlich in der Praxis zu Kurzzeittherapie werden lassen. Eine gewisse Form von „Weglassen“ i.S. von Minimalisierung stellt eben selbst einen Bifurkationspunkt dar. Für viele Kinder, Jugendliche und Eltern scheint es schon einen dramatischen therapeutischen Effekt auszuüben, wenn sie Komplimente statt aufgezählter Defizite hören, wenn sie als Menschen mit Fähigkeiten sich respektiert fühlen etc.

Kreative Kindertherapie kann so verstanden werden, als der Versuch, die durch die Benennung von veränderungs- und therapiewürdigem Verhalten auftretende Instabilität bei Kind und Eltern durch frühzeitige Stabilisierung kleinster Anzeichen auf „das Können“ als Lösungskompetenz zu minimieren bzw. „problem-states“ zu de-stabilisieren und die Lösungskompetenz zu stabilisieren. Das Identifizieren, Intensivieren, Transferieren, Modellieren von Ressourcen (Dreesen & Eberling, 1998) führt nach dem Prinzip der Iteration als selbstverstärkender Prozeß zur Lösungsfindung und dient dazu, sie aufrechtzuerhalten.

An anderer Stelle (Vogt-Hillmann, Eberling & Burr, 1992, Vogt-Hillmann & Burr, 1996) haben wir gezeigt, wie das Lösungskonstruktionsmodell kreativ für die Arbeit mit Kindern, Jugendlichen und deren Eltern als ressourcenorientierte Intervention entwickelt und aufbereitet werden kann.

Wem die bisherigen Ausführungen zu leicht vorkommen, dem sei gesagt, daß leicht zu sein nicht automatisch einfach ist. Zum Abschluß haben wir für alle kritischen Leserinnen und Leser, denen die hier und im übrigen Buch skizzierten Ideen, Konzepte und Modelle doch zu leicht und einfach erscheinen, noch 11 Handlungsempfehlungen für den therapeutischen Alltag, die helfen können, es sich schwer zu machen, um sich nicht einer unerträglichen Leichtigkeit ausgeliefert zu fühlen.

Wenn Leichtigkeit zur Qual wird – Ratschläge, es sich und seinen Klienten lange schwer zu machen:

- Analysiere das Problem gründlich, und lasse nichts unberücksichtigt.
- Erstelle eine vollständige Liste, was Deinen Klienten fehlt.
- Betrachte Eltern grundsätzlich als Deine Konkurrenten.
- Gehe sparsam mit Lob und Komplimenten um.
- Vermeide Humor und Spaß bei der Arbeit.
- Achte darauf, daß Klienten Dein Theoriekonzept verstanden haben.
- Vermeide dialogische Diskurse und sage immer, wo es lang geht.
- Betrachte Klienten immer als Indexpatienten eines dahinterliegenden pathologischen Systems.

- Achte darauf, rechtzeitig zu erkennen, wenn Deine Klienten Widerstand leisten. Arbeite ihn durch oder durchbreche ihn. Betrachte ihn niemals als Kooperation.
- Sei streng mit Klienten, die Deine Ratschläge und Aufgaben nicht befolgen.
- Vergiß nie, daß Du ausgebildeter Experte für alle Lebensfragen und -lagen bist.

Literatur

an der Heiden, U. (1993). Dynamische Krankheiten – Konzepte und Beispiele. In G. Schiepek, & H. Spörkel (Ed.), *Verhaltensmedizin als angewandte Systemwissenschaft* (pp. 51-64). Bergheim: Mackinger Verlag.

Berg, I. K., & de Shazer, S. (1993). Wie man Zahlen zum Sprechen bringt: Die Sprache in der Therapie. *Familiendynamik, 18*(2), 146-162.

Böse, R., & Schiepek, G. (1989). *Systemische Theorie und Therapie – Ein Handwörterbuch.* Heidelberg: Asanger.

Burr, W. (1993). Eine Evaluation lösungsorientierter Kurztherapie. *Familiendynamik, 18*(1), 11-21.

Dreesen, H., & Eberling, W. (1996). Sucess Recording. Komplimente und Dokumente in der systemisch-lösungsorientierten Kurztherapie. In W. Eberling, & J. Hargens (Ed.), *Einfach kurz und gut* (pp. 19-56). Dortmund: Borgmann.

Dreesen, H., & Eberling, W. (1998). Das Spiel mit Ressourcen. In W. Eberling, & M. Vogt-Hillmann (Ed.), *Kurzgefaßt – Zum Stand der lösungsorientierten Praxis in Europa* Dortmund: Borgmann.

Ciompi, L. (1997). *Die emotionalen Grundlagen des Denkens – Entwurf einer fraktalen Affektlogik.* Göttingen: Vandenhoeck & Ruprecht.

de Shazer, S., Kim Berg, I., Lipchik, E., Munally, E., Molnar, A., Gingerich, W., & Weiner-Davis, M. (1986). Kurztherapie – Zielgerichtete Entwicklung von Lösungen. *Familiendynamik, 11*(3), 182-205.

de Shazer, S. (1989a). *Wege der erfolgreichen Kurztherapie.* Stuttgart: Klett-Cotta.

de Shazer, S. (1989b). *Der Dreh.* Heidelberg: Carl-Auer-Systeme.

de Shazer, S. (1992a). *Das Spiel mit Unterschieden.* Heidelberg: Carl-Auer-Systeme.

de Shazer, S. (1992b). Aus der Sprache gibt es kein Entrinnen. In J. Schweitzer, A. Retzer, & H. R. Fischer (Ed.), *Systemische Praxis und Postmoderne* (pp. 64-77). Frankfurt/M.: Suhrkamp.

de Shazer, S. (1996). *„...Worte waren ursprünglich Zauber“.* Dortmund: Verlag Modernes Lernen.

Dreesen, H., & Eberling, W. (1996). Sucess Recording. Komplimente und Dokumente in der systemisch-lösungsorientierten Kurztherapie. In W. Eberling, & J. Hargens (Ed.), *Einfach kurz und gut* (pp. 19-56). Dortmund: Borgmann.

Dreesen, H., & Eberling, W. (1998). Das Spiel mit Ressourcen. In W. Eberling, & M. Vogt-Hillmann (Ed.), *Kurzgefaßt – Zum Stand der lösungsorientierten Praxis in Europa* Dortmund: Borgmann.

Eberling, W., & Vogt-Hillmann, M. (1998a). *Kurzgefaßt – Zum Stand der lösungsorientierten Praxis in Europa.* Dortmund: Borgmann,

Eberling, W., & Vogt-Hillmann, M. (1998b). Systemisch-lösungsorientierte Kurzzeittherapie. *im Druck,*

Elbert, T., & Rockstroh, B. (1993). Das chaotische Gehirn – Zur Erfassung nichtlinearer Dynamik aus physiologischen Zeitreihen. In G. Schiepek, & H. Spörkel (Ed.), *Verhaltensmedizin als angewandte Systemwissenschaft* (pp. 80-95). Bergheim bei Salzburg: Mackinger Verlag.

Foerster, H. v. (1985). *Sicht und Einsicht.* Braunschweig: Vieweg.

Foerster, H. v. (1990). Kausalität, Unordnung, Selbstorganisation. In K. W. Kratky, & F. Wallner (Ed.), *Grundprinzipien der Selbstorganisation* (pp. 77-95). Darmstadt: Wissenschaftliche Buchgesellschaft.

Goolishian, H., & Anderson, H. (1988). Menschliche Systeme. Vor welche Probleme sie uns stellen und wie wir mit ihnen arbeiten. In L. Reiter, E. J. Brunner, & S. Reiter-Theil (Ed.), *Von der Familientherapie zur systemischen Perspektive* (pp. 189-216). Berlin-Heidelberg: Springer.

Goudsmit, A. L. (1989). *Self-Organization in Psychotherapy.* Berlin-Heidelberg-New York: Springer,

Haken, H. (1981). *Erfolgsgeheimnisse der Natur. Synergetik: Die Lehre vom Zusammenwirken.* Frankfurt/M, Berlin: Ulstein.

Haken, H., & Wunderlin, A. (1990). Die Anwendung der Synergetik auf Musterbildung und Mustererkennung. In K. W. Kratky, & F. Wallner (Ed.), *Grundprinzipien der Selbstorganisation* (pp. 18-30). Darmstadt: Wissenschaftliche Buchgesellschaft.

Haken, H., & Wunderlin, A. (1991). *Die Selbststrukturierung der Materie.* Braunschweig: Vieweg.

Haken, H., & Haken-Krell, M. (1992). *Erfolgsgeheimnisse der Wahrnehmung – Synergetik als Schlüssel zum Gehirn.* Stuttgart: Deutsche Verlags-Union.

Haley, J. (1989). *Ordeal Therapie.* Hamburg: Isko-Press.

Kanfer, F. H., Reinecker, H., & Schmelzer, D. (1991). *Selbstmanagement-Therapie.* Berlin-Heidelberg-New York: Springer-Verlag.

Krammer, A. (1990). Die Bedeutung von Instabilitäten für die Entstehung neuer Strukturen. In K. W. Kratky, & F. Wallner (Ed.), *Grundprinzipien der Selbstorganisation* Darmstadt: Wissenschaftliche Buchgesellschaft.

Krohn, W., & Küppers, G. (1992). *Emergenz: Die Entstehung von Ordnung, Organisation und Bedeutung.* Frankfurt/M.: Suhrkamp,

Kruse, P., & Stadler, M. (1989). Stability and instability in cognitive systems: Multistability suggestions and psychosomatic interaction. In H. Haken, & M. Stadler (Ed.), *Synergetics in Cognition* Berlin: Springer.

Küppers, G., & Krohn, W. (1992a). Selbstorganisation. Zum Stand einer Theorie in den Wissenschaften. In W. Krohn, & G. Küppers (Ed.), *Emergenz: Die Entstehung von Ordnung, Organisation und Bedeutung* (pp. 7-26). Frankfurt/M.: Suhrkamp.

Küppers, G., & Krohn, W. (1992b). Zur Emergenz systemspezifischer Leistungen. In W. Krohn, & G. Küppers (Ed.), *Emergenz: Die Entstehung von Ordnung, Organisation und Bedeutung* (pp. 161-188). Frankfurt/M.: Suhrkamp.

Lipchik, E. (1994). Die Hast, kurz zu sein. *Zeitschrift für systemische Therapie, 12*(4), 228-235.

Ludewig, K. (1992). *Systemische Therapie – Grundlagen klinischer Theorie und Praxis.* Stuttgart: Klett-Cotta.

Luhmann, N. (1984). *Soziale Systeme.* Frankfurt/M.: Suhrkamp.

Madanes, C. (1989). *Hinter dem Einwegspiegel.* Hamburg: Isko-Press.

Maturana, H. R. (1987a). Kognition. In S. Schmidt (Ed.), *Der Diskurs des Radikalen Konstruktivismus* (pp. 89-118). Frankfurt/M.: Suhrkamp.

Maturana, H. R. (1987b). Biologie der Sozialität. In S. Schmidt (Ed.), *Der Diskurs des radikalen Konstruktivismus* Frankfurt/M.: Suhrkamp.

Maturana, H. R., & Varela, F. (1987). *Der Baum der Erkenntnis.* Bern: Scherz-Verlag.

Miller, S. D., & Berg, I. K. (1997). *Die Wunder-Methode – Ein völlig neuer Ansatz bei Alkoholproblemen.* Dortmund: Verlag-Modernes-Lernen.

Miller, G., & de Shazer, S. (1991). Jenseits von Beschwerden: Ein Entwurf der Kurztherapie. In L. Reiter, & C. Ahlers (Ed.), *Systemisches Denken und therapeutischer Prozeß* (pp. 117-135). Berlin-Heidelberg: Springer.

Minuchin, S. (1974). *Familie und Familientherapie*. Freiburg: Lambertus.

Retzer, A. (1989). Das Problem der Beliebigkeit in der Familientherapie. *System Familie*, *2*(4), 217-222.

Roth, G. (1992). Kognition: Die Entstehung von Bedeutung im Gehirn. In W. Krohn, & G. Küppers (Ed.), *Emergenz: Die Entstehung von Ordnung, Organisation und Bedeutung* (pp. 104-133). Frankfurt/M.: Suhrkamp.

Schiepek, G. (1990). Selbstreferenz in psychischen und sozialen Systemen. In K. W. Kratky, & F. Wallner (Ed.), *Grundprinzipien der Selbstorganisation* (pp. 182-200). Darmstadt: Wissenschaftliche Buchgesellschaft.

Schiepek, G. (1993 c). Systemorientierte Psychotherapie. *Psychotherapie Forum*, *1*, 8-16.

Schlippe, A., & Schweitzer, J. (1996). *Lehrbuch der systemischen Therapie und Beratung*. Göttingen: Vandenhoeck & Ruprecht.

Selvini-Palazzoli, M., Boscolo, L., Cecchin, G., & Prata, G. (1976). *Paradoxon und Gegenparadoxon*. Stuttgart: Klett-Cotta.

Schiepek, G. (1987). *Systeme erkennen Systeme*. Weinheim: Psychologie Verlags-Union,

Schiepek, G. (1990). Selbstreferenz in psychischen und sozialen Systemen. In K. W. Kratky, & F. Wallner (Ed.), *Grundprinzipien der Selbstorganisation* (pp. 182-200). Darmstadt: Wissenschaftliche Buchgesellschaft.

Simon, F. B. (1988a). *Unterschiede die Unterschiede machen*. Berlin: Springer.

Simon, F. B. (1988b). *Lebende Systeme*. Berlin: Springer,

Stadler, M., & Kruse, P. (1992). Zur Emergenz psychischer Qualitäten – das psychophysische Problem im Lichte der Selbstorganisationstheorie. In W. Krohn, & G. Küppers (Ed.), *Emergenz:Die Entstehung von Ordnung, Organisation und Bedeutung* (pp. 134-160). Frankfurt/M.: Suhrkamp.

Stiehl-Werschak, J. P., & Pfundt, C. (1991). Was wirkt in der Therapie? *System Familie*, *4*(4), 211-222.

Talmon, M. (1996). *Schluß mit den endlosen Sitzungen – Wege zu einer lösungsorientierten Kurztherapie*. München: Knaur.

Uexküll,T.v. (1990). *Das Konzept des Situationskreises*. Halle: IGKB:Internationales Symposium „Psychotherapie mit dem katathymen Bilderleben",

Vogt-Hillmann, M. (1997). *Evaluation systemischer Psychotherapie bei der Behandlung von psychosomatischen Patienten – Möglichkeiten systemtherapeutischer Interventionen am Beispiel HIV-Infizierter und AIDS erkrankter Patienten.* Münster: Lit Verlag.

Vogt-Hillmann, M., & Burr, W. (1996). Kreative Kindertherapie. In W. Eberling, & J. Hargens (Ed.), *Einfach kurz und gut* (pp. 57-92). Dortmund: Borgmann.

Vogt-Hillmann, M., Burr, W., & Prezewowsky, B. (1998). Lösungsorientierte Praxis in einem ambulanten Krisendienst der gemeindepsychiatrischen Versorgung. In W. Eberling, & M. Vogt-Hillmann (Ed.), *Kurzgefaßt – Zum Stand der lösungsorientierten Praxis in Europa* (pp. 167-184). Dortmund: Borgmann.

Vogt-Hillmann, M., Dreesen, H., & Eberling, W. (1998). Zwischen Tiefpunkt und Höhepunkt: Skalieren von Unterschieden, die Unterschiede machen. *Zeitschrift für systemische Therapie, 16*(1), 20-30.

Vogt-Hillmann, M., Eberling, W., & Burr, W. (1992). Ein klinisches Metakonzept für die Entwicklung lösungsorientierter Kurzzeittherapie. *Zeitschrift für systemische Therapie, 10*(4), 268-278.

Walter, J. L., & Peller, J. E. (1994). *Lösungs-orientierte Kurztherapie.* Dortmund: Verlag Modernes Lernen.

Watzlawick, P. (1969). *Menschliche Kommunikation.* Bern Stuttgart Wien: Verlag Hans Huber.

Watzlawick, P. et. al. (1974). *Lösungen.* Bern: Hans-Huber.

Watzlawick, P. (1988). *Münchhausens Zopf oder Psychotherapie und „Wirklichkeit“.* Bern: Huber-Verlag.

Weeks, G., & L´Abate, L. (1985). *Paradoxe Psychotherapie.* Stuttgart: Enke.

Willke, H. (1984). Zum Problem der Intervention in selbstreferentielle Systeme. *Zeitschrift für systemische Therapie, 2*(7), 191-200.

Autoren

Ulrike Andrecht, Systemische Psychotherapeutin und Supervisorin in freier Praxis in Leer. Langjährige Erfahrung in der Kinder- und Jugendpsychiatrie in Berlin.

Wolfgang Burr, Arzt für Kinder- und Jugendpsychiatrie und Psychotherapie in eigener Praxis in Rendsburg. Trainer und Supervisor am Norddeutschen Institut für Kurzzeittherapie, NIK Bremen. Mitglied der European Association of Brief Therapy, EBTA, im Bereich Evaluationsforschung. Arbeitsschwerpunkte: Lösungsorientierte Diagnostik und Therapie bei Kindern mit Entwicklungsproblemen.

Hildegard Burr-Fulda, Dipl.-Sozialpädagogin, Kindertherapeutin mit Schwerpunkt Entwicklungstherapie und lösungsorientierte Elternberatung in einer kinder- und jugendpsychiatrischen Praxis.

Heinrich Dreesen, Psychotherapeut, Ritualberater und Supervisor in freier Praxis. Gründungsmitglied, Trainer, Lehrtherapeut (SG) und Supervisor des Norddeutschen Instituts für Kurzzeittherapie, NIK Bremen, und Mitglied der European Association of Brief Therapy, EBTA. Publikationen zur lösungsorientierten Kurzzeittherapie.

Wolfgang Eberling, Psychotherapeut und Supervisor in freier Praxis. Gründungsmitglied, Trainer, Lehrtherapeut (SG) und Supervisor des Norddeutschen Instituts für Kurzzeittherapie, NIK Bremen, und Präsident der European Association of Brief Therapy, EBTA. Zahlreiche Publikationen zur lösungsorientierten Kurzzeittherapie.

Laura Fernandez, Begründerin und künstlerische Leiterin des seit 1993 in Wiesbaden aktiven Vereins „Die Clown-Doktoren". Seit 15 Jahren professionell als Pantomimin und Schauspielerin tätig.

Günther Geiken, Systemischer Therapeut und Supervisor. Psychotherapeutisch tätig in der Kinder- und Jugendpsychiatrie Aschendorf des Marienhospitals Papenburg. Langjährige Erfahrungen im Forschungsbereich „Evaluation systemischer Therapie" und als Trainer im Norddeutschen Institut für Kurzzeittherapie, NIK Berlin.

Kurt Ludewig, Dr. phil., Dipl.-Psychologe, Klinischer Psychotherapeut/Supervisor (BDP). Leitender Psychologe für Kinder- und Jugendpsychiatrie der Universität Münster und 1. Vorsitzender der Systemischen Gesellschaft (SG) e.V..

Siegfried Mrochen, Professor für Sozialpädagogik, Dipl.-Sozialpädagoge und Dipl.-Psychologe. Langjährige Erfahrungen im Sonderschulbereich. Ausbilder bei der GWG für Kinderpsychotherapie und der Milton Erickson Gesellschaft, (M.E.G.).

Annalisa Neumeyer, nach der Ausbildung als Erzieherin, Sozialpädagogin und Heilpädagogin Beschäftigung mit den Integrationsmöglichkeiten der Körperbewegung u. des Körpertheaters. Daneben Ausbildung an der „Pantomimenschule Desmond Jones“ in London. Parallel dazu erste Auftritte als Zauberkünstlerin. 1986 bis 1993 Heilpädagogin an einer Beratungsstelle für entwicklungsverzögerte Kinder. Seit 1989 Durchführung von verschiedenen Zauberkursen für Kinder, PädagogInnen und TherapeutInnen. Gruppen und Einzelarbeit in freier Praxis.

Wilhelm Rotthaus, Fachbereichsarzt, FB Psychiatrie und Psychotherapie des Kindes- und Jugendalters der Rheinischen Landesklinik Viersen. Schwerpunkte: systemische Therapie im stationären Kontext; systemische Therapie mit suizidalen, sexuell delinquenten sowie verhaltensgestörten Kindern und Jugendlichen und geistig Behinderten.

Gudrun Sickinger, Psychotherapeutin und Supervisorin am Norddeutschen Institut für Kurzzeittherapie, NIK Bremen. Langjährige Erfahrung als systemische Therapeutin im Behindertenbereich der Lebenshilfe Bremerhaven.

Susy Signer-Fischer, Leiterin der Familien- und Erziehungsberatung Basel (Schweiz) und Psychologin und Psychotherapeutin FSP. Außerdem tätig in der Aus- und Weiterbildung von PsychotherapeutInnen, vor allem in Hypnosetherapie, Familientherapie und Kinderpsychotherapie. Präsidentin und Gründungsmitglied der Gesellschaft für Klinische Hypnose Schweiz (GHypS).

Manfred Vogt-Hillmann, Psychotherapeut und Supervisor in freier Praxis. Gründungsmitglied, Trainer, Lehrtherapeut (SG) und Supervisor des Norddeutschen Instituts für Kurzzeittherapie, NIK Bremen, und Gründungsmitglied der European Brief Therapy Association, EBTA. Zahlreiche Publikationen zur lösungsorientierten und hypnotherapeutischen Arbeit mit Kindern und Herausgeber des „Reden-Fühlen-Handeln-Spiels“.

Charlotte Wirl, Psychotherapeutin in eigener Praxis und Schulärztin in Wien. Ärztin und Psychotherapeutin an einer Familienberatungsstelle in Purkersdorf, Niederösterreich. Gründungsmitglied und Vorstand der Milton Erickson Gesellschaft für klinische Hypnose und Kurztherapie, Austria (MEGA), Autorin zahlreicher Veröffentlichungen zur Hypnotherapie mit Kindern.